摩訶毗盧遮那佛

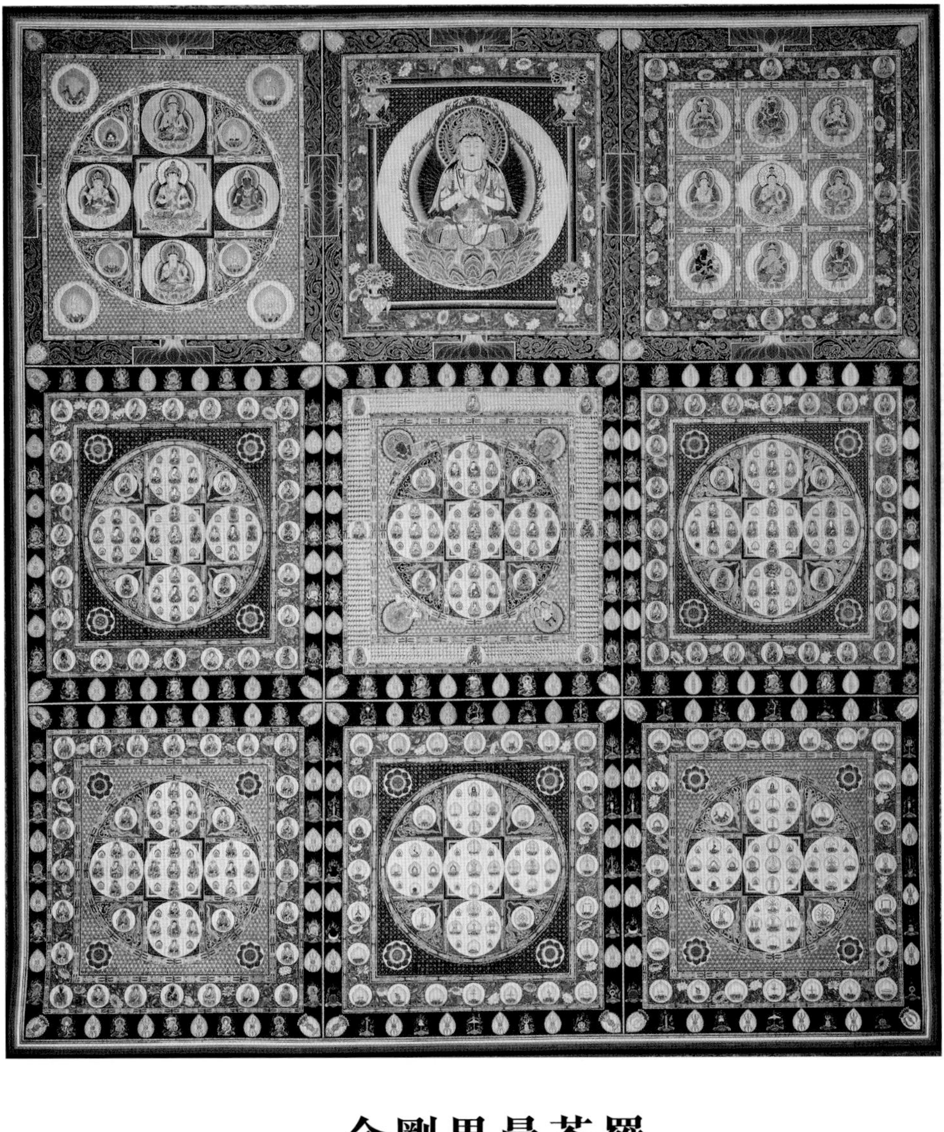

金剛界曼荼羅

胎藏界曼荼羅

日本佛教真言宗高野山派金剛峰寺中院流第五十四世傳法大阿闍梨
中國佛教真言宗五智山光明王寺光明流第一代傳燈大阿闍梨

悟光上師法相

悟光上師開示錄

悟光大阿闍梨略傳

悟光上師又號全妙大師，俗姓鄭，台灣省高雄縣人，生於一九一八年十二月五日。生有異禀：臍帶纏頂如懸念珠；降誕不久即能促膝盤坐若入定狀，其與佛有緣，實慧根夙備者也。

師生於虔敬信仰之家庭。幼學時即聰慧過人，並精於美術工藝。及長，因學宮廟建築設計，繼而鑽研丹道經籍，飽覽道書經典數百卷；又習道家煉丹辟穀、養生靜坐之功。其後，遍歷各地，訪師問道，隨船遠至內地、南洋諸邦，行腳所次，雖習得仙宗秘術，然深覺不足以普化濟世，遂由道皈入佛門。

師初於一九五三年二月，剃度皈依，改習禪學，師力慕高遠，志切宏博，雖閱藏數載，遍訪禪師，尤以為未足。

其後專習藏密，閉關修持於大智山（高雄縣六龜鄉），持咒精進不已，澈悟金剛密教真言，感應良多，嘗感悟得飛蝶應集，瀰空蔽日。深體世事擾攘不安，災禍迭增無已，密教普化救世之時機將屆，遂發心廣宏佛法，以救度眾生。

師於閉關靜閱大正藏密教部之時，知有絕傳於中國（指唐武宗之滅佛）之真言宗，已流佈日本達千餘年，外人多不得傳。（因日人將之視若國寶珍秘，自詡歷來遭逢多次兵禍劫難，仍得屹立富強於世，端賴此法，故絕不輕傳外人）。期間台灣頗多高士欲赴日習法，國外亦有慕道趨求者，皆不得其門或未獲其奧而中輟。師愧感國人未能得道傳法利國福民，而使此久已垂絕之珍秘密法流落異域，殊覺歎惋，故發心親往日本求法，欲得其傳承血脈而歸，遂於一九七一年六月東渡扶桑，逕往真言宗總本山—高野山金剛峰寺。

此山自古即為女禁之地，直至明治維新時始行解禁，然該宗在日本尚屬貴族佛教，非該寺師傳弟子，概不經傳。故師上山求法多次，悉被拒於門外，然師誓願堅定，不得傳承，決不卻步，在此期間，備嘗艱苦，依然修持不輟，時現其琉璃身，受該寺目黑大師之讚賞，並由其協助，始得入寺作旁聽生，因師植基深厚，未幾即准為正式弟子，入於本山門主中院流五十三世傳法宣雄和尚門下。學法期間，修習極其嚴厲，嘗於零下二十度之酷寒，一日修持達十八小時之久。不出一年，修畢一切儀軌，得授「傳法大阿闍梨灌頂」，遂為五十四世傳法人。綜計歷世以來，得此灌頂之外國僧人者，唯師一人矣。

師於一九七二年回台後，遂廣弘佛法，於台南、高雄等地設立道場，傳法佈教，頗收勸善濟世，教化人心之功效。師初習丹道養生，繼修佛門大乘禪密與金剛藏密，今又融入真言東密精髓，益見其佛養之深奧，獨幟一方。一九七八年，因師弘法有功，由大本山金剛峰寺之薦，經日本國家宗教議員大會決議通過，加贈「大僧都」一職，時於台南市舉行布達式，參與人士有各界地方首長，教界耆老，弟子等百餘人，儀式莊嚴崇隆，大眾傳播均相報導。又於一九八三年，再加贈「小僧正」，並賜披紫色衣。

師之為人平易近人，端方可敬，弘法救度，不遺餘力，教法大有興盛之勢。為千秋萬世億兆同胞之福祉，暨匡正世道人心免於危亡之劫難，於高雄縣內門鄉永興村興建真言宗大本山根本道場，作為弘法基地及觀光聖地。師於開山期間，為弘法利生亦奔走各地，先後又於台北、香港二地分別設立了「光明王寺台北分院」、「光明王寺香港分院」。師自東瀛得法以來，重興密法、創設道場、設立規矩、著書立說、教育弟子等無不兼備。

師之承法直系真言宗中院流五十四世傳法。著有《上帝的選舉》、《禪的講話》等廿多部作品行世。佛教真言宗失傳於中國一千餘年後，大法重返吾國，此功此德，師之力也。

目錄

一九九一年上師開示筆錄

一九九一年上師開示筆錄

日期：一九九一年十二月八日(開山紀念日)

地點：本山

註：為了方便沒有錄音帶的信眾閱讀，此筆錄作出部份修辭更改，與原來口語有所出入，希請留意。

在此非常歡迎各位！我們這次聚會的意義，就是你們各位自從皈依以後，各各回到各自的工作場所，大家平常要回到本山參與各項活動，除了住在附近的信徒以外都是非常困難的，所以我們才設定一年一次的聚會。這個聚會在一般社會上叫做慶生會。藉祖父、祖母、父親、母親的慶生會，引住在各地或是在遠方的家人回到祖家看看及聚會。以出家人的立場來說做生日會，這名稱是有點俗氣，所以我們把它叫做聚餐會。我們把這個聚餐會訂下一個日期，就是每年的農曆十一月的第一個星期天，有時候會是初一，有時候是初二、初三、初四也不一定，總之是在第一個星期天。

各位從海外東南西北各地，從繁忙的工作場所抽空回到本山來，看看本山的經營：佈教種種的佛教活動、這裡的建設、這裡的一切。我們草創一時，為了接待大家來這裡聚會，師傅日夜趕工，昨天還在趕工至淩晨一時才完工，在這裡向各位道謝，非常感謝趕工的師傅和所有的工作人員。過去我們說做生日會，以後我們改一個名稱，訂名為『開山紀念日』。

這般聚會是非常有意義的。普通社會上一般的家庭，例如男的結婚、女的出嫁、家庭各各的兄弟姐妹為了事業分散各地，有在澳洲的，也有在美洲或是相距很遠的地方，親屬之間彼此都不認識，為了祖父或是祖母的生日，他們的兒子、孫子、曾孫等等從各地回來，因為回來祖家的機會比較少，有些甚至是姻親都互不相識。因為互不相識的原故，所以於社會上活動的時候便往往發生誤會。

怎樣發生誤會呢？舉個例子，前陣子有兩個親家開車往墾丁去遊玩，他們彼此都不認識，為甚麼他們會不認識呢？因為工作的關係，請客的時候有一方未有參加，所以互相不認識。他們各自開車往墾丁，在路上互相碰撞，雙方都下車去檢驗自己車子的狀況，兩個人爭吵不休到最後開拳打起來，各自都有受傷。這時候做女婿的剛從後開車駛至，看到這情況便趕緊下車。『爸爸，請等一等，（接著介紹雙方認識）

這是我的父親，這是我的岳父。』那個時候兩個姻親都洩了一頓氣，很是尷尬。

所以借替祖父、祖母做生日的聚會，大家回來聚餐，大家彼此互相認識，有些朋友也借此機會、地方互相認識、更加互相親暱、互相談論：你做甚麼生意，我做甚麼工作。碰巧說我剛剛沒有工作，大家在這聚會相聚，彼此相往已久，不是你的親戚就是我的朋友，『既然你沒有工作，我聘請你到我的公司來工作或是介紹到某某公司去工作。』因為到岳父的家或是朋友的家去參加聚會，而認識結交了一些朋友，那麼就收益不淺啦！不但如此，我們在社會上活動的時候，要多結交善良，度量要寬大，要有忍耐和有修養，這樣社會上很多誤會的事情便不會發生。不但不會發生誤會，還會得到很多的利益。這就是我們起步交朋友，希望聚在一起才有機會可以互相認識、互相交朋友，故此才有生日會。

以前做官的人也有做生日會這一回事，做生日的時候，官場中的人都趨相來道賀，大家都可以藉機會認識，彼此在官場活動的時候官官相衛，做起事情來都非常方便。家裡的婦女都弄些麵線，然後拿去他人的家去賀壽，表示說辨壽。女人嫁出去，借此機會回家去看看祖父、祖母、爸爸、媽媽等身體是否健康，這也是生日會的好處。我們利用開山紀念的日子，每年大家回到本山來互相認識、互相交談、交換工作心得和經驗，這是很好和難得的機會。

我們修行人，有些是已經皈依的，有些是已經修完四度灌頂的阿闍梨，修法完了便回家去。回家以後，有些很認真的修持、有些比較鬆弛、有些是沒有修法的，借聚餐的機會，大家互相討論修行的過程、交換修行的經驗，互相記下來有所借鏡。聽到對方精進修行、修養很好，自己的心生起了懺悔的心，並且發起了競競猛猛的心去修行。

講起有關修行的問題，修行不只是限於在這修行的道場、壇場內才是修行。我們的道場是以宇宙為修行的道場，我們的社會是我們的道場也是我們工作的地方。我們在壇內修法是思維如何在外工作，把自己修行體悟的理趣應用於社會上的工作。為甚麼說整個社會是我們的道場呢？因為社會是大日如來法身所變化變現的。我們每一個人都是大日如來變化所現出來的，我們本身就是如來體性。全都是如來的體性。我們有些人是早出生的，有些是較晚出生的，全都是大日如來的體性，等於四海之內皆兄弟。既然是四海之內皆兄弟，那麼我們應該彼此互相照顧。所以我們在社會上活動就是修行，一切的工作就是供養如來。對我們於社會上的兄弟，不管是認識的還是不認識的，我們都一視同仁看作是同胞。

大日如來是大公無私的，我們從祂的法身出生之後把大公無私的精神忘掉了，變成了自私，自私會製造苦具啊！所以佛陀告訴我們在社會上活動、修行，要修萬行中的六度萬行，六度是我們成佛的橋樑。怎麼樣叫成佛呢？我們本來是佛體，我們把自私打破了，返本還原，這就是成佛！在修行的工作中的六度就是布施、持戒、忍辱、精進、禪定和智慧。在佛教中對六度雖然有説得很清楚，可是我們做不到！以布施來説，有很多人四處勸人布施，可是他們自己卻是一毛不拔。出去勸人、講道理，可是自己一點行動都沒有。他講一些法、道理給大家聽，以此來提高自己的人格，這是偽善！所以我們於活動之中應該做的卻不去做，這就是犯了如來本性三昧耶戒；不可以的又去做是違背了如來的大慈悲，是犯了如來慈悲的三昧耶戒。

已經違背了如來本性，如何可以返本還原呢？佛陀教我們度量要大一點、要有無我的精神，無論如何困難都去做布施。布施有財施、法施和無畏施。有物質或是金錢的就用物質等去布施；布施可以是勞動也可以是説法給別人聽，甚至是不顧自己的生命。好像最近高雄有兩位大德不惜生命去救人的事件，在此深深感謝這兩位無我精神的大德，值得我們以此為借鏡。他們的行動，其實是他們的精神付出了愛去愛同胞，以這樣子去布施，那貪心就會沒有了。所以一切罪惡、一切煩惱都是從貪心跑出來的。

那麼我們修行的人又如何呢？財施、法施、無畏施，其中的法施並不一定是講經給別人聽才叫做法施。法施就是把你肚子內、心裡面一切的諸法布施給如來，即是把一切好的法、壞的法、善的法、惡的法，一切一切的諸法都布施出去。布施出去之後，內心的阿賴耶識就空空了，空空就是返本還原。布施以後還可以增加功德，因為我們的諸法已經布施給如來的德性去，心就空了！心空福聚！空的裡面藏有萬寶，所以世界一切的寶貝、物質、甚麼東西等等都是從空生出來的。空名叫做牟尼，我們說牟尼寶珠生寶貝就是這個意思。

我們學習真言宗的人，很多都不知道真言宗的思想，一般多說是與藏密差不多的思想。藏密的思想，不是說她沒有佛法，但她始終有一些可製造貪心的法門在裡面，甚麼是貪心的法門呢？就是修白財神、黃財神法。白財表示有銀進來，黃財是表示有黃金進來。那麼白財神、黃財神，祂們的三昧耶又是甚麼呢？是財神手中拿著一隻老鼠，中國人叫做耗子，說話傳來傳去變成是五子運財，到了一般的神教又變成是五鬼運財，我們修行的人為甚麼要學這些五鼠或是五鬼運財呢？到哪裡去運？一定是到別人的家去運，去偷。偷呢，就犯了偷盜戒！這白財神、黃財神的法是要在半夜的時候修的。拿一些花生、豆去供養，老鼠就會來吃。老鼠來吃的話就說是本尊來吃，心就非常歡喜。老鼠就是本尊，所以不能殺老鼠。老鼠是本尊，是幫助我們運財的。有一些人的家裡的東西都給老鼠吃光了，養了幾百隻老鼠可是都沒有看到把別人家的東西咬過來，但是家裡甚麼的東西卻給牠們吃光了！

有一個人修這個法，他的兒子從外面回來，晚上睡覺把西裝掛在床頭，整屋子的老鼠嗅到這個人的氣味不一樣，西裝的口袋裡面不知裝了些甚麼東西，老鼠跑進去咬，一件新的西裝就這樣子給咬破了！翌晨兒子醒來時發覺整間屋子都是老鼠就很奇怪，為甚麼父親都不作環境衛生整理？於是他很生氣就去打老鼠，他爸爸卻不許他打，兒子偷偷地抓了一隻，『可惡呀！把我的西裝咬破，我現在就修理你。』他在老鼠的尾巴上縛上一些棉花再蘸上了油之後點火，老鼠給放開手後在屋裡四處跑，跑到那裡火就燒到那裡，整間房子都給燒掉。我們要注意，不要傻傻的給人家騙了！假使老鼠真的會偷人家的東西，你的心就是偷、就是貪啦！你的心有貪有偷就起了煩惱，那麼樣怎可以去修行呢？所以我們不要聽信別人的胡言亂語，胡亂去拜，到後來就落伍了。有很多人到我這裡，說要學習五子運財，抱歉！我這裡沒有，不好意思！

我們不能生起貪念，所有引起貪的都不要拜。有些人在外面亂拜，石頭公呀、甚麼都去拜。有一次我看到別人在拜拜，問他你在拜甚麼？他說：『師父，這你不懂的！』『我不懂，你就說說讓我知道吧。』『你聽了也不懂！我現在是在扶大家樂—六合彩、抽名牌。』我問他，『你贏了多少？』『都輸了！』他說。我看他心有不忍便叫他毀了所拜的神，奉勸一句話「廳堂不要多一尊神像」，這是教大家不要迷信胡亂拜。既然皈依了佛教，正信的佛教裡面是沒有這些稀奇古怪的。佛陀教我們服務社會，舉手投足隨時修行。我們出生為人是一個很莊嚴的人！為甚麼我們要去做一些不像人的事情呢？佛陀就是教我們修行得像一個人，像一個人才成人，能做得起一個人才可以成佛。人都做不成，那怎麼可成佛呢？所以頭一關是以布施度慳貪。

接下來是持戒，戒是籬笆。法律是平等的，對沒有做壞事的人來說，等於沒有法律。因為沒有犯罪，所以沒有法律。法律是代表人的公約，為了維持我們兄弟之間好好地過日子，於是大家一起定下了公約。若果說「這樣控制我，我就沒有自由了！」自由是要視乎情況而定的，譬如說：人要殺人有自由；吃飯有他的自由；他要追求學問有他的自由，但社會的公約是「沒有自由才有自由」。例如交通燈，紅燈亮了就不能開車過去，你若闖紅燈開車過去便會造成危險，若有人因此被壓死，那麼警察會捉你並且告發你，所以這是「沒有自由才有自由」。反過來有自由就沒有自由，你看紅綠燈壞了，交通就會亂。所以大家一定要遵守大家的公約，遵守公約別人好我們也好。我們宴會散了，大家若是不守公約，開車回家的時候撞倒了人，人若是死了，怎麼辦？要賠啊！要賠償，這樣子就麻煩啦！我們要是遵守公約，便沒有這些事情發生。不只交通，以外的一切一切都是相同一樣。所以懂得道理、熟悉公約的人是不會觸犯公約的，這樣就等於公約沒有存在。違背公約、法律的人，他們都有一套歪理，為甚麼呢？做小偷的人給捉了，若是問他，『你為甚麼去做賊？』他回答說，『沒有呀！我沒有做賊！』『明明是你偷了東西，你還說是沒有做賊。』小偷辯駁說，『我是拿了別人的東西，只是沒有跟他講而已。我沒有做賊，「做賊」是你說的，依我的看法是沒有賊的存在，小偷跟一般人一樣。』『你這小偷，其他人都知你拿了東西沒有告訴他。』『我若是告訴他，他也不會給我，所以我才拿，況且他的東西這麼多。』小偷反駁。如果你布施，剛巧布施給這個小偷，那麼他便不會不問而取，客氣一點也不會去偷。有時候會搶，光天化日之下搶了不少的東西。你若是跟他討，討不到，到我這裡來向師父討，我替大家報個名，不要緊的。不要不問而取，搶劫是會被關進牢的！佛教裡面設了很多的戒律，這都是為了預防我們這些凡夫俗子。凡夫俗子修行力度不夠，沒有修養就需要這些戒律，這就是我們所要做的六度修行之二。

第三條是忍辱。忍辱就不會生事情。忍辱其實是一種很苦的事情，我們經常說「忍辱是苦具」。「因為我對他沒有辦法才要忍」，忍字好像是一把刀插在心上。因為我們的心放不下才要用忍，忍就沒事了。忍一忍，人與人之間相處的時候，我們忍一忍，「忍一時之氣免百日之災」。開車不跟人競爭，他要超車，那就讓他超前好了。萬一不小心讓小孩子碰到了，「唉，對不起！」這樣子就沒事啦！修行人應該修到甚麼都沒所謂，不是用心去忍的，是把一切都看作沒所謂。譬如做祖父母、外公外婆的去抱孫子，心裡很是高興，孫子也是哈哈地笑，若是給孫子捉得很痛時仍然會說，「我這個孫子很棒、很聰明。」有修養的人把外面欺侮他的人看作是自己的孫子，那就不會對他生氣。不必去忍，這就是無生法忍，就是這樣做修養就夠了。

接下來是精進。我們不能懶惰，懶惰的人希望天公跌東西下來給他們吃，這是不行的。天道好像水一樣，若不需要水便不會盛下來，它會向下流。你有需要向它求，它就流給你。人若不活動就會死，你沒有活動天公不會自動給你吃。不要相信外面的人說，試試看你若是躺在蓆上，天上會不會掉一個東西給你吃。所有的一切都要你自己去取，你要活動啊！天上是不會掉東西到你的頭上來，你要勞動、要精進去做事情，這樣生活在世間才有意義。我們的手腳都是好好的，不是殘廢啊！怎麼會安坐位子上等著吃人家賺的呢？看到可憐的、殘廢的人，我們要布施給他們，我們努力工作布施給他們，也要布施給我們的兄弟姐妹、兒女，讓大家都有飯吃。所以我們勞動要勉強賺、勉強去花，有就拿出來布施做功德，這就是服務，「以功為孝稱師父好人疼」這樣做事業就不怕失敗。佛陀告訴我們修行的方法，這個是很重要的法門，要精進！

現在講禪定。禪定不是呆呆地死坐在那裡，禪定是養精神，消除疲勞，恢復元氣。在禪定當中要放棄妄想，禪定的時候思維我們的過失及警戒我們如何去工作。我們不必呆呆的坐在這裡（指盤坐），坐在板凳上也可。坐在這裡「非想非非想」就可以了。人是動物不是石頭，你要運用智慧去工作，為甚麼坐在這裡不動等人來養你呢？坐在這裡靜心，獨善其身！說你沒有煩惱，煩惱不知是長成怎麼樣子的？

譬如說，我在山腳下坐禪，碰巧刮起風來又下雨和打雷，「那些山風，我坐在那裡一點都不知道。」「我不知道」是無知！風吹過來、雨打下來，你一直生氣，你想一些沒有道理的就叫做妄想。『我沒有啊，一些妄想都沒有！』『沒有？你是在想那些山風。』『那麼我就換另外一個位置。』『想換一個位置，不行！那不是煩惱又是甚麼？』坐在這裡，肚子餓啦，心想「我已經絕食了一個禮拜啦！我要去托缽討一點東西來吃。」肚子餓啦，想肚子要緊，所以想要去托缽，那不是煩惱又是甚麼呢？「我感冒啦，肚子餓啦！我要趕快去買藥回來吃，不買不行呀！」這是禪的功夫嗎？這不是煩惱又是甚麼呢？煩惱的意義也不懂！煩惱就是貪心跑出來的，這就是煩惱啊！你認為你的生命很寶貴，「我愛我這一條生命，希望能繼續的活下去」，這就是生命的煩惱。「我想有很多錢」，不擇手段即煩惱。沒有錢就用手腳去賺，這樣還不只，是要用生命去賺！若是用騙的，給人識破了，給抓起來，這不是煩惱嗎？所以，這些是沒有智慧的人。

現在很多人去坐禪，坐禪並不是「常常坐在那裡」，這不是坐禪。坐禪是一種靜如，剛才有說過禪坐是要消除疲勞、恢復元氣。禪的境界是各人各人的境界不同，譬如你在社會活動的範圍內所引起的一些煩惱，你沒有辦法去解決，例如要學習電腦，你的煩惱是不知電腦在哪兒？農夫的煩惱是如何作農；造電腦的有做電腦的煩惱，各人的煩惱千差萬別。

大部份的人都不知道禪的意義。禪的語錄中講的，是過去很多的祖師或是有經驗的人他們的經驗之談。這些經驗之談，我們看大部份都是絕情以後的妄想。你坐禪的時候，強縛妄想是可以的，如果你開車回家去做生意就沒有辦法啦！禪宗的人，妄想中沒有好文章可寫呢！前後都不知道，怎麼樣開車去聯絡別人呢？好像婦人要炒菜，可是甚麼東西都沒有：菜沒有、水沒有，電鍋子光發火。禪是我們了解宇宙真理以後，看到真理以後，「看得透、放得下、拿得起。」

以前有一個故事，這個故事是說禪的，我說給大家聽聽，參考參考。

有一次蘇東坡去遊湖，湖上其中有一船，有一名歌伎在唱歌談情，蘇東坡也在這時吟詩做對。對方聽了也有興趣便跟他對作起來。蘇東坡跟佛印禪師有交往，所以對禪的教義認識不錯。這次跟這歌伎作對，所得的答覆令他覺得她很不簡單，於是邀請她到他的船上來唱歌喝酒，這歌伎到他的船上所談的話都是禪的機鋒。蘇東坡問她，『請問不動境是甚麼？』她說，『落霞與孤鶩齊飛，秋水共長天一色。』人的心目，如境中落霞的境、霧中的鳥飛翔，秋水與青天共一色沒有分別，無分別就是已看到佛中境，這就是空。甚麼是真的空？天下萬物若是沒有教化、沒有風流、沒有花月風雪就不成造化。人若沒有感情，一點慈悲心都沒就不成人類。其實人要學智慧，要跟如來的德性—慈悲共和，然後出來活動，甚麼事情全都做。

蘇東坡又問，『那麼境中人又是怎麼樣？』『雲波好比千江水、結緣不散一段緣，這就是境中的人。』蘇東坡驚嘆她就是大師！像她這麼樣高的境界！蘇東坡跟她點頭稱許，接著他又問，「人中境呢？」

註：因錄音帶的音色有問題，以上的故事只有在此中斷。歡迎任何師兄姐提供缺少的資料，功德無量！

修禪的人，難道每一個人都死光了，也跟他一點關係都沒有嗎？坐在那邊思考就好啦？所以這個觀念大家要知。這是坐禪境界的意義，不是說禪定，坐到進入非想非非想的境界的時候，西方就進來，不要誤會禪的意義，不是這樣的。禪的意義是放眼所見的世界，一切都是我們的同胞；曼荼羅是我們修行道場的所在；放眼所見的一切都是大日如來所變化出來的，大家去服務、去供養。佛教是甚麼？就是「諸惡莫作，眾善奉行。」

以下節錄《遍照之光—曼荼羅法語》：

禪定非死坐，但養個神消除疲勞恢復元氣，在妄想中思維過失，想想該做何事。人要運用智慧想工作，怎反死坐讓人養。有道理的事可以想，不知是無記，知是妄覺，腹飢而思覓食，怕死而護生，冷時思添衣，風雨求屋舍，生活上的種種何一非煩惱？貪心生則生煩惱。禪曰靜慮，其境界因中而異，各種職務煩惱不同，坐時妄想可斷，動時不可能，禪是了解真理後看得破，提得起，放得下。透視到無分別的空性後，要學佛菩薩的德性出來活動，謂之學佛。修禪人自享禪定，八風吹不動，外面都死光大亂也無所謂，不起關心，如此毫無慈悲豈能謂修行學佛？禪是自心主觀境界而已，非把心如石頭，天下若無風花月柳不成造化，人若無感情不成慈悲，不成人類。禪的真意乃放眼世界，一切都是同胞，都要供養。故佛教就是「諸惡莫作，眾善奉行」。

一九九四年上師開示筆錄一

一九九四年上師開示筆錄一

日期：一九九四年一月十九日至廿一日(新道場落成典禮)
地點：香港道場
註：為了方便沒有錄音帶的信眾閱讀，此筆錄作出部份修辭更改，與原來口語有所出入，希請留意。

問答

一：請問上師，我在本山請了一尊如意輪菩薩，並請上師開光，之後把祂裝回盒內帶回香港，但回家後開啟盒子卻不見了佛像，只剩下一堆棉花，不知如何是好？

答：可能你是沒有把佛像裝進盒子內。佛像不是神，只是方便我們觀想而已。那個佛像是忿怒相或是慈悲相，皆是你的心在看。假如沒有眼睛，佛像如何莊嚴或是不莊嚴你皆看不見。我們要雕刻莊嚴的佛像來拜，你看到佛像莊嚴是你的心莊嚴。佛像是用木頭來刻成的，佛像的畫是畫工的人畫的，雕或畫得漂亮莊嚴那麼你便去拜，那是你的心可以看到莊嚴，沒有這心，你如何可看到莊嚴呢?你若是沒有佛像，那就此坐下來觀想，觀想佛相很莊嚴，當然那是你的心莊嚴，不必一定要像似或是要有佛像才成。

普通的人用佛像，好像神教一樣請他人開光，拿一個神來裝在木頭裡。神，甚麼地方都有，不必要召請某一個神來裝在木頭裡。你的心莊嚴，當然這個神便會莊嚴。你的心壞不莊嚴，你到這佛像前，這尊佛像也會變成閻王，所以我們的心要莊嚴，佛像才會莊嚴。若佛像是掉了，不要緊，本來是甚麼都沒有的!我們用來莊嚴道場、佛堂才有需要。我們要用佛像來拜，但不要把佛像看成是有神在，假使你看這個佛像是有神明，那你便是走火入魔了!(掉了佛像)沒有問題的!我們本山有很多社會上的信徒，他們的家裡供奉很多的佛像，如阿彌陀佛、觀音菩薩、太子爺、關老爺等等。某人若是拜了以後事業失敗了或是生病了，那他就不再拜了，可是又不敢把佛像燒毀，怕這些神會罰他，於是便把佛像帶到本山來，請我們替他燒毀。我們用木材點火，然後把佛像放在上，再跟佛像說:『你以前有因緣變為觀音菩薩，現在你的因緣到了要變為火灰啦!以前有人供養你，香、水果等你吃得太多啦!可是你又沒有給人家保佑，現在人家不供養你了，你回去好啦!』我們給它這樣說了就沒有問題了。他在家不敢燒，當然我們敢燒，甚麼都燒掉。假如這個佛像身上掛有金鍊或是金牌，那我便拿下來並且把它們賣掉。他請我們替他燒這個佛像，還要給我們紅包呢！不要怕！

世間一切的事情，你看好或看壞，那都是你的心創造出來的。我們世界上所有的一切，我們看到了並印在心頭上，那麼在我們心內便有好的也有壞的。比如以前有一個繪畫師，他要畫一個魔鬼，他畫得很神似，他本人覺得很滿意，於是把畫裱裝之後掛在屋裡。有一天他出外，晚上回來開門，看到自己的畫便暈倒過去。他看成是真的！自己畫的畫，自己看，自己暈倒！我們世界上的事情，我們自己看，在自己的心中畫天堂地獄，然後入了該境界，所以西方、天堂、地獄都是你自己心的境界。心壞是地獄，害怕了，那麼甚麼都會變成鬼，就算是佛祖釋迦牟尼佛、觀音菩薩的像都會變成魔鬼，心術不好便會看成是魔鬼！你的心若是修得很好、很平、很漂亮，就算世間不漂亮的東西給你看了，你都會覺得很漂亮的。

宗教有分下級和高級之別，普通社會的教化都是像神教。我們中國在漢朝的時候有一個畫家畫了地獄變相圖，那是教化一般的人不要去做壞事，若是做了壞事便會被閻羅王捉去審判。這是教化一些對宗教沒有研究的人的，我們有研究宗教與及信奉佛教的人不要相信這些。當然我們不會做壞事，沒有做壞事便沒有地獄。假如你相信有地獄，你便會墮落地獄裡。

六道輪迴的六道：我們成為人是不善不惡，普通的人叫人道；我們有修養、幫助別人，心很善良的時候，你看到一切的東西都很歡樂、很清淨，那麼你心的境界就是天；假如你的心常常想要偷他人的東西，偷他人的東西一定會怕給別人看到你，所以你走的路都是偏僻或是陰暗的環境，因為怕被他人看到。由於怕被他人看到，心裡有「怕」，有這個「怕」的心理便會墮落為畜生。你看那些兔子、魚、鳥等種種畜生，它們一看到人都會怕馬上跑開，那是它們本來怕被人看到，所以怕見到人，因為以前是有偷過他人的東西，才有這種怕的心理故此出生成為畜生。

本來以前自己平常所做的事情有違背良心，做了壞事之後，晚上睡覺時會很苦、很怕，因為人總是有良心的，做了壞事之後便會難過流淚，睡不著。因為心裡苦，所以翻來覆去睡不著。苦的感覺，晚上都有，白天則多不會有，很靜的時候，自己的良心會反省，所以晚上沒有光線是暗看不到光明的時候，心就會很苦，這叫做苦。所以我們若是做了壞事的心理，他日死了，靈在冥冥中好像做夢一樣，很長的時間都沒有辦法看得到光明，那是地獄。時間長兼且沒有一點兒停頓，這叫做無間地獄。為甚麼叫做地獄？像別人挖了一個地洞，把我們捉了進這個地洞去並且關起來一樣，地洞裡面看不到光明，心裡很苦，像這種苦叫做地獄。有沒有地獄？有！但不是政府所設的監獄，是你自己所創造的地獄！因你不是白癡，所以才有地獄，假如是白癡的話那便沒有地獄了，做白癡好不好？當然我們不要做白癡。假如我們坐禪，坐到一點都不知道像白癡一樣，這叫做「蕉芽敗種」，如白癡一樣那當然沒有地獄了，可是你可以當成一個白癡一樣地生活下去嗎？當然我們不希望如此！

所以我們坐禪要有智慧，用智慧去了解世界的真理，不要做壞事，過不了良心的事不要做，做了好的事情便常常有歡喜心，那麼我在這個世間還沒有死便已經像是在天一樣，我們死了之後靈識像在生時一樣的環境，這快樂的境界就是西方、天堂。現在我們佛教裡有很多極力提倡淨土，這是有理由的。所以我們要觀想西方世界的環境，心就不會做壞事。做善事、做好事，由你的潛意識去改造過來。

我們一般沒有學佛以前的心識都是很骯髒的，學佛以後，唸經、經咒、觀想、西方世界、幫忙別人、看到佛像莊嚴、很快樂，那麼你的潛意識便種下很重要的種子，死了之後的靈識便會有西方境界的種子，這是帶業往生。有人說是「消業往生」，沒有的，消業往生便成羅漢，羅漢不是帶業往生。可是修淨土的人很普遍，我們真言宗有沒有這個法門呢？有，真言宗的道場觀內有淨土、唯識、禪、秘密莊嚴身。你們大概都是有皈依的弟子，不管以前受過甚麼教育也好，大家要好好地修行，把道場觀做好，有信心地修下去，在你們的潛意識中種下好的種子。

你們看曼荼羅內有很多的菩薩，菩薩不是歷史人物。好像西藏把觀音菩薩、阿彌陀佛等都看成是歷史人物，這是不對的！佛菩薩，假使是歷史人物，那便成神教。你每天拜佛菩薩，求祂們保佑，祂們不會保佑你啦！是你自己保佑自己。

做護摩有沒有效力？有！這個道理很清楚，這裡有三個力量：自己功德力、如來加持力和法界力。如來加持力是甚麼？宇宙裡面的力量叫做羯磨力。我們是召喚宇宙的真理進入我們身體內，即是如來的羯磨力。本來如來是理，佛是智，如來與佛同，如來即佛、佛即如來，如來是物質和精神，佛是物質發用的智慧。我們頭內的腦筋就是如來的智，因為我們不知道源頭，所以把如來的智變成意識，意識是智變的。智是本體，意識是變出來的作用，智有很多的精神作用。

以金來作比喻，金是智，金可以做成金鍊手飾、金牌等很多的用途，有智慧的人看到金而看不到器，凡夫卻是看到器而看不到金。若是往金飾店購買金器，一般是看那金器做得是否好看，金鋪的老闆卻是以金的成色是多少來賣給你，所以他是見金不見器，凡夫是見器不見金。若學佛的知道「金即器、器即金」，那就開悟了！

我們大家眾生和世間一切所有的，如草木等東西都是如來的身軀，是如來身軀的智慧發揮的一部份，無論石頭、草木、人類、植物、花等等全都是如來的身軀。如來身軀內的成份有無限量的多，無限的多裡有一組一組，每一組各有組長，組長即是曼荼羅內一尊一尊的佛菩薩，亦即是科學所說的基因，佛教稱為種子。這種花有它的基因，那一種又有它的基因，不是全部空白的，若是空白那麼生出來的都會是一樣，因為全都不一樣的基因故此生出來的都是不一樣。這麼多的基因到底藏在哪裡？我們的身軀內全都有，可是每一個人主宰的基因都不一樣，如果是一樣，那麼便不能分別各自的相貌了。宇宙法性就是總的一，總的一內有很多，不可以說真如本性是空白的，真如本性基因濃縮在這裡有很多，只是你看不見而已。種出來的基因各有不同，雖然是兄弟，但基因各自不同，物質基因不同，精神基因也是不同，所以地球上同一父母所生的兄弟也不一樣。一般佛經講真如本性是空白的，那是錯誤的。

真如本性到底是鹹的還是甜的？若是甜的，萬物生出來應該也是甜的；若是鹹的使全都是鹹的；若是酸的便全都是酸的，為甚麼蔗是甜的而梅是酸的？梅有梅的基因，甘蔗有甘蔗的基因，各種的基因都不同。很多的基因叫做普門，全是納入法性內體叫做總持。

唸真言就是唸總持，總持裡面的句道都不同，唸句道不同是要叫起不同的種子。聰明的人有聰明的人的種子、做賊的有做賊的種子、愛賭博的有愛賭博的種子。若愛賭博的種子生出來你便會去賭；飲酒的基因發起來便會想飲酒。各種的心理種子發出來都是不同的，你想做菩薩，那麼做菩薩的種子便會生出來，那你便做菩薩。由做菩薩至成佛的種子有十六種，修這十六菩薩的種子你一定成佛。那麼要往哪裡去學？往真言宗去學！我們唸咒，唸某一個菩薩的咒就是要學這菩薩的誓願。六隻手的菩薩就是代表六種誓願的精神，十八隻手的就是十八種誓願的精神和祂的工作能力。我們修持某一個菩薩的咒是要叫起這菩薩所代表的種子出來做我們的主人，把愛賭博的種子壓下去，把會成菩薩的種子提出來。當你發心要成菩薩的那一刻，成菩薩的種子便即時生出來，所以發心很重要，是真的發心，不是假發心啊！若是說先試試看，那麼就沒有效了！一定要有決定心，決定心就是發心。沒定性的發心是沒有用的，這一刻發心做菩薩，下一刻看到別人去賭，自己又跟著去賭，這樣的發心便沒有效用。本來要做好的事情，但是於見到別人飲酒之後自己又跟著去飲，天天地飲酒，飲至醉醺醺胡亂說話，本來是要講一些好的說話給他人聽，但現在全都講不好的，這個菩薩便是「無定性」，所以不能成菩薩！有決定心就會成菩薩！菩薩應該是成佛的，本來物質體加精神體即是如來，只是我們自己墮落來做眾生，現在回復原來成佛，我們並加以肯定然後出來工作，那便是菩薩了！

平常我們在家內做功課：觀想、唸咒，出到社會要當作是我們的道場一樣，在這寬廣的道場中修行，古語有云：『舉手投足道場來』。本來這世間是極樂世界，極樂世界是怎麼樣子呢？金沙遍滿地、樹開四時不謝之花，這樣子好嗎？不好！不謝的花若不是塑膠造的便是用石頭雕刻而成的花，金沙滿地便沒有草了，沒有青草也是不好的。遍地都是金沙，你也不會覺得寶貴，因為無所比較便不覺得它寶貴，所有的物件互相比較才會顯出寶貴。若你在人群之中鶴立雞群去修菩薩行，那便好像一盤石頭中的一顆鑽石，這顆鑽石才有價值，整盤都是鑽石那便沒有得比較，是不是？草地上有一棵花才會覺得花漂亮。你在人群之中做得好、有修養，這樣做人才有特色。在修養的人當中有好的也有不好的，這樣才有好的顯露出來。

我們在這世間能成就為菩薩、做聰明的人，這是沒有修養的人給你創造（成就）的。若是沒有石頭，鑽石便不能顯現出來；做聰明（超卓）的人要有愚蠢的人襯托，聰明的去指導去教別人才會做老師，所以在人群之中是不聰明的人和沒有修養的人給聰明的人創造，才會有聰明的人，因此沒有修養的人是你的恩人、創造的人，你要向創造你的人感謝！大家想一想對不對？所以在社會上，無論一舉一動都要教導別人、救濟別人，那你才是聰明的人，沒有這些人給你救濟又怎覺得你是聰明的人呢？所以你要不斷地在你的周遭去找，找適當需要你救濟的人去救濟他，有得讓你救濟你才可以成菩薩，你若是被他人救濟那便無效（不成菩薩），對不對？：對呀！

二：四波羅蜜、六波羅蜜、十波羅蜜之間微妙關係在哪裡？經上有説，冷暖、忍頂、世第一法是何解？與修法及修行有何關係？胎藏界字輪觀用法界定印，金剛界用彌陀定印，為何同是字輪觀而手印不同，其理趣為何及有何微妙關係？胎藏界為何要在解界之後再唸救世加持，有甚麼原因？

答：四波羅蜜與六波羅蜜不同，四波羅蜜是修四智，修行四智迴向給真如本性，真如本性名大日如來、法界體性、佛性，都是一樣的，這叫做總持—摩訶毗盧遮那佛，摩訶毗盧遮那佛的梵文翻譯為大日如來。總持好像一個工廠，製造一件東西有四個過程工序，經過這四個過程和工序生產出一件產品來。世間的一切工作、一切萬物都有成住壞滅四種功能，這四種功能的總持名叫做大日如來。四智是四種工作的工廠，四智是：大圓鏡智、平等性智、妙觀察智、成所作智，四項合一為法界體性智。大圓鏡智是阿閦佛、平等性智是寶生佛、妙觀察智是阿彌陀佛、成所作智是不空成就佛。以一個佛代表一種智，每種智內再分四個，譬如東方大圓鏡智的阿閦佛有四親近菩薩：薩、王、愛、喜，即是把一項工作分成四組，每一工廠都分四組。這些工作就是製造產品出來的，所生產的產品是甚麼？是回復我們本來的如來德性的產品。於道場修行所成就的功德迴向給大日如來，幫助大日如來。修行畢業把這種功能迴向給道叫做四波羅蜜，這是很深的學問，在這裡沒有時間詳細跟你們講，沒有辦法使大家多些了解。

六波羅蜜是：忍辱、持戒、布施、禪定、精進、般若，是世間所要做的工作。六波羅蜜是在社會上活動工作，四波羅蜜是內心的創造，內外合一可以說是十波羅蜜。社會的活動是道場，不單是在這裡靜靜的坐才是道場。坐禪不是坐到空空的甚麼都不知道，若是要如此空空的那不如注射(藥物)，免啦！現在的麻醉針藥打入身體內便可以了(使人腦袋空白)，這是沒有智慧的，如白癡一樣，不要這樣子！若問四波羅蜜、六波羅蜜、十波羅蜜之間有甚麼微妙，並沒有甚麼微妙，只是創造我們的人格完成而已。

經上講的冷暖、忍頂、世第一法，這些都是坐禪的境界，禪天的境界。禪算是天，菩薩算是地。修禪的人怕嘈吵，周圍若是有聲音便會覺得很辛苦，因怕嘈吵，廿八天的禪天都怕被吵到，這都是自私的。修菩薩的都不怕吵，為甚麼呢？古語有云：『羅漢高山打瞌睡，菩薩落荒草。』菩薩落入荒草也不緊要，菩薩好比在荒草中的一枝花，一枝獨秀！菩薩不怕吵，所以叫做落荒草。

「佛在世間不離世間覺」，佛即是大家，了解的人知道我們本來是佛、本來是如來，只不過是我們給貶低下來而已。世間萬物皆是平等的，不過以世間法去批判才有這是高的那是低的，若是修行足夠至某一個程度，那時你看甚麼都是平等的。

譬如說一件木材，給各別的師傅拿部份去做材料，做佛像的師傅拿去雕刻佛像，當你看到佛像便會下跪禮拜；有一部份被拿去做床板及椅；有些被拿去做坐廁的板，人坐在上邊排糞便。以上的材料都是來自同一棵樹，不同的師傅拿了去做佛像、床椅、坐廁板，都是來自同一棵樹的，它們的分別只是我們的心去分別而已。

古時候的婦人用木桶作糞桶，我們看到都怕，若是把它鋸一截下來，把它洗乾淨再在表面掃上紅漆，之後用它來盛飯，若是沒有跟你說，你不是也會覺得所盛的飯是香噴噴的，照食自如。這是我們心的關係，對開悟的人來說是沒有差別的。

糞便有多不好？你的肚子內滿是糞便，你不是攬著糞便睡覺嗎？還攬著它去拜佛呢！糞便沒有不好，只是化學作用而已。假如你現在吃東西，咀嚼過之後的食物雖然未經化學作用，但若是你把咀嚼過的食物吐出來，之後你還敢再吃這些吐出來的食物嗎？你不敢吃！你若吃下肚子的東西是不清潔，那麼你便會中毒。那些清潔的食物若你吃肚子內，雖未經消化吐出來，可是你不敢再食，這都是你的心理作用。改一個說法，你不吃咀嚼過的食物，但用攪拌器攪碎的即食食品，你不是覺得很好吃嗎？啊，真好吃！所以這是心理的關係，因為你有執著。

開悟的人用透視來看所有事情，開悟的人是不是垃圾也可以食呢？不可以！為甚麼？因為垃圾是有毒的，對身體有害所以不可以食，那些沒有毒的才可以食，這是阿彌陀佛的妙觀察智，其作用是審察，審察這些食物可以食才食，那些食物不可以食便不食。阿彌陀佛的妙觀察智匿藏在哪裡？在眼耳鼻舌身、色聲香味觸之內的眼睛看到這是可以的那是不可以的；鼻子嗅到這可以那不可以；拿一些來嚐試一下，這可以那不可以；你用手去摸，這太熱這不可以那可以。所以我們全個身軀都有阿彌陀佛的存在，為甚麼你要去求阿彌陀佛呢？阿彌陀佛就在你的身軀內！假如你知道了自己全個身軀都有阿彌陀佛，那你就見性了，你就成佛啊！你沒有見性，所以你的心就亂，把不是真的事當成是真的。

我們從孩提被別人騙，到老大也是被他人所騙。我就是騙小孩的，小孩子都是喜歡被他人哄騙。台灣有句俗語，就是做媽媽的呼喊年長的孩子做「騙豬」，大的騙小的、老年的騙少年，如此一直的騙下去，到今天我們還是被人所騙，難道我們沒有被人騙過嗎？有智慧的就不會被人騙，無智慧的則給人騙。我們人的智慧有四種，要適當地提出來用。智是鑒定種種知覺，這就是佛，物質是如來。《金剛經》內有如來說、佛說、世尊說，若是世尊說即是指釋迦牟尼佛說，若是如來說則是說理，若是佛說即是講智，我們不要錯誤了解，不然道理會混亂。

世間所有的事情，我們要用智慧去研究證實，不要道聽途説，不要輕信報紙或電視所賣的告白，我們要有正信。由於沒有正信的關係，才會聽信寺廟內所安奉的觀音菩薩、釋迦牟尼佛、阿彌陀佛等都是歷史人物和神，這些都不是神，這是代表人心意識裡面的德性。我們是修菩薩的法門，學祂的德性，致使精神昇華為成佛的基因。因為我們不知道，才會胡亂聽信別人所言，使之進入自己的潛意識內，這是妄業。業，本來是如來德性的羯磨力，我們將它變為妄業！妄業影響精神的各種基因德性，這種業力是我們所謂的罪業和惡業。這種情況若不加以調整，將會影響個人的身體健康、家庭、前途。我們的身體會因此經常生病，這是業障病。生病了，家庭又不平安，為甚麼會不平安？因為家庭各自的信仰或共同業力所製造的氛圍氣令到大家生病，嚴重者會令人生癌，所以這是可怕的事情啊！

有沒有解救的辦法？有！將你的心放空，把心內的潛意識放空出來供養諸如來。你的潛意識由孩提至今所有積聚不正確的，全部都拿出來布施供養諸如來，這叫做法施。「財施有盡，法施無窮」，把心的諸法布施出來，那麼心的內裡就空空了，心空福集！六度萬行以布施為第一，所以如來教你布施，那你的心便不會有貪。把你所有的包括好貴重的東西都布施出去，你的是與非的思想也布施出去，那麼你的心內面就空空了，這樣子就好啦，為甚麼？心空如虛空，心等同虛空，世間一切萬寶都是由虛空中生出來的，若你的心與虛空相等，你了解這個空的智慧，名叫做般若，般若即空慧。般若不是了解一切皆是空的，是心感同虛空，與虛空一樣，這才是般若，「心空福集」就是這個意思。

(回答第三個問題)胎藏界字輪觀用法界定印，金剛界字輪觀用彌陀定印，金剛界是講思想、精神。思想即是妙觀察，妙觀察即是阿彌陀，阿彌陀即彌陀定印，由精神去想及考慮。胎藏界是講理，理是法界定印，右加左。因為法界好像一個鼎，內面雖然是沸滾的，但外面卻是不動的，不會破壞，永遠的存在，這叫做常住、定位。

彌陀定印和法界定印是種象徵，譬如你要切菜那麼便要用菜刀，手印是象徵性的是用來給你表示，一如若你手拿著一枝筆便是表示你要寫字，你若手拿一枝槍那便表示想打杖，手印都是一種標誌。(回答第四個問題)胎藏界修了後要唸「救世加持」，這救世加持是叫你發道心，道生萬物，平等平等地養育群生，一如落雨，好壞皆遍淋灑，又如空氣大家都可以吸，都是不用錢買的，這是大公無私。養育群生、度濟群生，這種心就是道心。我們是道所發生出來的，我們要度濟眾生、救濟眾生，這樣我們才可在道中佔一位置，若你是被他人所救濟便不是在道的位置了。世界萬物是成住壞滅地輪轉，宇宙如此不停地轉動，所以宇宙是無常的。因為無常，人才可以活，萬物才可以生長，常則不可生長，常是死呆呆的沒有辦法活動，無常才可活，無常創造我們，不用怕無常，我們要禮拜無常、感謝無常！

有愚蠢的人才會有聰明的人，因為有無常所以不識字的人可會變成識字，愚蠢的人才可成為聰明的人，若是常，則沒有辦法了。很幸運有無常，不然那就慘啦！常是永遠，甚麼永遠？永遠無常，無常是沒休歇的，所以無常即是常、常即是無常，因此我們要感謝無常，若你明白無常，並利用無常，那麼你就會成功！

宇宙的理在這裡轉，好像車輪一樣，車輪轉動才可以工作，有工作才會有變化，把過時的代謝再生，這即是新陳代謝。我們以車輪比喻為法輪，我們要站在車輪的中心，不可以站在輪的邊。站在輪邊的是迷悟的眾生，當車輪轉便隨它而轉。若你是站在車輪的中心，則是不轉而轉、轉而不自轉，雖然你不轉動，但車輪仍然在轉，這樣你便把握了道。一個身體、一棵草、一塊石頭，都是一樣沒有離開道。我們要站在中心轉法華，不要被法華所轉。萬物是法所發生出來的叫做法華，你把握這法華的柄，由法華的中心把它拔起來，不要給宇宙法輪轉動你。你的心要自主，不要讓他人支配你，隨處作主。請你由現在開始去把握法輪，從明天開始去轉法輪。多謝各位！

三：修行者不昧因果，何解？

答：不昧因果即是無離開因果，因為「因為果」。於顯教來說，是因與果是沒有同位的，今日有如是因，明天修如是果。真言宗則不是如此說，真言宗是說因果同位。譬如說，不慎為因，不小心跌倒為果，所以跌倒和不小心是同位；跌倒為因，損傷為果；損傷為因，流血為果；流血為因，細菌感染傷口發炎為果；敷藥不當為因，傷口潰爛為果，因果同時。

因為我們過去的一念之迷為因，見到父母交配時的光而投入墮下入胎為果，這並不是說由閻羅王去安排誰出世到誰人的家，那便到指定的人家出生。事實是死去的靈，依他在生時修行經驗的多少所發出來的光，若是以度數來衡量光度，譬如說五十度，父母交配時發出的光也是五十度，那麼這個死去的靈便會被吸去入胎，這即是「種如是因、得如是果」。假若你是個老修行，你的心地很好，所處的社會地位、階層都是善和好的，當你死了之後的靈便會時常在好的人活動地方出入，當有好的人家夫婦交配發出來的光度與你的光度一樣，那你便會被吸入去。

這種哲學在佛教才有，別的宗教是沒有的。也不是用計算的才可以出生的，現在才有電腦，從前並沒有電腦的時候又如何計算呢？種種夫妻交配時所發出來的光是很複雜的，電腦也不能計算出來。

換另一角度來說，夫婦做愛時不同的氣氛和心情也很是重要的，有時心情好，做愛時候的氣氛也好，那麼發出來的光便會很美；做丈夫的喝了酒回家，心情不好發脾氣，若夫婦交配發出來的光便不好，我們要注意啊！當飲酒後心情不好，發出來的光也是不好的，會吸引不好的靈識來投胎，致使日後出生的小孩他的品質也是不好的，這是很要緊的！

以婦女的角度來說，婦人若有了身孕，要去拜佛、聽梵音讚文、心情很好時所看到的佛像都是很莊嚴的，用意識來栽培肚內的嬰孩，那麼嬰孩出生便會有人緣、慈悲心、福氣，這是很重要的！我如跟你們說，你們會笑，但這是真的！非常重要！夫婦不可吵架，不然生出來的孩子會有問題，這是很重要！夫婦不能吵架、打架，若然不相信，你可來看一些有關講胎教的書便知曉，這是很重要的！

佛教裡甚麼都有談論及，只是我們研究得不夠周密，佛教若是沒有談論及的事理，那世間也都沒有。所以佛教的奧義非常深，大家有機緣研究佛教，這是不知幾多世殊勝的事情。在社會上做事的居士們大都是沒有充裕的時間去做研究，由於沒有時間所以要親近法師向他們請教，給你們指導才會增加你們的智慧。於日常生活，做人做事要有原則，要有好的心理，不要胡亂說話犯口業，這些都是很重要的。做工作要敬業，勉強(勉力)去做、去賺錢，艱苦也要去賺，不要慨嘆，不可不去做工作。我們有餘錢應去救濟有需要的人。同時我們要向一切的人感謝，我們直接或是間接也會使用他人的東西，一個人是不可以獨立生存的，一生人所用的東西都是他人供給的，我們要珍惜所用的東西和感謝他人，無論大大小小的都要感謝。你們唸阿彌陀佛，不如多唸感謝，那不是更簡單嗎？阿彌陀佛是我們的心，我們請祂出來唸感謝就好了。若你懂得感謝便會過好日子了！勉強（勉力）賺、勉強消費，應該的、要緊的消費，不要吝惜，要捨得拿出來用，勉強消費。今天身體若是有一點不舒服，要繼續做工作，勉強去做。勉強賺、勉強做、勉強消費，不要不賺、不消費。但不可胡亂賺、胡亂消費。我們在社會上做事有原則，便有人格。

不要以為我們學佛的好了不起而貢高我慢，遇到出家人，不論是比丘或是比丘尼，我們都要尊重。要你做出家人也做不來，若是叫你去做三天出家人給我看看，無可能啦！只是要你把頭髮剃光已是不可能，對不對？他們有決心把頭髮剃光，我們要尊重，因為他們是獻身。頭髮是父母所生的，他們把頭髮剃掉，第一點他們不貪美；第二點沒有頭髮保護頭部，若他們的頭碰到有甚麼地方不妥當的，他們會趕快去修整，因為沒有了頭髮碰到的感覺會較痛。有頭髮的人若是工作時撞到也不大要緊，因為有頭髮保護。出家人沒有頭髮的保護若是碰到便很容易流血，他們為了大眾服務故此把頭髮理光，不然的話誰肯剃光頭，古語有云：「身體髮膚受之於父母」。以前有關出家人的制度規律，到現在有需要改善。在頭頂上爇三個香疤，這是中國才有的，別的地方是沒有的，現在有身份證了再沒有必要爇三點來作證明了。有說這是燒身供佛，佛不會吃你的烤肉的，這都是不好的規例。台灣還沒有改，他們都很虔誠去爇三個洞叫做爇頂。假如是還俗了，把頭髮留起來蓋著了頭，那麼疤也是看不到的。這種事情我看過很多，昨天剛受戒，明天就回家把頭髮留起來，這樣子很多啦！心最重要，爇三個疤，炙到呱呱叫！三點是點在心上的，沒有點在頭頂上也不要緊，這三點在你的心點下去，有這種決心保證一定成佛。出家並不一定要在頭頂上爇疤，大家全都沒有剃頭也不要緊。

四：遇到事情需要取拾其一，應用何標準？

答：你是要問甚麼標準，問心，以沒有遺背良心為標準。沒講謊話也是理由，是不是？若不憑良心，講假話也可辯贏他人，口才好的可以狡辯。理由，歪理也是道理，正理也是理。邪有邪道，正有正道，歪有歪道，不是所有的都大道也有小巷小路的。若你覺得行這一條路是較近、方便的，只要不是邪道則可。若是要再快一點的，那便可坐飛機、坐火車，不然便走路。走路也不一定是安全的，可能會被車撞倒。所以若是問標準，那是要問心。

辯論不一定是正理的才會贏，以前有一個辯論館的館主，孔子跟他辯論也輸了給他。有一次孔子去拜會辯論館主，館主問他：『孔子先生，「父母在不遠遊」，那你現在出門你的父母在嗎？』孔子回答：『母在父亡故。』館主再問：『你現在到這裡來，你的母親知不知道？（請用台語讀「知唔知」，諧音是「在不在」）這樣，孔子就辯論輸了。

鐵拐李也是辯輸給他，館主問他：『你腰間繫上的是甚麼東西？』鐵拐李說：『是一個葫蘆。』館主問：『葫蘆內裝些甚麼？』鐵拐李回答說：『是起死回生的藥、長生不老的藥、不病回春藥。』『那麼你又為何不吃這些藥來醫好你的腳呢？你這樣子一瘸一瘸的走路很好看嗎？』館主問。就這樣鐵拐李又辯輸了。

有一個柴童去跟館主辯論，柴童跟他說：『我要賭你的頭。』『好！如何賭法？』『我賭你的頭有二斤四兩。』館主說：『沒有這麼多，只有二斤而已。』柴童馬上說：『不用多說，把頭拿下來秤一秤，看看有多重。』這時館主慌忙說：『不行！若是把頭拿于來，那我便沒有了！』這次館主輸了！所以上上人有下下智、下下人有上上智，很多的真理都不是辯論才能顯現出來的，怎麼才是標準，好難判斷，我也沒有辦法，我認輸了！

第二天開示

一：假如你進一步失道，舉報失物，不進不退則像石頭般無知，這時要怎麼辦？

答：失道，我們沒有正義叫做失道。失道就不可能講進步，即是退步，何來失道或進步呢？失道就是失去了東西，跟著「物件失去，不進下退像石頭般無知，這時如何辦？』在這時候問蒼天，蒼天會回答你嗎？蒼天會回應你的，給你答覆，這時候的境界可以說是「我無道亦無物」，無物是道。你心內密密麻麻的充滿了東西就不是道，那你行住坐臥便是「四大醺醺醉，借問蒼天我是誰？」明白嗎？「四大醺醺醉，借問蒼天我是誰？」要記著啊！

二：顯教時常説「不二法門」與密教所説的「二而不異」有何妙趣？

答：「不二法門」依顯教説心無分別便是不二法門，密教的不二法門是講如來與佛、智與理二項是一項，為不二法門。顯教講這物質的身體是臭皮囊，沒有用的，只要心、精神昇華便好了，這樣成靈魂論。沒有物質，精神便不能發用，為了怕你執著物質，所以才跟你説物質的身體是沒有用的。若是沒有身軀，人體內十億的細胞就不能活動，若細胞不活動也沒有人的存在，假使甚麼都沒有了，那麼宗教又有何用？甚麼都沒有了，我們靠甚麼而活？因為有人類才需要宗教，若是動物、草木等，宗教對牠們則是沒有用的，因為你向牛説教，牠也聽不懂；向豬、狗、雞等説教，牠們也是聽不懂的。

因為人類的腦筋比較好，才會侵略他人，為何會侵略？因為貪便宜！我們心想別人要做而我們不用做，自己去偷懶；別人流汗，為了我們不用流汗故此去侵略他人；萬一要向他人要，他人又不給我，我就用恐嚇、搶或是趁人不覺的時候去偷，給失物的人看見了他也心有不甘，於是雙方便結怨了。佛教教我們要做，做了多餘的分給別人用。分了給別人用那便不會來偷我們的。犯罪是拿了別人東西的代價，罪是違背公約的事情。大家為了過舒服的日子，所以制定了公約法律，如果你違背了公約便是犯罪。如果你犯了罪便會被捉，罰是犯罪的代價，罰錢或是判監。所以罪是違背公約的代價、罰是犯罪的代價，這樣大家才不會侵略別人。

這是政治所約束的條件，宗教則不是。宗教是大家共同來創造、互相救濟而成這個社會。為何現在的社會變成這麼混亂了？因為不願做事，故想侵略別人，有的人又自私。譬如說有一個賊被警察捉到，警察問：『你為甚麼做賊？』『我沒有做賊。』『你偷了人家的東西還說沒有做賊？』『是呀，我拿了他的東西而沒有跟他說而已，我不是做賊呀。』『那你為何不跟他說，你可以跟他要啊。』『我跟他要，他又不給我。』那麼是誰對誰錯？有的人不給他人，沒有的人去取他人的，彼此都是自私！一個不願做而取他人的，另一個有的又不願施捨給他人，這都是因為自私的原因，兼且令到警察都沒有空閒。

又譬如說這裡有一部車，如果你沒有車想偷這部車，你要寫一張字條、簽名說：『我暫時借用你的車，請不要報警，我用完了便交還給你，請不要報警，不然會令到警員沒有空閒。我的地址、電話……在這裡』，然後把字條貼在停車地方。若車主發覺車子不見了，他要怎麼辦？你叫他不要去報警，可是他偏要去報警，你明明給了他告示說是借車，假如警察捉了你這個借車的人，你會怎麼辦？警察問：『你偷了他的車嗎？』『沒有！』『你未經車主的同意而開走他的車，這還不是偷車嗎？』『我有通知車主啊！』『你為何不當面跟他借？』『但他不在呀！甚至他在，他可能不借給我呀。』這樣，車主是有的而不捨得那是自私，這賊辯駁成功而無罪，若是這樣子，世界又會變成怎麼樣？佛教教我們勉強賺，賺了有多餘的去救濟有需要的人。如果見到少年要偷東西，那就跟物主講不要製造麻煩給警察；跟少年說用完的東西要完璧歸還，跟物主說多謝。這是我們佛教博大之處，別人也是我們的兄弟，因為他有所缺乏故需要我們的幫助，這種話（論調）你有沒有聽人說過？我想，沒有聽過吧！這是我發明出來的，我們盡量去幫助他人，我們不要偷別人的東西，免製造麻煩給警察。

三：金剛界阿閦佛的四親近：薩、王、愛、喜的金剛薩是否金剛薩埵，祂所代表如來的甚麼德性？

答：金剛界阿閦佛是大圓鏡智，大圓鏡智內有四項功能，就是薩王愛喜，金剛薩是金剛薩埵。金剛王、金剛愛、金剛喜雖然皆屬於金剛薩埵，但四個的功能不同。

如坐禪，我們的精神如一面大鏡，鏡在面前可以照像，若是取走了鏡便看不到了。禪是空白？真言宗的禪不空白的！因為其內還有愛、王、喜。「薩」是金剛薩代表修行的人，祂的精神德性內面最高的、他的分別非常清楚的是「王」。雖然是坐禪，但不是空白的，若眼瞪瞪的看到有人跌入水裡便去把他救上來，這是「愛」，愛是聖愛不是亂愛。令到眾生歡喜，這是向外施展的一種功能。我們自證有方便、輕鬆、常喜樂、與善喜樂，這四種境界在內，這是自證化他的功能，也是成佛要修的德性。

四：在家修行與出家修行的異同，是否殊途同歸？

答：你想出家嗎？不要出家，出家人應是修聲聞行的，在家人是修菩薩行的。菩薩有開遮，譬如說殺生，不可以殺！出家人如比丘有一念都不可，在家人則可，因為可看情況而定，應該殺便殺，不應該殺的則不殺。

譬如說種田，稻田有蟲需要噴農藥去殺蟲，這有沒有罪？若是比丘便有罪，在家人則沒有罪。出家人為何有罪呢？因為出家未開遮，未受戒以前是有罪。受戒有三段：剛出家受沙彌戒；做沙彌合格了受比丘戒；比丘戒受了之後去朝山訪問大德，向善知識請教問道理，至有入處，差不多開悟了，回到自己的寺廟給師父考試，考試合格了、道理通明了，這才給授菩薩戒。過去所受的禁戒這可以那不可以，由此時起給開遮。現在的出家人受了禁戒之後沒有辦法開遮，如果要開遮，只有在家人才有辦法。

譬如說宰殺豬牛的地方，若要去度那裡的人，出家和尚走到宰牛的地方會給人罵，人會問「出家人為何跑到屠場來？」和尚去屠場是否要救這些豬牛，不讓人宰殺它們是不可能的，所以和尚不敢去。假如一個開遮的菩薩要去度，四周的人會說很多難聽的話，令人說壞話是給人造口業，但他沒有犯戒因他要去度這些人。但若是比丘，雖然心是好好的要去度人，但是令人造口業，所以未開遮的比丘不能去。又假如這條街多是娼寮，為了要度這裡的人你也可以去，你的心正不受迷故可以去度人。但若是光頭的去度人，會被人罵死啦！會造好多口業，出家人沒辦法開遮！

修聲聞乘的在高山打瞌睡，褲腳縛起來被人養，被在家人養。在家菩薩非常偉大！你們在家修行菩薩行，賺回來的錢，一部份救濟社會；一部份交納稅金；一部份持家養父母、妻兒；一部份養出家人，所以你們的功德最大！出家人若是沒有感謝的心，「三心未了滴水難消，五觀若明真金能化」，如果你做和尚的心是空的，一天食十兩金也不要緊，若過去、現在、未來的煩惱重重，那就滴水難消。你們在家人功德很大，好好去擁護出家人，令其修行除五欲而成道，那麼你們的功德便很大。在家人了解宇宙的道理，把握之後再進一步做事，若果有不明白的，被擁護修行研究的出家人會給你開示，互相回饋。

這是兩者不同之處，雖然行不一樣，但目的叫做同而不同，因為在家人有五欲纏身，出家人是清白的，所以死後的靈昇華是不一樣的，不是殊途同歸，這點要了解。

五：文字般若、觀照般若、實相般若，如何可以做到實相般若？

答：這是暫取的名字，文字般若是研究經典，經典研究之後了解修行至境界，以文字作為我們的證據。若你修行到某一境界，如果沒有文字又何來證據呢？

所以經典、文字般若是修行過程的指標，不過文字般若只是概念而已，概念還未透到底，若要透到底便要用心去觀照，叫做內觀，觀甚麼？觀內心的活動、外觀諸法。顯教看外面一切的諸法都是假的，不是假！諸法都是宇宙真理所發生的，因為怕你執著才跟你說「無」，外面的一切與身軀內的都是宇宙真理發生出來的，心的內面感覺的境界叫做諸法，每一項東西森羅萬物叫法相，所有諸法及法相全皆是實相般若。你不可說看到的物件是假的，你看到物件之後心意識所表現成你心內容非常多，因為怕你執著所以叫做客塵，這是一種手段。因你的心內面有愛這物件的功能，所以才有攝入給你愛，亦可以說是我們的心有這種基因才會吸收這些基因入來，好比這裡有一塊鐵，它的對面有一塊磁石才能把鐵吸過來，這叫做同類相吸，同類就是磁石吸鐵，同類的才可以吸。同類的芒果才可以接枝；龍眼與龍眼同科才可以接枝；柑與柚同類也可以接枝，但是因接枝的關係，基因將會改變。

我們心內面有愛打牌的基因才會被外面賭所吸去；愛花的色彩是因心內有愛的基因才會去愛，若是心內沒有這些東西便不會吸入來。吸入來的物件是後天加入來的，能取是先天所有的，「所取」、「能取」都是一，不是兩項，所以你若明白「能取」、「所取」是一，那叫做實相般若。

六：未曾證道，為何我們真言宗說可以即身成佛？

答：未曾證道是你自己不認識自己本來就是道。《法華經》內譬喻品有說長者子的故事，長者於兒子小時候帶他出外遊玩，但掉失了兒子，兒子迷途不懂得回家，父親又找不到兒子，就這樣父親回家而兒子卻在外四處流浪。之後兒子長大了，有一天回到家卻做了父親的工人，父子雙方皆不認識對方，事實兩人是父子的關係，兒子當父親是老闆、父親當兒子是伙計。有一天，有一個和尚來到他們的家跟長者及其子說，「以前你失去了兒子，這個就是你的兒子，那個就是你的父親。」就這樣父子相認，兒子的叫一聲父親、父親的叫一聲兒子，父子關係就這樣子發生了，做兒子的便因此可以得到父親的家財，而父親的家產又可以有傳人了。我們也是一樣，我們本來是佛，因為迷而不知，現在由我給你說，你叫爸爸便發生父子關係了，我跟你說你是佛祖的兒子並不是別人的兒子，因為你是佛，便是這麼簡單，成佛便是這麼簡單！

為甚麼說成道不成道，整個身軀都是道，卻又要成另一個道，等於頭上再安頭，這太多啦！有人說「我學到全都無角」，牛才有角，人不可有角。若人有角，要戴帽子去遮蓋那便很麻煩。若生有角的那便是鬼，鬼有一隻角、二隻角、三隻角的，三隻角的鬼吃二隻角、二隻角的鬼吃一隻角的，鬼吃鬼的時候，被吃的鬼的角會掉下來而覺得痛，角掉下來要吃的鬼才可以吃下去。三隻角的吃二隻角，二隻角的鬼若被別的鬼吃它的兩隻角便會掉下來，那麼三隻角的鬼又會被誰吃呢？會一隻角的鬼吃，這叫做報復，難道我們的社會沒有這種事情嗎？一隻角吃兩隻角、二隻角吃三隻角，吃來吃去，互相侵襲就叫做鬼、搵人笨的叫做鬼，無論你是兩隻角的或是三隻角的都是鬼，不要吃別人(搵他人笨)那就好了。

即身成佛，真言宗是講無論人、萬物、草木都是六大：地水火風空識。識是滲透於地水火風空之中，地水火風又存在於空中，由裡面發用精神作用，所有佛祖是六大、我們也是六大、豬狗畜生也是六大，若能了解此我們便即身成佛！

古時，孔子問老子：『甚麼是道？』『外面的道是道。』『不是，我是問修道的道。』『啊！豬狗畜生是道。』『不是呀！太離譜！我是問修道的道。』『草皮、樹、地都是道。』『唉！越講越離題，是人修道的道！』『啊！狗屎乾都是道。』狗屎乾也是六大、釋迦牟尼佛也是六大，愚笨的人也是六大、小孩子也是六大、老人家也是六大，全都是平等平等，佛性平等都是六大，如果能了解這道理便即身成佛了，這樣即身成佛的意義才可確立起來。

七：請問真言宗的基本戒律和新義派與古義派的傳承？

答：真言宗的戒律是你看到的、聽到的、嗅到的、觸到的，應該救的而你沒有去救就是犯戒。戒律很多，並沒有一條一條的列出來，總之凡是你看到的應該去做而不做、應該去救的而不救，那便是犯戒。

新義派和古義派是個人的傳承，最近應該已是通了。古義派多靈魂論，新義派較少靈魂論。有靈魂論就不是佛教，這是因為古義派的解釋不夠清楚，所以我們才會把它看成是靈魂論，我們把那些解釋不清楚的叫做古義派。新義派是覺鑁發揮出來的。我是相續於古義派，但我是贊成新義派的人。

八：請問阿彌陀咒的功用？

答：唸阿彌陀咒的時候，你要識得同時觀想，如果不識如何觀想，那就要一個「信」字。天主教、基督教，他們並沒有教你們甚麼，只是講「信者得救」。回教不同，《可蘭經》內的阿拉是大慈大悲的，不過信奉的人可不是大慈大悲的，他們卻是常常打仗、是恐怖主義，若是在那兒便如同在修羅國之中。不過，他們教人不要拜偶像也是有特色的。但是，我們拜偶像也是有特色的，為甚麼？你信仰你的父親，那不拜偶像嗎？你拜師父、尊重師父，這不是拜偶像嗎？拜偶像不要緊，你都是有一個「信」字。我為你唸咒，你可以得度，為甚麼你可以得度？因為你的靈如同一面鏡子，我的心念如物，我如何觀想，你便如鏡般如此照出來。所以我想的和你想的是一樣的，我給你觀想、有一個阿彌陀佛在度你，你便看到有阿彌陀佛來度你，這叫做「感應道交」。念壞、心壞，咒就壞。你想得度便得度，你的信仰心堅固，這樣子唸咒的功能就有了。阿彌陀咒的內容是說甘露、甘露、甘露給你加持，阿彌陀佛給你得度、給你拔度，全都給你。

九：《孔雀明王經》及孔雀明王灌頂是否不同？

答：不同亦同，為甚麼？《孔雀明王經》是說過程，講孔雀明王咒過程的功能。孔雀明王灌頂是要經過上師的手，無論是佛或是菩薩的灌頂都是要皈依上師，由上師給你加持過去。譬如光明真言，這些都是灌頂經咒，是修大日如來的灌頂咒。若你私自學而沒有師父教你、沒有承傳，那你便是犯了盜法罪。大日如來、孔雀明王咒經與師父感應道交、與師父合一，師父傳給你，這叫做「瀉瓶」。我師父的瓶水瀉給我的瓶，我的瓶水瀉給你，這樣一代一代的流傳叫做「瀉瓶」。瀉瓶所用的水是象徵性的，根本灌頂是精神，我的精神入你的精神內，你那邊接著是「持」，我給你叫做「加」，那你如有一個瓶，我倒給你，你接著。自古以來，對自己的根本上師要有信仰，不過要有所選擇，譬如說我做你的師父，你要探聽清楚我這個師父是否值得做你的師父，可不可以給你作指導，有可靠的才可以開始信。假如是騙子，那怎麼辦？我騙一下你們，收了所有的紅包便回台灣去，我沒有甚麼事呀！可是我不喜歡這樣，不然我去體育館開大講座，人多些這樣子做秀才成功，也可多賺一些，這樣做和尚便很好享受了。但若是如此，食不過八十歲！不要這樣！

十：請解釋不動明王三昧耶曼荼羅。

答：不動明王的三昧耶是劍，劍是代表智慧。文殊菩薩的三昧耶也是劍，可是不動明王的劍叫做KULIKALA劍，有一條龍發火，與文殊菩薩的劍不同。不動明王的曼荼羅組織起來有八個童子，代表八個功能，他日學到才再作解釋清楚，所有的佛像都是象徵性的。

以前我是住在台南的竹溪寺，那時我是在佛教會做佈教組長，其時有一個神父他是台南的主教，因為佈教的關係，大家有緣同桌食飯。食飯的時候他問我：『全妙法師，我去拜訪你，好不好？』『歡迎！你甚麼時候要來，請先通知我，讓我安排菜餚招待你。』『不用啦！一杯茶即可。』有一天，他派了一個神父到來跟我說某某人將要帶一百個人來拜訪。於是，我安排在寺的西方殿與地藏王殿之間的空地開一個茶會招待他們。

招待會的時候，他們是客，所以由我們佛教會的理事便先講開場白，其後請他們講，他們說「不用，我們問，你們答則可以了。」那時，要答覆的法師、佛教會理事等我都代他們拒絕，由我來作答。

他們其中一個問：『對面的三尊是甚麼？』『是西方三聖。』『請介紹西方三聖。』

『中間的是阿彌陀佛、這邊是觀音、另一邊是大勢至菩薩。』『祂們住在哪裡？』『住在西方。』『西方在哪裡？』『西方是在你的心。』『是不是歷史人物？』『不是。』『若不是，那是甚麼？』『阿彌陀佛是代表妙觀察智，也是宇宙間無量光、無量壽、時空的總結合，也是大日如來，祂是無量歲和無量的光明。』『我們拜祂有何用處？』『拜祂是要學祂的誓願。阿彌陀佛，簡單地說是四十八願的總和。』『那麼觀音呢？勢至呢？』『祂們是阿彌陀佛的協侍，如同左右手一樣。阿彌陀佛要實現祂的四十八大願度濟眾生，那祂要耍出甚麼功夫來？就是用觀音和大勢至去推行祂的理想，觀音代表慈悲、大悲，大勢至代表毅力。我們發心要有毅力，心不退轉，行大悲度濟眾生，四十八大願完成了，你便成阿彌陀佛。

大家唸佛的人是否要成阿彌陀佛？要成佛便要用大悲、毅力去推行四十八大願，完成了你便成阿彌陀佛。你不要時常偷懶，盼望祂帶你去西方，你自己都不行動而望別人抬你去，佛祖是教你做，用大悲、用毅力去救度眾生，那你便成阿彌陀佛了。』

這神父又問：『後面的那一尊又是甚麼菩薩？』『是地藏王菩薩。』『甚麼是地藏王菩薩？』『地是心地，藏是阿賴耶藏識。心內面的阿賴耶藏識藏滿了地獄的種子，想成佛便要度完了所有的地獄種子，心的內面沒有了地獄種子才可以成佛。』

你要成佛便要學地藏王菩薩的誓願：「地獄度盡才成佛、地獄未空誓不成佛」，對不對啊？不要當是歷史人物來看，如果你是這樣看法那你便永遠不會成功的。成就地藏菩薩行，修地藏菩薩的法門，把心內地獄的種子空了，你就成佛。他們都是問哲學的問題，如果跟他們講是歷史人物，那會被人取笑的。

最近，最差的是一貫道的人，他們四處度人，一貫道事實上是沒有甚麼道理，他們只是四處偷他人的道理之後取為己用而已。有一次我在竹溪寺，有一個一貫道的人到寺來，要藐視（侮蔑）出家人，他問難我的師兄明妙師，我的師兄一時間回答不上他，但是又不懂得怎麼樣去打發他，我在內面聽到便走出來。

這個人他問難我師兄甚麼呢？他問：『出家人不可殺生，為甚麼寺堂之上有一個用牛皮做的鼓呢？』明妙師聽了問題之後很緊張地一邊搓手一邊來回踱步，不知如何作答。我看到他這樣子，覺得他很可憐，被這個一貫道的人質問得這麼慘，於是我出來跟這個人說：『這位居士，我給你解釋，古代於這寺內養有一條牛，牠過去世是一位居士。這居士在世的時候，無時無刻都去刺激寺內一個和尚。有一次和尚激氣過度而自殺了，之後變為一隻鬼去捉這個居士去見閻羅王。和尚向閻羅王告狀，閻羅王聽了和尚申訴之後判居士不對，並且罰這居士投胎做一條牛。這條牛出世在這家寺院，那時牠便要替寺院做工作。寺院的主持老和尚一看到牠就說，「你這孽畜，過去你侮辱三寶，來人，把牠打死。」牛就被和尚的徒弟打死了，和尚還叫徒弟把牠的皮剝下來拿去做鼓掛在大殿裡，每天早午晚都要擊鼓，直至到今天寺內的和尚還天天擊鼓。這個鼓就是居士侮辱三寶的證據。』我們不要侮辱三寶，不然變成一個鼓那就慘啦！

十一：請解說佛頂尊勝陀羅尼、光明真言及阿彌陀咒。

答　：佛頂尊勝陀羅尼為何是最尊勝？因是佛頂，所以是最勝最尊。有大日尊勝和釋迦尊勝，所以亦有大日佛頂及釋迦佛頂。尊勝咒很長，尊勝咒內都是講加持。這咒本來沒有解釋的，因為沒有解釋的人。現在有沒有？有，阿闍梨講習課程便有解釋，這些咒都是會於那時候才作解釋。

唸尊勝咒的時候要觀想放光，加持亡者時亦是要放光。是假想的還是真的放光？真的放光！我們凡夫的眼看不到，有靈眼的人有時候可以看到。如何能放光？

放光是有技巧秘訣的，如果沒有秘訣，光便不能放出來。光放出來，亡靈的黑暗才會被發出來的光所同化。它即是我們，我們即是它，是不二，這樣它才可得救。尊勝咒是最尊最勝的，「世間若無尊勝咒，地獄餓鬼難超生」，若是要放焰口便要唸尊勝咒，不過一般都是唸大悲咒或是「謗」那句咒（即是一字金輪），放焰口應該是唸佛頂尊勝咒，不過很難背。阿彌陀咒也是一樣，阿彌陀咒是講甘露甘露，以甘露給它加持。

光明真言當然是講光明，光明放出來由你的心變色。我們在禪堂內面壁坐禪的時候，你的心裡的活動，師父在你的後面可以看到你的光，由此而知你在想事情，雖然你是背著他，他也可知你在想事情，他便會用戒板拍打你。要打你的時候，做糾察的會先在你的身上輕輕的點一下，然後才打下來，被打的人對糾察都是很恭敬的。

我們人有光是由心理所製造出來的，出世做牛做雞都是與光有關係，若你修行的精神沒有昇華，你的光與豬一樣，那麼大有可能會出世做豬。我們若是心想桃色的事情，那發出來的光也是桃色的；你想殺人的光是黑色的；起煩惱的光是灰色的。坐禪的時候，一物不思，發出來的光是天空色的；一念慈悲的光是紅色的；心空、慈悲是紫色；自私是綠色，心想甚麼便會發出甚麼的光來，糾察師一看到便會打你。

我看不到你們的光呀，你們不用驚怕！假如放光去替人加持，身體不好的要放綠色光；若是欠缺滋養、腸胃差的放黃色光；想被加持的人多一點慈悲，便放紅色光；若是身軀有外力依附，便放赤色光，加持的人放藍色光。如何放光，不可告知你。

要加持的時候把手伸出來，觀想有一條黃線由眉中心直落去，你要放光但手不要碰觸，功夫差一點的靠近一點，功夫很好的就算有牆壁阻隔也沒所謂。觀想頂眉心中間的交叉點發出如螢火蟲的光出來，頂眉心、頂眉心三次，光便會出來，你觀想甚麼的光便出甚麼的光來。若不能出來靠近一些用手觸摸，隔空的是光波，手觸摸的是磁波。磁波加持較快，由右手出、左手入，被加持的人要站在加持的人右手邊。身體前後摸著，加持的人便如一個圓圈。對方身體有病走向我們身體內，我們沒有病的走向他，但我們沒有病的不要緊，病是人的氣脈不通，生病是氣有病。你要用手加持的話，三密環流要改為「頂心眉」不斷轉，（不是「頂眉心」三次）你放甚麼光便甚麼光環流不斷地轉，由你的手入患者的身。你不信？被加持的患者會很快復元！病是氣問題，所以叫做病氣，氣沖走了，我們好的氣代入患者便會痊癒。不論你有加持別人或是沒有加持別人，氣也是在轉。我們與宇宙的絕對力交流，身體會好好的。這是特別贈送的，這秘訣本來不能傳的，我是犯戒啊！不過，若是你們聽了會好，我犯戒也不要緊。

十二：安放本尊是否要分坐向？東南西北哪個方向好？

答：你修法的時候用的桌無分東南西北，「悟時十方空、本來無南北、何處有西東」，這已是大修行的人了。凡夫有物質的障礙和氣的障礙，修行的人大死之後重生故無禁忌。在家人有阻礙，你便要請人來堪宅。譬如說今年五黃是在東面，伏位、三殺也不可安，五黃不可動土。癸酉五黃三殺在東面不可安，就算有太陽到山到向也是無效，還有戊己都天也是不可安。這學問很深，沒有學過不要緊，請人看即可。

若修法去用臨時搬出來的桌子那不用看，若是固定靠牆的則要看。若是要動土，那便要計算某一個星宿的星度所轉的光投射下來地球，我們接。命的好壞是有關過去世投胎的時候，我們的氣與星宿的氣接觸，這是屬於胎藏。如果星度不好，出世之後的星度又是不好，兩者加在一起那命就坎坷了！坎坷，有沒有辦法去改？有！學佛可以改！

算命的可以知我們十個月內的事，但是時和刻則不能細知了，不可一百個巴仙(100%)準確。譬如說當時結出來的氣屬火，週期日數是水，水抵抗火，這個人便會死；若水是六十度，火是四十度，那麼這人便會病，這就是氣的相遇週期。學佛了，心空了，甚麼都沒有了，無東西南北，那怕有甚麼相剋？空空的了，沒有甚麼好剋的了，所以學佛都是有好處的，我看你們都是趕快學佛！謝謝各位！

一九九四年上師開示筆錄二

一九九四年上師開示筆錄二

日期：一九九四年八月七日至八日

地點：香港道場

主題：如何修菩薩行

註：為了方便沒有錄音帶的信眾閱讀，此筆錄作出部份修辭更改，與原來口語有所出入，希請留意。

第一天開示

各位同修晚安！很久沒有跟大家見面！在座有些是皈依很久的，有些是剛剛皈依的，陸陸續續都有四年了，有些在本山皈依，有些是在這裡皈依的，皈依的意義，你們知道嗎？皈依就好像是認了一個乾爹，你們做了我的兒女一樣，不知道你們找得對不對？若是找不對，那就好像賭博一般，輸了要賠錢。

又好像我們出世投胎，沒有選擇父親，若是出生了才知這父親是不好的，那麼便很不好命了！若是投胎到一個父母親都有財產的家庭，那麼便很幸運了！社會上有一些人出世到窮苦的家庭，有一些出世到富有的家庭。有錢人家的子弟，將來讀書有煩惱、做生意也有本錢，若是出生在窮苦人家的便沒有辦法了。

出世到好的或是窮的家庭做子女，都是因緣。這因緣，如俗語說碰運氣。拜師父與投胎找一個好的父親一樣。若是去皈依了一個師父，你問他，他甚麼都不知道，那便最舒服了，為甚麼？因為這個師父不會考驗你，你問他甚麼的他又不知道，那麼樣就輕鬆了。若是皈依一個很嚴格的、時常要考試的師父，那就遭殃了！你們現在有沒有覺得負擔很重呢？你們要背誦尊勝咒十萬遍、大阿彌陀咒十萬遍、光明真言一百萬遍，好像負債一樣，這個債不還也可以。好像你投胎到某一對父母，這債項你要還，若果不是，誰叫你自討苦吃！說這是負債，其實它也有好處的，還一個債，我們的業力也可得以消除。師父給你們指定的功課，大家勤力去做，做到沒有懷疑的時候就有好處。我不是故意向你們報復的，有人說「師父以前到高野山去修法的時候，曾經在冰天雪地泡在水裡修法十多個小時，很是辛苦，回國以後有機會了便報復。」不要有這種意識，我沒有這個意思。

皈依密教後，沒有時間到本山去修學「阿闍梨課程」，沒辦法了解有關教義，現在有出版一些書如《即身成佛觀》，大可以吸收內裡的教義。出版這些書都是要虧本的，我們又不是做生意的，故此才遲遲出版有關教義的書。早前有一位李先生，他送了十萬台幣給我們出版新書，日後大家便能多了解真言教義了。

一般所聽到的都是顯教的，如四聖諦、八正道等常識，再深入一點的教你見性成佛。見性成佛，若就學術方面去了解比較有概念，是對心方面而言的。禪宗，顯教最高是禪宗，但禪宗也要到見性的階段。見性，普通解釋把冰歸水、改器成金。作一個比喻宇宙真理，水與冰不二，水即是冰、冰即是水，現象即實在。現象即森羅萬象的「理」，我們眼睛所看到的都是現象，現象是實在、原理、原子。原子未結成前是空間所看不到的，叫做「空」，內面有很多原料。原料組織起來便有體積，叫做物質。禪宗說物質是假的，「空」才是真的，等於說冰即假，水是真；金打成鯉魚，鯉魚是假的，把金飾溶掉為金才為真，這樣便沒法證入「不二法門」。好像說，我現在是一個人，本性是佛，但佛是佛，我是我，那便未能證入「不二法門」。因為我不明白，所以才叫做眾生，若我已經明白了，那便是佛。我不明白，以為「冰是冰，水是水」，若我明白了「冰即是水」，不用解冰成水，水即是冰那便可以不用解冰成水，那麼便已證入「不二法門」。迷叫眾生，悟即是佛，差別在此而已。

禪宗，或是一般的佛教說出家人做了甚麼事，便是做了功德，其實是應該做的，那不用特別多提。

每天三餐，柴米油鹽等是原料，原料比喻本性。現在本性是食了這些東西會飽，米菜要用水火等煮熟才可食用，在這煮的過程中，米菜碗筷爐灶石油氣等是煮食的用具，叫做「資糧」，我們修行要見性作佛，那要多做善事，慈悲喜捨四無量心，這些都要去做，這些等於學道的資糧，是必須的，等於沒有碗如何盛飯吃呢？學佛當中要做善事，設壇修法悟道至某一程度，做善事是必要的，雖然是必要，但是有時候做起來會有困難，甚至於沒有辦法做得到。

若果你的兒子生病了，試想一想，自己的兒子生病與別人的兒子生病的感受有甚麼不同。若是自己的兒子肚子痛不舒服，自己會很緊張和心痛，趕緊帶他去看醫生。但若是他人的兒子，則沒有那麼緊張了，心想這是別家人的事與我無關。莫說朋友了，連自己的兄弟也有差別，你若是做人做到對自己的兒子與別人的兒子一樣，那麼你證入了。證入與否是度量的問題，個人修養是否足夠。皈依之後，大家都有接觸，我們要練習，看看我們跟別人是否一樣，這種證是沒有速度的，證到這樣成佛悟道是最迅速的。每天唸經，好像唱歌一樣，唸到下巴也鬆脫下來，還是一樣沒有證入。

禪宗經常坐禪，若是隔壁失火也不關他的事，因為一坐禪便甚麼都不知道了，腦袋空空的就好了，變成木頭石頭就好啦！「別家失火是他家的事，我的家沒有失火就可以了」。現在坐禪的就是坐這種禪，難道這樣就可以成佛嗎？佛是大慈大悲！大慈大悲要一百度以上才可以成佛的，坐禪坐至如石頭木頭一樣，他人的家失火也不管，難道這樣可以成佛嗎？這叫做修行嗎？我們要了解，修行並不是如此的！

依真言宗的教義，你、我、他人各各是脈脈相通的。整個宇宙叫做大日如來，裡面有地水火風空識作為原料，用了其中部分的原料來做了人，好像做湯圓的粉團，搓成的湯圓一粒一粒的各有不同，但都是從同一個粉團做出來的，所以你與我的德性都是一樣，同是「一」裡面的東西。裡面有鹽、糖、油等，即是「多即一」。又如人的整個身軀有很多的細胞，某個器官有細胞，某個部分有細胞，但都是在同一個身體內的，叫做「一」。

我們只是看到針尖的一點，沒有看到整體大勢，眼光短淺！學佛的人，眼光要長、闊、大，放開眼光看世界，才知道我們與別人的關係，你與我的源頭都是一樣，大家都是同胞，同一個身軀。譬如說你是這一根手指，我是另一隻手的一根手指，看起來好像不同，但都是同一身軀的。若是指頭被割傷了，另一隻手便要幫它敷藥，若是有污穢便要替它清洗，不然會破傷風。一根指頭受傷了，整個身軀都不完整，這裡有病其他的地方也有病，整個人類若是有缺陷我們也不能成佛。境界有成佛，理有成佛，但事實並沒有成佛，因為不完整。

天下有沒有完整呢？沒有！若不完整，那便讓她沉淪下去吧！不可以！若是可以讓她沉淪那便不用出菩薩或修行的人了。若是有發菩提心的，要去救度眾生或者是幫助他人的，這些都是有使命而來的，沒有使命的便會出生為蟲、豬、牛等沒有宗教的界限，宗教信仰是我們人類才有資格，人類才有資格去開悟，以外都是沒有腦筋的。

人類、獸類、細菌類、飛禽類、昆蟲等都是大日如來的細胞。細胞有些都可以殺，有些沒有需要的便不留下來，為甚麼會如此呢？你試想一想，若你其中一隻腳甲瘀傷了，你也要把甲剪下來；眼睫毛向內生也要把它拔掉；身上某個部分生了瘡或是腫瘤，也需要做手術把它們切除，難道這些都不是大日如來的細胞嗎？細胞之內有好的也有壞的，我們把好的留下來讓它成長，壞的就消除它，這樣才不會妨害整個社會的健全，譬如社會上的壞人要治療才不會妨害好的人。這是要修行的人用智慧去判斷，怎麼樣去教化不好的人，如何去勸他做好，要除的便要除去，可以留的就留下來，社會是要互相依持才能繼續共同生活下去。

真言宗是修菩薩行的，一般的顯教、聲聞、緣覺等是修羅漢行的。羅漢行是出家人學的，出家人是縛起了褲腳讓人家來供養，因此學羅漢行的有好多的禁忌，有很多的事情不能夠做。釋迦牟尼佛的時期也是不大喜歡羅漢行的，有說「羅漢在高山打瞌睡」，但是為了教化自私的人才開了這個法門。有發大心的人便教他修菩薩行，你們可知道如何修菩薩行呢？每天早課你們也有誦讀《理趣經》，到底了不了解呢？要了解，這是必要的事！現在我讀一段給你們聽：(百字偈)

菩薩勝慧者　乃至盡生死　恆作眾生利　而不趣涅槃
般若及方便　智度悉加持　諸法及諸有　一切皆清淨
欲等調世間　令得淨除故　有頂及惡趣　調伏盡諸有
如蓮體本染　不為垢所染　諸欲性亦然　不染利群生
大欲得清淨　大安樂富饒　三界得自在　能作堅固利

做菩薩的人在「三界內得自在」，得自在是甚麼意思？三界是火宅，三界如苦海，是否真的是苦海？真的！台灣有很多人跑「三點半」，因為台灣每天三點半銀行就會兑支票，若支票不兑現，那麼生意便要倒閉了，三點半銀行戶口不夠錢的人，就好像做布袋戲的四處去找錢。沒有錢的，第一做生意跑「三點半」；第二老婆會走，老婆不再跟他，只有請朋友幫忙去找老婆回來；第三，子女又逃學，成了不良少年，考試成績差，很是傷腦筋。家裡父母又嚕嗦，這又念那又念，真是受不了！街坊經過都怕了他，以前若是有警察來他也怕，唉！這些三界內的事就好像水災一樣，若是有錢的就可以坐船過去，沒有錢的便被水淹沒。這三界為何會是這樣的呢？三界所感的苦嘆是心，假使是白癡便沒有這些煩惱了，所以我常說要好命便去做白癡。聰明的人煩惱就很多，因為很多事情是沒法解決的，有辦法解決的，學佛就有辦法解決了。

不是「聽而不聞，視而不見」，看也要看，聽也要聽，我們都要去感受，但是不要被黏著。悟了本性、宇宙種種，都是我們的心去估計的，那才有苦痛的感受，若你的心不執著便沒有痛苦了，對不對？你心要是執著，苦痛便出現，有人說「我不可以不執著」，那麼教我如何再有辦法！教他不要煩惱，可是他偏偏硬要煩惱。

教你沒有煩惱，可不可以？我可以，但是你們不可以，為甚麼？「太太走了，我要去找她回來。」若是我的話「她走了便走了，那是好事。」這心的關係，心沒有執著就沒有煩惱，心執著便不可以了。

你要由三界苦海跳出來，那麼你要了解三界苦海的實質。實質是心，那要了解自己的心，把握自己的心，才可以不執著，若是執著便有痛苦。了解心、三界，把三界看成是泳池，若你是懂水性的，那麼你在水裡便不怕水，也不會沒頂，若是有人沒頂你也會去救人。識水性等於見性，不見性即是在三界火宅苦海內，沒有辦法脫離。其實三界並不苦，祖師、佛等開悟之後也是生活在社會中，也是三界呀，可是他們不黏著，所以三界的水不能淹沒他們。

「菩薩勝慧者，乃至盡生死」、「而不趣涅槃」菩薩，是發大心的人人才叫做菩薩。出家人受比丘戒，菩薩比丘了解後可開遮（開是開戒），沒有「開遮」的，不可以做的便不可以做。比如說一個小孩拿一柄利刀去切一粒糖，糖黏著刀。若是放進口會割傷舌頭，那是不可以的，所以小孩不可用刀叫做禁戒。大人則不要緊，他知道刀會傷人，故此會注意使用不被刀所割傷，他拿刀用是沒有關係的，這叫做「開遮」。不然，戒律上有寫明不可用刀。

像大人學佛、發大心的人叫做菩薩，菩薩是開悟了用智慧去工作的人。我們並不是現在學菩薩，是修菩薩行的人。你若還沒有皈依，想明天來皈依學佛，這叫做學菩薩。你已經皈依了，修過四度灌頂為阿闍梨了，是大佛做事，這是菩薩行道，不是學菩薩。你們要估計好，經過阿闍梨灌頂的還像小孩一樣，那就不成啊！

菩薩智慧特別好，這種人才有資格灌頂阿闍梨，他不用看經，對是是非非都可了解，有智慧去判斷，對不對？菩薩的發心是沒有止境的，發心的同時便成佛！有些人不相信，「我才剛剛發心要修行，怎麼會已同時成菩薩呢？」若是有這種想法的便不是勝慧者，是劣慧者！我們自己想一想「自己是否勝慧者」，一定要肯定「我是勝慧者」！勝慧者要發甚麼願？你要想，「我已了解我已成佛了，我決定成佛，要做佛的工作」，那麼要做多久呢？「乃至盡生死」！

生死，是否指由母親肚內出生叫做生，老死叫做死呢？不是，生死的意義並不是這樣的。若說人是有呼吸的，呼吸停止了便叫做死，這是初級的說法。身軀是在剎那剎那間不斷地變化，時間剎那剎那地過去，不停地新陳代謝，成住壞滅、成住壞滅、成住壞滅，成與滅在剎那剎那不斷地進行，生死如髮絲一樣被刀切斷，這叫做剎那生死。我們的心，一念起一念落，也叫做生死。

顯教講心，真言宗講心物不二，心也是真，不斷地代謝、不斷地生死，如環不斷沒有止境，不知道過去了幾劫，未來的又有多少劫，沒有停止的，沒有時間空間，這種循環生死生死的代謝，形成了時間永遠永遠的沒有止境，所以發心是沒有終，沒有終結點的，對不對？應該是沒終結點的，為甚麼？大慈大悲沒始終的，沒有始終的大慈大悲便是佛。

現在學者論天主教及基督教的好處是「愛他的仇人」，我們想一想，他們愛「仇敵」，那麼已經有「仇敵」的存在了。你若是真的愛仇敵便不會出現愛「仇敵」，即使是仇敵，但你的心是沒有「仇敵」，那麼何來愛仇敵呢？若你有一仇敵去愛，便已有仇敵了，對不對？邏輯就是這樣排出來的。所以，我們的慈悲是沒有止境的。

學佛、學菩薩到至高的境界便好像白癡一樣，但他不是白癡，其實他是很偉大的。做至菩薩的人是不會埋怨眾生的，以前我在日本辯論的時候都是有怨嘆的，有怨嘆就是有瞋恨。「天下的所謂人類都不來拜我，他們都要來聽我的，不來嗎我就很生氣」，這是大瞋；全天下的人我都要，這是大貪，佔我小小的便宜也不要緊，這便是白癡。我們要把貪瞋癡擴大，修菩薩行是「乃至盡生死，恆作眾生利」，不可妨害他人，要給予他人利益。

「而不趣涅槃」，涅槃是指入證位，羅漢入定了在睡覺，這叫做涅槃，這是疲勞、睡覺！有一天也會睡醒，醒了便下來工作，這是小息一會。你試一試坐禪痛不痛，變木頭石頭？古代的文明不發達，練坐坐到麻痺，現在注射藥物即可啦！你想休息多少個小時就用多少的針藥，那麼便不用那麼辛苦了。不是這樣成佛的！成佛是理智清晰，無所著心，打坐或是一切行動，做一切事情都無所住心，若你執持這句話，消化了，你便開悟了。你的心無所住著，「事來即應，事去勿留」，這就是禪！

你知道我的動作是本性，一切動作都是本性，一切眾生悉有即佛性，不是一切眾生裡面有佛性，一切眾生當體就是佛性。我們了解後就不要執著，運用智慧、空慧、般若去度濟眾生，行種種方便。不可說經上有寫的才對，沒有寫的便是不對，譬如說釋迦牟尼佛的時代是不穿鞋子的，現在的人都穿鞋子，那豈不是犯戒！以前是走路的，現在是搭飛機的，那又是否犯戒呢？經上都沒有這些，對不對？時代在變，我們要有智慧、般若、方便，用我們的智慧去救化眾生，令他們入正道。

把所知的道理說給別人，於我們來說是沒有損失的，這種道理你們明不明白？我講給你們聽，你們就明白啦。你的精神裡面被我侵佔了某一部份，幾年之間的學習，不知不覺之間你的精神全部都被我侵佔了，說侵佔不大好聽，說被我「加持」

好了。本來你沒有的東西，我給你，你「持」著，我給你叫做「加」，我說給你聽，你明白我所講的道理，這叫做加持。假如說我現在修得不錯、無礙，我把這個無礙的思想給你，你持著，這叫做加持。

我要教你們甚麼？就是教你們解脫煩惱。因為我們現在所認識的道理都有些是錯誤的，例如「諸法及諸有，一切皆清淨」，諸法就是心所法，心想的潛意識；諸有就是所看到的一切或是一切的經驗，我們看到的看法、錯誤的觀念，就是說所有的事物都是污穢的，污穢是執著所生出來的，我們對道理不清楚才會感覺污穢。譬如說我們拜佛之前要洗手，這是清淨。可是有一點骯髒便說是污穢、不清淨，那便是執著。心放自然，少少的污穢不礙事的，有清洗過就好啦。物質上的污穢我們還可以去處理，但我們的心、思想的污穢則是自己的問題了，心有污穢的人去學佛是沒有效的。以罪來作比喻，犯罪是污穢，本來有沒有罪？罪是怎樣生出來的？違背公約就叫做罪。我們大家做一個公約叫做法律，違背公約就是犯罪。以前是沒有紅綠燈的，現在有了，你若是闖紅燈就是犯罪。罪是我們做出來的，本來是沒有罪的，本來是清淨的，因為環境的需要我們就做一些條約出來讓大家去遵守。

有一則故事。有一個人他到別人的家，看到有很多錢放在屋裡，他就取走了人家的錢。屋主回到家發覺錢失去了就去報警。後來警察把賊抓了回來，警察問賊：『你為甚麼做賊？』『我沒有做賊，做賊是你說的，我只是拿了他的東西而沒有跟他講而已。』警察又問：『那麼你為甚麼不跟他講？』『我若是跟他講，他不會給我的。』警察向失主說：『這是你的不對啊！』依以上述故事，有錢的不分給沒有錢的人，令到他人去偷他的錢，所以是失錢的人不對，不是做賊的不對。因為做賊的沒有錢才會取走他的錢，並且沒有告知他，這不是賊。若是他與物主說，物主又不給他，故此是物主不對，這要怎麼辦？教有錢的人要去救濟貧窮的人，窮人溫飽了便不會去偷東西了，這樣也無需要設立法律了。

另一則故事，有一個人去偷他人的車子，他把自己的姓名、地址、聯絡電話號碼、取走車的時間等寫在字條上，並且向車主聲明暫時借用他的車子，請車主不用去報警，他將於甚麼時候把車子還給他，若過時未還可打電話與他聯絡。他把這樣的字條放在車位上，就開車離開了。車主回來不見了車子就去報警，因為有取走車子那個人的電話所以警察就打電話去找這個人查問，『你有沒有偷車？』『沒有！我有留下字條給車主，我有跟他說明的。』『為甚麼你不當面跟他說？』『他不在場呀！我有緊要的事情需要用車子，所以就借用一下。』如果故事是真的如此，法律不知道怎麼樣去處理了，不知怎麼辦？所以說智慧和智慧的運用，我們不要利用法律灰色地帶，要用正當的方法做事。世人都是自私的，因為自私所以要與物主當面說明，不要不問而取。你拿走物主的東西，他的心會不舒服的，這叫做擾亂眾生心！這人若是未開悟你就是擾亂眾生心，他日若這個人開悟成佛，那你就變成擾亂佛心了！想來想去，我們都是不要妨礙他人的利益！

「欲等調世間，令得淨除故，有頂及惡趣，調伏盡諸有」，修行的人要令到眾生好好地互相生活，做菩薩的四處去找有困難的人，所有的疑難雜症都一一替他們解決。「有頂及惡趣」，上面還有事情要做，做到沒有止境，無盡的。惡趣即是地獄等，做不好的做壞的墮落惡趣的人，我們都要去救，任勞任怨，所有有問題的都要調伏好，這種精神你看多麼的偉大！這是菩薩行！你修菩薩行，有沒有做到如此呢？可能還不夠，但是要盡力去做，逐步逐步去做。

「天下大亂出英雄，道德淪亡出聖人」。我們這裡，你知道有多少大菩薩在座呢？在這裡好多！我沒有透視眼，不然我點給你們知道，這種人在三界中打滾，救度眾生，但他本性是清淨潔白如蓮花出於污泥而不染，這些人在社會中與各行各業的人處在一起，例如與賭徒、屠夫等在一起，但是他不會被其他人所黏著，不過他的心理法有欲，有食慾、有愛自由的慾、有性愛的慾、有修行的慾……這些慾都是欲，不是內心清淨潔白就無欲，本身是有欲的，是本性有的欲，不可以搗出來漂白的。我心內有愛賭的欲、愛旅遊的欲、愛美食的欲、愛舒適的欲，好多好多的欲，每一欲都是德性，(真如本性)不是空白的，裡面都是有德性的，只是使用得好與壞的問題而已。我們心內的欲性若是使用得好那便好，若是應用不好那就是壞，拿一把鋒利的刀來作比喻，刀的本身是無罪的，一如我們的欲性也沒有罪的，若是拿刀去殺人，那麼刀就成了一把兇刀，若是拿去切菜就成了菜刀，這就是看你如何使用這把刀的用途而定好與壞。我們的心內也有一把刀，若是沒有刀，那麼要切菜的時候便沒有刀可用了。般若智慧，就是我們身上本來有的一把刀，不是他人給我們的，是本有的，叫做「如蓮體本染，不為垢所染」，蓮花本來有青有紅，不是外來的給它染成青或紅的。

以上的解釋明白嗎？心內面有好的德性也有壞的德性，視乎你是選好的或是壞的，使用得不好的叫做迷悟眾生，使用得好的便是菩薩。「諸欲性亦然」除了以上的比喻，其他的欲性都是一樣，都是德性，看你如何去使用而已。我們要了解這個性和把握這個性，那麼我們才不會被薰染，這樣才可以「不染利群生」去救濟別人。

剛才有說過大安樂得清淨，聖人愛世界、愛人類，這都是大欲。大政治家愛一個國家，我們普通人的欲不夠大，若是把欲擴大至一個家庭，就做家長；愛一鄰的做鄰長；愛一村愛一里的做村長里長；愛省的做省長；愛市的做市長；愛一國的做總統，這些就是欲大欲小的分別。我們要發大心大欲，「大欲得清淨」，如老子所說「聖人不死，大盜不止」，聖人都是大貪、大欲、大瞋的。現在做總統、政治家的都是大貪欲的，但若是貪不得其所，恐怕他日會給人抓去坐牢呢！

聖人「大欲得清淨」便可得「大安樂富饒」，為何會富饒呢？因為天下人都是你的眷屬，不是把家產都登記在你的名下就是富饒。我把我財產都登記給別人，我坐飛機的時候向下看，見到這麼多的土地，我都把土地登記給別人，每當我開車經過路旁，我都向他們道謝。見到他人在蓋房子，我也會說「謝謝你蓋房子的工作！」看到種菜的，我都多謝他們下田種菜。土地登記他人的名字，他們不用向我繳付租金，只需要向政府交稅金即可，有這些人代我去經營，我很舒服，我已是大老闆了！啊！我覺得歡愉無限！財產登記我的名字，最終也是與我無關，我死了還不是要登記他人的名字嗎？所以這就是「大安樂富饒」，不是你的精神失常，你的錢若是多到用不完，存放在銀行那也不是等於零嗎？錢，若是獨食是會咬人的，要好好解決它。他日我們都不用錢(現金),用信用咭就好了,那麼便不會有人偷錢,亦沒有賊了。

希望大家把理想精進,改善世界,幫助人類,那麼身處三界苦海、火宅,我們都會覺得自在。我們學佛的應該把精神洗刷,改造潛意識,把潛意識內苦痛的事情全部都搗出來,這是很重要的事情,是切身的問題!一個人死去了,若是生前起了煩惱的心,他死了之後也有煩惱,這是因為我們的潛意識內有煩惱,所以死了也有煩惱,死了的靈識也在煩惱,這個人他死了的時間、空間也有他的世界,這就是地獄的世界。

地獄是心、天堂也是心,那都是印象的世界,若是沒有心,那就沒甚麼苦痛與快樂了,因為甚麼也不會知道,所以白癡是最好命的!若有人被白癡殺了,這個白癡也沒有罪,因為他無心和精神錯亂的關係。我們正常的人要把心理調正好,心理快樂就是西方極樂世界。我們唸佛,觀想西方極樂世界,這是一種思想的改造,並不是真的有其地。每一個人的西方極樂世界都有不同,因每一個人的理想都不一樣。各人各人去創造不同的理想世界,我可不能叫你到我的世界來。你的心若是沒有煩惱,那便是西方極樂世界了!經書上有說西方極樂世界內有四時不謝之花、金沙舖地、八功德水……等等，金沙若是舖滿地那麼就沒有綠草了，不好！四時不謝之花，那可能是塑膠花，因為生物都有新陳代謝的。我們要用腦去思考，這是高尚的理趣，並不是我們在社會上聽回來的一般解釋。我現在簡單地講講，你們回家自己調整一下，自己拼湊一個理想的極樂世界出來，那麼今天晚上睡就有一個極樂世界了！恭祝大家都有一個極樂世界！

第二天開示

各位同修，大家好！昨天我們研究的都是斷斷續續的，沒有系統的論文，最要緊的，是我們修道的人的心要放在哪裡，甚麼是應該做的、甚麼是不應該做的、甚麼要趕緊去做、甚麼要放緩去做，這些是最要緊的。修道的人，開始的時候是聽別人講，然後發道心，這道心叫做菩提心，道叫做菩提，發道心即是發菩提心。我們學道，道是甚麼呢？過去我們有講，昨天也有說過，大家都聽了很多，書也讀了很多，誰可以簡單的講道是甚麼呢？我想都會說得斷斷續續的，連我自己也是說得不好，可能我講起來都是重重複複的。

發道心是發菩提心，道是宇宙整個問題，道是整個時間與空間的綜合，是精神與物質不二的總和。宇宙的一切，包括動物、植物、礦物等一切一切都是道。道是時與空之間自然的活動，其中不可思議的動力不斷地活動，無休息的叫做「無常」，無常是道。動力如開水一樣不停的沸騰，成住壞滅、成住壞滅、成住壞滅……。道教說生死往來，好像風箱拉開摺合地活動，催動萬物生化功能的動力，佛教叫做「羯磨力」。

羯磨是事業、作業，羯磨力叫做業力。你不能令它停止，它不斷地活動，有活動叫做道，沒有活動的如硬物一般，沒有活動萬物都死寂。萬物出生、成長、老死，成住壞滅、成住壞滅、成住壞滅地不斷活動，無常地滾動，萬物才會後浪推前浪，不斷的代謝。代謝叫做「造化」，因為造化無常才叫做造化，因為無常才有時間觀念，有時間觀念才有壽命觀念，這些觀念是凡夫迷的世界觀念。

無常的推轉是永遠的常，我在《生活禪》有寫「無常即常、常即無常」，無常常。因為無常的無間斷，所以叫做常，沒有休歇，如日月不停的流轉沒有休止，如星球自轉的律少至一秒中的停頓也不可以，假如刹那間的停頓，地球也會停頓，你信不信？突然的停頓，猶如慣常的衝力突然間停止一樣，這個時候海水會湧上來，山會撞在一起，所以有無常我們才有好日子可過。

若是沒有無常，愚蠢的人不會變得聰明；生果未成熟的時候是青色的，慢慢成熟了便會變黃色；你出生的時候是一個手抱的嬰兒，現在長大了，這就是無常所賜的，這是它的功勞。世間人苦嘆無常的可怕，說無常是鬼，不知道我們食到哪一天，無常鬼會來把我們捉去，這是迷的世界所講的話，有真正智慧的人會感謝無常。做生意的若是做得不好，想一些計劃去改革好，若是沒有無常，那麼壞的就不能轉好了，不能重振生意了。

無常的動力叫做佛心力，法身佛的羯磨力。以理方面來說，叫做如來羯磨力，如來是以理來說的，佛是以智來說的。佛即覺，有精神的覺悟，《金剛經》中裡面有如來說、佛說，如來說是說理，佛說是講智。真言宗說不二，如來即佛、佛即如來，兩者同義，相同的意思。宇宙的動力推顯叫做轉法輪，轉法輪當中有四時代謝、成住壞滅，這種自然的推顯成為了動物、植物、礦物等世界，萬物發生都是她推顯出來的，裡面有各樣的種子，都是由她推顯出來的，這空間有無限際，有很多很多的種子，不知我們有沒有去欣賞和透視它們呢？

你們看，草木有幾萬種，動物禽獸有無限的種類，每一種都有一種科目，每一種的科目所發出來的種子都不一樣。人是人類料，生出來都是一樣的有眼耳鼻舌身，這叫做平等。可是，就算是親兄弟，大家的長相也不相像，這叫做差別。人類每一個形體都一樣，叫做平等，但各各的眷屬皆不一樣，這叫做差別。

平等中有差別，差別中有平等。像我們的社會，我們是人民，都有人權、投票權，這叫做平等。有一些人讀書很精進，做很高的官；有一些人讀書不成，又去賭博，惹來週身麻煩，這就是差別。我們要知道差別是最平等的，因為有努力打拼，所有享受多些，沒有努力又不打拼的故此享受少些，所以差別最公道。若是你沒有犯罪便不會被剝奪選舉權，平等、差別是宇宙的道理。

宇宙發生萬物出來，人要共同地生活，樹木是競爭生存，動物是霸佔生存，石頭礦物是保守生存，石頭有沒有靈魂？沒有！無靈魂有識大，地水火風空識六大中的識大。為何有識大？若是沒有識大，這個(上師手拿一個杯子)不成一個杯給你盛茶，「給你盛茶」是已發生物質的用途。體、相、用大的用是精神。譬如說一把刀，刀是把一塊鐵打成三角形，後邊比較厚，前端比較薄。鐵是體，三角是形相，利是用，用是精神。一塊磚頭可以用來砌牆，這也是精神。一個「咕咂」可以用來坐也是精神，它的服務精神。

人、動物有神經系統才知痛癢，這是神經組織不同的關係。雖然鸚鵡、猴子也會學人說話，但人的神經組織比較好。那些寵物如貓狗等都有神經系統及有感情，禽獸、甲蟲、細菌等都有感覺，你若是觸及牠們，牠們便會走開。你一碰牠，牠以為你會加害牠便會走開。人腦的組織較好，故反應亦較好，由於比較好所以要求也較高，不應該得到的也想得到；不能食的東西也想食，古時候有一種「光蝨」不能食，但是人卻拿來吃因而被毒死。現在沒有了「光蝨」，但是有安非他命、鴉片等，人又拿來食，不能食的卻拿來食！你們都這麼聰明，為何不能吃的偏要拿來食呢？我們都是自取麻煩！有一些人以為試一試而已，誰知後來上了癮，非食不可。若沒有食安非他命，食飯的時候他連拿湯匙喝湯的手都會發抖，湯匙還未到唇邊湯水都給抖掉了，我看要特製一些器具給這些人用膳，一提高便即到嘴邊。啊！這是自找麻煩，叫做迷！

宇宙的道有沒有告知你甚麼是可以、甚麼是不可以呢？道好像一頭狼醫生，你食錯了東西他一點也不理會你。道是最慈悲的，若有人要自殺，她會說「好呀！我同意。」如果你說要努力，她說「好呀！你努力吧！」她很是平等，好像雨從天下來、風在空間吹動一樣，誰需要她都普遍普遍的落下來給他們，所以最大慈大悲的是道。

我們都是道所生出來的，所以我們的心要依道而行，我們本來是道，為何現在變成「不像道呢？本來假定她是正道，為何會變成邪道呢？道對待萬物，養育群生是毫無代價的。我們由道生出來，若我們如道一樣的下雨滋潤大地而無代價，那麼我們便能回歸道！發心要現在修道，幫助別人，是要回歸道的本體去，像天空下雨而無代價的滋潤大地，我們若能如此地去幫助別人，那就可回歸道！

修行當中、生活當中，看到壞的不要去做，好的要去做，不斷地做才能與道吻合。心無住著，這種修行的人與普通的人比較，看起來好像很古怪，事實上是我們奇怪，不是修行的人奇怪，因為我們自私，所以我們不能做到與道吻合、相像。比如說，當你要拿錢出來救濟他人的時候，你會想「唉！這筆錢等於是我一個月的薪金啊！」事實上你是不捨得，這個「不捨得」就是自私心。你不信可以試一試，若你是真的發心，這些錢是會走回來的，這是我的經驗。我把身上所有的錢都給了別人，結果錢又走回來，我不會因此而窮困。

不斷時間的修行，要記著佛陀所教的六度，六度萬行以布施為一。布施是救濟他人，施與他人而沒有估計代價。為何你去布施會生福氣呢？因為你布施，那麼你的心就沒有執著了，每天做一布施，你的私心會慢慢地減少。

接著說惻隱之心，我們不要把他看成是過去的仇人，把他看成是自己的父母，過去他沒有修行、沒有布施，所以出生之後很可憐！你會問「我又沒有靈眼，如何知道他是我過去世的父母呢？」不只是過去世，可能過去幾世都是你的父母，他們當時做你的父母，你小時候已很疼你了，假如你有通靈有神通，你就知道當時家裡窮，沒有奶給你吃，父親的走去偷別人的奶回來給你吃，那你才得以成長、不致餓死；沒有衣服穿，他又去偷人家的回來給你穿用，那你才有溫暖。當時的他倆做你的父母，確是很偉大！當時你受了他們的恩惠，今天見到他們這般悽涼，難道你連少少的布施給他們也做不到嗎？我們應該這樣想，用這個方法去訓練我們的心胸開廓。不論何時都要製造這種廓大的胸襟，還要「自作教他作，見作隨喜」。若能布施，功德就大；懂得布施，心就沒有執著心才會空，心空福集！宇宙是空的，萬寶是從空生出來的。

我們心內的思想都是壞的，好像一個裝滿了毒藥的瓶，別人要給你蜂蜜也不能用這個瓶來盛裝。假如你把毒藥倒出來，這個瓶也要拿去清洗乾淨，不然吃了盛進去的蜂蜜也是會中毒的。我們心胸的毒藥要倒出來和把心胸清洗乾淨，這樣子別人倒給你的蜂蜜才可以食用。我們要不斷地訓練我們的心，不是勉強做（勉為其難），在我們能力許可的範圍以內勉強（勉力）去做。若是有人困苦，你有一百元那你給他五十元，五十元留下來自用，但是這是不足夠的，你若是能給他一百元那就最好了。若是給他一百元而感困難，那表示你的修行還是不夠。不用擔心，錢會走回來的，不然的話，來向我討取！

這些不是我想出來的，是佛祖講的，不過我信仰佛祖才把這些介紹給大家。布施以外，還有講持戒、忍辱、禪定、精進、智慧，這些都是附帶的條件，六度萬行以布施為第一，這是很重要的。我們要不斷不斷地修行，努力布施給道場、供養師父，我是受之有愧、卻之不恭，若我們繼續地努力，前途會很樂觀的。

不過最重要的還有一點，就是瞋恨！瞋恨製造仇敵，有仇敵的在社會上行走，他所走的路會越來越減少，越來越縮窄，因為怕碰到仇敵，若是碰到了，那會很為難，這方面我有經驗。碰到那些人我也厚著臉跟他打招呼，「老兄，你早！」對方的反應是「哼！」這樣也好，因為我沒有對他不好呀！你們也來試試看，「老兄，你早！」對方的反應是「哼！」這是磨練我們的！

瞋恨的心理凝結在潛意識內，人死了會成蛇，不是死了之後才會成蛇，是他生前的心理已經成為蛇了！瞋恨最利害的是表現在競爭、競賽、決鬥、賭博，這些裡面都有瞋恨心。我想贏他就如蛇的心理，他想贏我也是蛇的心理，大家如蛇一樣的鬥爭。修行的時候，若是有瞋恨的心理，觀想一條蛇去咬他人，對方會被咬死的！這不是假的！若是假的，那麼做護摩就沒有效了！降伏也是同樣的道理。

有一個故事。我只是聽回來而已，我並沒有親歷其境。在日本，有一個富翁，他是做五穀的生意。有一天他出外做生意，他的兩位太太在家裡下棋，他回到家門的時候剛巧兩位太太入神地下棋，兩位太太都沒有看到丈夫回來。她們的丈夫在門口看到屋裡的兩位太太頭頂上有兩條蛇互相爭鬥，咬來咬去，他看到此情境就搖頭嘆息。他是學佛的人，所以他一看到就了解是甚麼的一回事，他嘆息「唉！原來瞋恨是這麼厲害的！這兩個女人他日投胎會為蛇。」他看了之後就立刻轉身離開，頭也不回。

他離開了家，去了高野山修行，灌頂之後在後山蓋了一間草寮。後山那裡有很多石頭，他挑了在一塊大石頭上蓋草寮，門口有一塊大石頭頂著。他在家的兩位太太不知道他去了修行，不見他回家便四處尋找他。後來小太太返回娘家，大太太有了身孕生了一個兒子。至兒子十多歲了，她便帶著他跑通全國去找丈夫，怎麼樣都找不到，登報尋人也是找不到。最後他們來到高野山，古時候高野山是女人禁地，她只有叫兒子進內查問，她獨自在外等消息。兒子進內問也是問不到，有一些人問他的父親是怎麼樣子，他便根據母親所描述的說是如何如何，其實他自己也不知道父親的樣貌，就算見到了他也不會知那是他的父親。有一些人問他父親的名字，可是他的父親已經出家了，改了法號，沒有人知他的俗家姓名，得到的答案是沒有這個人。做兒子的很堅持，「一定有的，我和母親已經找遍了全國，只差這裡還未有找，一定有的。」「好啦，你去山頂的草寮試試吧！但是現在下雪，你要小心啊！」

於是，兒子就上山找父親。這個時候做父親的正在草寮內禪坐，兒子一路上山一邊呼喚父親俗家的名字，兒子心想，「高野山內的人不知道他父親俗家的名字，可能因為改了法號的關係，但是我的父親一定會知道我是在呼喚他的。」可是他的父親卻不理會他的呼喊，但是他的兒子並沒有放棄而離開，但因為天氣實在太冷了，兒子來到他的門口的時候已差點凍死了，門外的石頭上的積雪與他兒子齊肩，他父親在內坐禪看到他，不要說是父子，就算是別人看到也有惻隱之心，他父親走出來問他「小孩，你要找誰呀？」「我要找某某」「沒有這個人啊。」「可能是你。」「不是！」一個說是，一個說不是，父親流淚擁抱兒子，這時父子才相認。可是兩父子一同被雪凍死，變成兩塊石頭，叫做父子石。

因為做母親的當年下棋的時候，頭上現出了蛇，令到父親出家。依這來看，做父親其實尚未成道，為了父子相認而被凍死，這都是母親有蛇的競爭心理害了兒子。所以瞋恨是很厲害的，瞋恨會變成蛇，蛇會咬人，這個故事講瞋恨害人，對我們很為難。

另有一則有關瞋恨的故事。古時，有一個人出外回家，走到家的附近有一條小溪，小溪的一邊有一條蛇，另一邊有一條百足，相方在擺架勢向對方展威。蛇應該是怕百足的，若是百足走入蛇的鼻孔內，那麼蛇會死。如果蛇、百足、蟾蜍同時在一處，三方面都不敢侵害任何一方，蟾蜍若是屙尿在百足身上，百足的腳會全部脫落，但是蛇會咬蟾蜍，這叫做三不合。蛇跟百足在兩邊對峙，那人說「我看你們有甚麼辦法，我不信百足會贏蛇。來，你們拼搏一下。」於是他拾了一根竹作橋樑讓牠們連在一起，百足爬過去，蛇一看到百足過來就昏死了，因為牠怕百足鑽入牠的鼻孔去。

蛇死了，有瞋恨的潛意識，如俗語所說陰魂不散跟著那個人回家。這個人的家裡有一頭母狗，母狗要生小狗，這蛇靈就投胎入小狗內。這隻狗很乖，又有人緣，牠的花紋很漂亮，主人很喜歡牠，常把牠抱在懷裡。我們這裡也有很多人喜歡抱小狗在床上睡覺。小狗長大了，主人出門牠就跟著，出出入入都跟著主人，但是主人卻不知他其實是這小狗的仇人。

有一天，主人到一間寺廟去燒香，廟內有一個老和尚，老和尚一見到他就跟他說，「居士，你有問題啊！」「有甚麼問題？」「你有災厄啊！這隻狗是不是你的？」「是呀！是我的寵物。」「你回家的時候，你要繞道到牠從來未有到過的地方去，路上若是有賣豬肉的，你便買一塊豬肉。這隻狗是否很聽你的話？若是，你把豬肉吊在樹上，叫牠看守著，你要跟牠說你暫時要去某地方去，很快就回來，叫牠好好的看守這塊肉。」主人依著和尚的指示去做，這隻狗也乖乖的看守，這主人就溜之大吉，狗一天一天地等，過了五天牠的主人也沒有回來，肉也變臭了，狗跳上樹上去咬了那塊肉，吃了後咬舌自殺。

蛇靈又回到主人的家，可是主人已請人替他劃了隱身符，所以蛇靈就找不到牠的主人—仇人。於是蛇靈四處流浪，最後返回蛇洞再次出生為蛇，但牠的潛意識仍舊滿是怨嘆和瞋恨。牠在蛇洞內坐禪，沒有出來害人，只有一個意識要找牠的仇人，幾十年都沒有出洞，牠成了一條大蟒蛇。

這個人有一天又去廟上香，老和尚見到他就說，「你的災厄還未完呢！」「那怎麼辦？」老和尚替他想辦法，「試一試吧！把大殿上的那尊觀音菩薩搬下來，你坐上去，把這件道袍披在身上，不要動！明天午時之後你的災厄過了才可以動，在這之前絕不能動！」

這一條蛇已經修到有神通了，牠一看，「咦，我的仇人成佛了！」牠派牠的蛇子蛇孫去探究是否屬實，牠們回來都跟牠說，「是呀！成佛了！」「成佛就好了！他修行成佛了，過去的事我也不要跟他計較了，我要過去跟他頂禮。」蛇便走去，一看，「真的成佛了！過去我也有不對，充滿了瞋恨，投胎幾次都要向你報復，真是對不起，請你原諒我。而今你成佛了，我應該向你讚嘆頂禮。」於是蛇便提起頭來，但是這個人誤以為牠要吃掉他便動，蛇看到他動，「假的！」一口便把他吞了，這個仇就這樣子報完了！

瞋恨很厲害，大家在社會上聽到別人說是非，聽了就算不要激動，我們不要試百足咬蛇，蛇是否真的會死，不要有這種心態，不然會與他一樣。像這種事情，聽了別人說，我們要謹慎！不要惡作劇去害其他的生命！我們於生活中被他人欺侮會很痛苦，但若是我們睡覺的時候自我反省一下，「沒所謂了，給他佔一點便宜，算了。不跟他討利息，讓他暫時欠數好了。」這樣子便沒事了。很多時候，都是因為聽了別人說而生誤會和瞋恨的。我們修行的人，不要與他人競爭，所謂「退一步海闊天空」。大家師兄姐互相切磋鼓勵，給一些便宜他人也無所謂，憨一點也不要緊，過去可能是我們的父母，沒所謂，這是我們日常修行互相切磋，要反省的重要科目！大家都是年青人，這是第一要緊！

家庭如水我們掉一塊石頭進去，起的水圈是由內往外的，不是由外向內的，我們修行是由內救濟至外，並不是一下子要做到有多大。雖然沒有物質的救濟，但是有一份心也是好的。看到別人做善事，自己有一種認同的心，「假如我也能做，這有多好呢！」我們自己能做，又鼓吹他人去做，看到別人做又生歡喜心，有這種心才能與宇宙的道吻合，你才會感到無礙。與宇宙的心吻合無礙的心就是菩提心，發心的同時就成佛！修行不是要修好久的，「放下屠刀，立地成佛」，你即刻悟道，即時證入，不離此座即時成佛！

日常生活中，孝順是很必要的！你們都會有小孩，辛苦地把他們養育，譬如說小孩尿床了，濕了的位置是做母親的去睡，小孩睡在乾暖的位置上。當你有自己小孩的時候，才會想到當日父母是如何養育你的。不要嫌父母老了不好看，這不好看的樣貌才是慈悲！臉上的皺紋是慈悲的象徵。沒有一個成佛的人是不孝的！對朋友都有情有義，對父母卻不孝，真不可思議，沒有一個成佛的人是不孝的！

台灣有一個廿五孝，中國人說廿四孝，台灣多了一個孝，這個孝給蔣介石拿去了！這件事情發生在我唸小學四五年級，大概是六十年前的事。埔里有一個地方，有一對父子，父親很老了，兒子又是盲的。他們很窮，兩父子相依為命，父親臨終的時候想要吃肉，可是兒子並沒有錢去買，只好割肉侍親。父親吃過肉之後就過世了，鄰里都去幫忙辦喪事，看到這兒子的傷，因為他沒有錢買藥只是用泥沙來止血而已。父親的喪事完了，全台灣省都知道這故事，大家都有寄錢去救濟他。當時做師傅一天的工資是一塊錢、做小工的是五毛錢、做女工的兩毛錢；一斤鹹魚是一毛三、二斗米九毛錢、一塊錢可買五斤的豬肉，這是當時的物價。我們全省都救濟他，因他是盲的所以成立了基金，有人替他買米等日常用品，不多久，這少年也都死了。

後來蔣介石來到台灣，有人說這個盲少年要入廿五孝，因為他割肉侍親，可是那時候的國民黨說最孝順的是蔣介石，他才可入廿五孝。可能蔣介石也有孝順，但割肉侍親，他還未做到，所以這廿五孝我不服，故此我對此事的記憶很深。

我希望你們都不用割肉侍親，只需每天早晚問安，使父母安享晚年那就好了。大家皈依真言宗，光明王寺的信徒都要做最孝順的！諸佛菩薩一定加被你即身成佛！謝謝各位！

一九九四年上師開示筆錄二

一九九五年上師開示筆錄

一九九五年上師開示筆錄

日期：一九九五年八月廿七日及廿八日

地點：香港道場

註：以下之筆錄為方便閱讀理解，部分曾作出修辭增刪，將與上師口述不同。希請留意！

一、警告

(一)仙道

大家晚安！在座各位同修，有新的亦有舊的，可能亦有互不相識的。你們都有心來這裡皈依、來這道場活動，或是於過去曾經聽過徹鴻師開示；在家裡有看佛書、聽講佛理，對佛法都有深刻的印象及瞭解。聽說徹鴻師在這裡講《心經》，在座有沒有來參加聽講，有聽講的人請舉手。啊，很多！

修佛法最希望的目的是成佛。那麼成佛是怎麼樣呢？成佛是不是會長出一隻角或是二隻角呢？又或是會騰雲駕霧呢？不會這樣子的！

大家都有讀過一些小說或者古典書籍，我小時候也有閱讀。有一些古書是有關修仙練道的，如依之修行，就會識飛。我很欣賞駕雲而飛，所以我曾經去學仙道。但是，到後來卻是一無所成。

人若從山頂跳下去，並不是飛翔，是會跌死的！人也不可能行走於水面上，潛水也不可能。所以，我以前都是被人騙了！以前聞說識飛的人，於中國有一個人，其名叫做列子。傳說列子能馭風遠行，其餘再沒有聽說有人識飛了。

仙道有一本書叫做萬法歸宗的六甲大法，六甲大法中又有一種速地法。由這裡去台灣，只需叫一聲的時間便可即到。但是，究竟研究，卻沒有一個人識此法。修練六甲的速地法是要拿取一里、百里、千里、萬里兩頭的土，用這些土來排六甲陣去修練速地法。為了要去世界各地拿取這些土，故此我特意揀選做船員，目的是要取兩頭土來修練六甲法。

練六甲法是需要建立壇場，建造這個壇還要有以下條件才成：一是要座北向南；二要雞犬不能到達的地方，甚至於連雞啼犬吠的聲音也不可聽到；三不可有婦人經過，若有婦人經過，這個壇便會破。我找遍了全台灣，也找不到這樣的地方，到處都有女人及雞鳴狗吠的聲音。沒辦法，最後把所有用來修練六甲法的材料全都拋棄，心裡很是失望！

在座的，可能也有人想修練飛天遁地的仙法。我們人的心都差不多是一樣的，有近似的希望。我有這種想修練成仙的心，可能你們也有！

(二)巫術

有人認為皈依真言宗，唸咒可以作巫術，根本不是！來真言宗，是要修智慧、瞭解做人的道理、瞭解宇宙的道理，不要給別人騙啦！這樣便可成佛啦！乘風而行便似列子，列子根本沒有乘風而行，假使他是會，我看那也很不方便。如果從這裡去台灣，要等吹北風才可以乘風而行。所以，像這般事情都是，寫小說的人編造出來的！故此我們不用相信這些傳說。以上是我的經歷，用以來警告大家的！

我們修真言宗不是為了做巫術，那麼修來作甚麼事？如果要作巫術，那麼要跟薩摩族學。薩摩族的巫術是很厲害的，他們都會放蠱毒。如你去南洋，到薩摩族中看看，你便知道。若你進入一間屋，發覺裡面全沒有蜘蛛網，很乾淨，那麼這家人便是懂得巫術的。

如果有人請你食飯，假如你看到他人吃飯時，先夾一些食物於桌邊，這些是給巫術的神所享用的，是此人用來與神交際的。巫術的神與行巫術的人若有感情，巫術神便不會害那行巫術的人。這是很恐怖的事情，救人的就沒有，害人的則有。這樣會不會成佛呢？不會成佛！如果一個人會行巫術，到他老的時候，未必還會使用巫術。因為他的巫術神會離開他，去找年青的人。由於老年人再沒有多少的日子去供養這個神，而且這個神是很現實的，所以他便害這老者。學巫術的人，到老的時候，都會被神打死。

另一則故事是發生於旗山，一個人名叫蔡友發身上。他是學測量的，於日治時代，他給日本人捉了去大陸沿海地區建造炮台，因為受不了嚴苛而逃走。他逃走到薩摩族去，在那裡遇到一個少女，與她一見鍾情。這事類似釋迦牟尼佛經中所說的阿難被摩登伽女所迷一樣。摩登伽女是害阿難的，她叫他母親作巫術，好像放蠱一樣。這薩摩族女子也向蔡友發放妖術，蔡友發被她家招贅為婿。

每天晚上，蔡友發都是一睡到天明才醒過來，非常熟睡。當他睡覺時，他的太太到底做些甚麼事情，他也全不知情。

有一天，蔡友發給朋友請了出去，他帶醉回家。到家裡，倒床蓋被就睡，不覺把睡在床上的太太移動了。此時，差不多是零時十二點半，他的太太從外回來。她的上半身在外，下半身卻在床上。本來她回來，由窗入房，投回身上便可如常，但是今夜因丈夫移動了她的位置，由於錯了位，所以她不能與本來的身體合一。因此她一半的身體滯留在窗外，不能入內。

在窗外，她不斷呼喚蔡友發，一直叫到他從床上爬起來。他們的家並沒有電燈，所以他下床先去找火石打火。經過一段時間，他的太太跟他說：『你移動了我的位置，你先把我在床上的身體移回原位。』他拿起被子一看，只有一半身！看窗外，朦朦朧朧也是一半。太太在窗外對他說：『再過一些……再過一些，好了！』這樣，她便投入去，重新又是完整一個人。

他問太太：『你去哪裡？為甚麼會弄成這個樣子？你剛才這種狀態很是恐怖！你若不與我說明白，我便不跟你做夫妻！』太太沒有法子，只好跟他直說。他問：『你到底往哪裡去？』妻說：『我跟你說，但是你不能與別人說。』他說：『不要緊！你只管說。』妻說：『我是去了墳場，食死人。』

蔡友發聽了，心很寒！心想，不走不成。於是他跟她說：『我想回家探望我的母親。我來這裡這麼久啦！很是想念母親。我一定會回來的。』他的太太知道他回去後便不會再回來的，不過她都很同情他，便說：『好啦，你要回去，我也沒有辦法把你挽留，你回來與否也沒緊要。可是，我母親會弄些給你餞別。從現在，你吃魚的時候，要一條一條的從尾至頭吃，不要從頭到尾吃！返回台灣後，你若是不回來，到時候那些魚會在你肚內復活作怪，你便會肚痛，進醫院也是沒有辦法的。如果你覺得肚痛的時候，你就盛一碗水，把它放在地面上，把你的口對著那碗水，魚便會由你的口跳出來。你要好好記著不要忘掉，不然你會沒命！』這就是薩摩族的巫術！

蔡友發返回台灣之後並沒有再去雲南。有一天，他的肚子痛起來，他叫太太拿一碗水給他，然後把口對著水，魚便一尾一尾地跳出來，很恐怖！蔡友發見了，心很驚！他也很好奇，要看水裡的魚能夠活多久。經過四個小時之後他再回來看，全部的魚都不見了！

這事發生後，蔡友發也活不到幾年便死了。那時，我剛唸高中，學校便是在他家的隔壁，所以我才知道這件事情。是他的朋友蔡實業，說給我聽的，這秘密才泄漏出來。所以巫術害人的就有，救人的則無。人希望學巫術，說是為了興趣，不知有時會做了缺德的事情來！以上是給大家舉一個例。

二、智慧

(一)知識與智慧之分別

真言宗雖然說是唸咒宗，但是與巫術的唸咒是不一樣的。我們真言宗唸的咒，是用來淨心消業及使人生起慈悲愛心，去祈禱世界和平、眾生安樂。這樣我們心內的業障便會化為功德，智慧便會開。沒有智慧是不能成佛的，所以智慧是佛母。在皈依法會上，我也有跟大家說過—智慧是成佛之母。

釋迦佛講智慧的說話，集合而成《般若經》，這《般若經》共有六百卷。把此經的重點濃縮起來，便是《般若婆羅蜜多心經》。《心經》是說瞭解佛法裡面所講的智慧是甚麼。

智慧與知識不同。世間做生意、科學種種研究等等是知識。智慧又名空慧，甚麼是空慧？就是瞭解萬物的本性是空性。

(二)精神與物質不二

一般說，人的物質身體是一個臭皮囊，我們都有一個靈魂在身體內。靈魂飛走了，人便會死亡。這些都是神教所說的，佛教是講精神與物質不二，叫做「不二法門」。

有物質，精神才可以發用。有精神，物質才可以被指揮。精神的發用，假名為心。事實不是這個心(心臟)，是我們腦下皮層神經的活動所變化出來的。這變化出來的，通過所有的神經再變成氣。

如果有一點東西傷害到我們，我們立刻知道。知道了，便不會去動它，會注意留心。這種注意的功能就是一種智慧，好像我們身體內的免疫功能一樣。

如果我們的手碰到了火也不知道，火便會燒我們的手。身體如感覺不適，手便會縮回來，身體便不會受傷。這是神經支配物質，才有物質的發用。若是沒有神經，物質便沒有用了。這不是靈魂論，佛教是沒有靈魂論的，靈魂是神教所講的。

(三)識大

如果說人轉世去做牛，那麼這牛內便有人的靈魂；或是轉世去做豬，那麼這豬的腦內便有人的精神，並不是這樣的。

精神原來是整個宇宙內容其中的一項，叫做識大。識是意識的識。這識大支配大腦皮層的活動，去暸解種種的事情。精神好比是用來建一間屋泥土的黏合力。如果只有磚頭石塊，沒有水泥，一間房屋是蓋不成的。因為有了水泥，才能把磚頭石塊結合起來。

我們身體有新陳代謝的活動，也是由精神所支配才可以活動。人的物質身體有新陳代謝，才會有時間的概念。有時間，才有歲數壽命。壽命的長短，也是精神支配的關係。我們的精神若是清淨，有修養，對人有愛心，那麼這個人的精神便會快樂無殺氣，這樣就會長壽了。所以佛陀說要放生，人才會長壽。

以前很多法師都叫人放生，最近比較少啦。他們對說甚麼時候去放生，叫你出幾萬塊，叫他又出幾萬塊去買活生生的鳥獸海產，然後拿到海邊去放生。假如你沒有放生的需要，那便沒有人去捉回來賣。因你有需要買來放生，所以有人去捉回來賣。本來放生的目的是給與他物自由，為了你要放生，鳥獸等卻被人捉了，並且遭關起來，與牠們本來的生活環境不同，這樣它們可是會被關死的。

環境不同，淡水魚被放生往鹹水海裡，淡水的魚因不適應又會死去。鳥本來每天都在天空中飛，牠們的翅膀才會有力。把牠拘留了，牠因為沒有運動，一放開牠卻不識飛，又不知往哪裡覓食反而餓死。放生變成殺生，這就不對！這些法師，我看他們的腦筋都是有問題的。

我們放生是要講適逢其會，剛剛遇到的。譬如，你往朋友家，朋友要買一隻雞來請你。你眼看到、耳聽到，為了你而殺；看到殺、聽到殺，不忍心便放了牠，惻隱之心人皆有之！臨時看到便即時買了去放生。跟朋友說：「請看我的面上把牠放了吧！我也是有受你的供養，當我有吃了這隻雞。」這便是真正的放生。

我們去菜市場，買現成的，已經殺了的來吃，不要緊。「見殺不食、聞殺不食、為我而殺不食」。所食者即所謂的三淨肉，這便沒有罪。

(四)精神作用

如果當你吃豆腐的時候，心裡卻想著肉，這麼吃豆腐也變成吃肉啦，為甚麼呢？因為是你的心在食！如果沒有精神，你哪裡知道是食肉還是食豆腐。是精神在想吃肉、吃豆腐，所以是心去吃東西，心去食。就算你沒有去食，想一想「吃了很舒服！」這也是有吃了。所以，在家有空也不要胡亂想吃甚麼的，吃東西是要隨喜。我跟你們說，只是想也算是有吃了。

以前有一個人，名叫吳公真仙，他是道教的。有一個小孩跟他學道。學道的人，是要聽師父的話。真仙他也很慈悲，有一天，他在靜坐煉丹的時候，突然間，他看到一個景。他看到一個人在景內遇難，他即時命令其弟子去救這個人。他的弟子馬上依言下山去。去到目的地，他的弟子看到這個人要跳海，便去救了他。救了人後，弟子便回去報告。

半路上，遇到為了慶賀某位神明誕辰而演戲的廟會，路旁邊有一些小販攤檔，此弟子經過一售賣牛肚湯的攤檔，這弟子因為是小孩子不用守戒律，便想吃牛肚湯。他的師父是持齋的，吃素菜的。弟子心想「平常我是吃素菜的，如果現在能吃一口牛肚湯，多好啊！」他又自己想「不成！不成！我都是吃素菜，守戒的人是不可以食葷的。」這就返回師父處。

弟子回去看見師父便說：『你吩咐我去做的事情，已經完成了。』師父說：『事情已經完成，善哉！善哉！不過，你現在已經破了戒！』弟子慌忙回答說：『沒有呀！師父我沒有破戒呀！』師父厲聲說：『有呀！你還敢駁嘴。你不是有吃了牛肚嗎？』弟子答：『沒有呀！我只是想一想而已。』師父道：『你真是沒有食？好！你過來。』

弟子走過去，師父就一拍他的肚子，即時他便吐了一口肉出來，『你看，有還是沒有？』師父問。這就是想吃也是吃。

我們沒有去殺人，若是心想拿一把刀去殺人，這也是殺人。相反，譬如說，心想：「如果我有錢去布施，那是多好呢！」這一樣有功德。拿錢出來布施是功德；心想、布施也是功德；看到別人布施，心內歡喜，也是功德。我們佛教所說「自作、教他作、見他作隨喜」就是這個意思。

（五）常與無常

我們在座各位，學佛的人，行住坐臥都不要起歹念，起歹念是有罪的！將會做出惡業來。所謂「三界唯心，萬法唯識」我們要有智慧。

《般若經》的智慧是空慧，那是甚麼意思？那是講組成身體的物質，是沒有常住的。假如是常住，那又會是怎麼樣？就是沒有變化、沒有新陳代謝，那麼小孩便永遠是小孩，老人永遠是老人。沒有新陳代謝，小孩不會長大成人，那麼便沒有老人，亦沒有生養，老人也不會死，那麼世間會變成甚麼樣？沒有新的生出來，錯過了尾班機便再沒有另一班飛機可乘坐。

新陳代謝叫做無常，這無常是常，為甚麼？無常是沒有休息，沒有休息叫做常。所以無常即是常，常即是無常。如此說，無常是空性。

《般若心經》內說：「觀自在菩薩，行深般若波羅密多時，照見五蘊皆空，度一切苦厄。」觀自在菩薩，不是歷史人物所說的觀音菩薩。觀音菩薩是西方阿彌陀佛的四親近，叫做金剛法，是度你的象徵人物，不是歷史人物。觀自在，是叫你深深的去觀照，對內心的思考及去觀，內觀一切萬物都是無常的，是空性的，這樣就沒有甚麼好去執著。

你的眼耳鼻舌身，所有的色聲香味觸等諸法，形成五種經驗的潛意識，叫做五蘊。五蘊解開了，就是五蘊皆空。五蘊就是靈魂。有五蘊就有輪迴，我們的五蘊皆空了，便不會輪迴。

三、基因種子

(一)潛意識

冰遇熱化為水，以冰來喻有，以水來比喻空。空是佛性，有也是佛性，故此空與有都是相同的。空是佛性，完全是六大—地水火風空識，未成萬物之前的元素。這元素內體有種子，這些種子攝取它們所需的地水火風，然後生發出形狀各各不同的萬物。

新陳代謝的過程，叫做有。比如說，我們有一些水，又有不同形狀的容器，如三角、四角、五角、六角、七角、八角等，長的短的各樣不同的形狀，用來容納的容器就是種子。分別把水倒入不同的容器內，再迫下寒氣使水凝成冰。再把冰塊從不同的容器解出來，冰塊的形狀便有三角、四角、五角、六角、七角、八角等，全不相同。

人的經驗感情及一切後天攝入的常識，成為潛意識，有種種的色彩。假如把水倒入容器後再加入無常的色彩，(色彩是我們不同的記憶經驗，有好的有壞的，這些都是業。)未凝成冰以前加入不同的色彩，成冰後倒出來的冰塊色彩亦各有不同。這好像是各國不同的人。過去世、現在各地的人，因人種不同而各地的人不一樣。

(二)返回佛性的源頭

把由後天不一樣的形狀和不一樣的色彩，製造出來的冰融化為水，本來是佛性，製造是我們人，我們融化回歸佛性，這叫做成佛，回歸祂的源頭。所以學佛的人要知道我們是從何而來，要回去的時候才知要返回何處，學佛是要知從何而來！當有一天，我們知道返回源頭的時候，這時叫做悟。不知道自己的家在何處，便成流浪漢，流浪就是輪迴！未能見本性便永遠輪迴，輪迴做人也算是幸福，輪迴成四腳走路的那就可憐！人很好！我們是兩隻腳走路的，是萬物之靈長。

可能有人會問：「為甚麼叫我來學佛？學佛是騙唬人的！你最好是叫我去卡拉OK、去跳舞，那我就開心啦！為甚麼要我學佛？」真有這種人！所以若是有般若智慧，知道家在何處，出外後，知道如何返回家，這便自在不怕迷失路。

《法華經》的比喻品，說長者有一兒子，長者是做生意的，很富裕。有一天，他的村莊做廟會很是熱鬧，他帶小兒子去看熱鬧，人太多，迫來迫去，擠失了他的兒子。由於人太多，兒子找不到父親，父親也找不到兒子。最後沒辦法，做成兒子流浪他鄉，老父獨自返回家。

兒子成為流浪漢之後，去做散工苦力。他常常換不同地方工作，最後到其父親的家中做工。父親的，不知道他是自己的兒子。兒子的，也不認識他是自己的父親。兒子只當父親是老闆，老父當兒子是工人，每天發薪水給兒子，兒子是與其他的傭人一起睡，事實他是老闆的兒子。

有一天，一個和尚到他們家，這個和尚是有神通的。和尚跟做父親的說：『我這次來，並不是向你化緣，是要跟你說一件很重要的事情，不知道你肯不肯聽？』這富翁是個樂善好施的人，他說：『肯聽，肯聽，請你說。』於是和尚對他說：『你的火奴，是你失去的兒子。如果你不相信……他兒時，你常抱他，他的脅有顆痣。』接著向其兒說：『這是你的老父，你不相信……把你的脅伸開給他看。』富翁說：『師父，你為甚麼會知道這件事情？』『我當然知道！你帶他去看熱鬧的時候失掉他的，你找來找去也找不到他。』和尚隨即轉對富翁的兒子說：『這是你老父，這裡是你的家！』當場為他倆做證人，教兒子的去喚一聲「爸爸」，教老父的去呼一句「我的乖兒子」。就這樣重新(發生)父子的關係，兒子從此不用再做伙計不再辛勞，得到老爸的財產，做了老闆，他就這樣返回家了。

這故事是比喻品中說的，比喻說我們迷失了自己的本性，不知道家的所在，不知道本來是從何處來的，經過師父給你講，你即知道。即使是知道了，也要叫一聲「父親」，才能發生父子的關係。因此才叫你們先皈依，皈依就好像叫一句「爸爸」一樣，對不對？

(三)三昧耶形

真言宗所講的是比較深一些，講種子，種子各人各人的種子都不同。有些花是紅的，有些是黃的，花的形狀亦各各不同；這塊葉是圓的，那塊葉是尖的，全都沒有一樣。

各人各人的標幟—基因，是種子所發出來的，各各的標幟也不同。基因名為三昧耶形，具足四種功能，或是四種曼荼羅。各項物件都具足足六大，六大有種子發生無常的物件，都是沒有相同的。好像孖胎生的亦不相同，如是相同，那就慘啦！相同的典型，沒有辦法去分別，那麼「你的老婆變成是我的太太；我的老公變成你的老公」這樣就慘啦，天下大亂！這宇宙生化萬物，做得很好，各各有不同的種子—三昧耶形。這只是真言宗才有說的，顯教沒有講這些，沒有說及種子。

顯教講的是由有到空，他們著重精神，沒有看到物質。他們認為人的身軀是臭皮囊，臭皮囊不知幾好，如果沒有這臭皮囊，精神便不能發揮出來。假使你是白癡，精神沒有清醒，你雖然是人的形狀，可是有沒有用處呢？沒用處！

物質的五大及精神發揮出來，如同世間的一切由五條經及五條緯織出來而成形。織布若要織出花來，便要用版才能把花織出來。雖然是五種顏色，織出來的花都不同，這是因為不同的版的關係，版是模，模是種子。各人的記憶感情經驗所積下來的，成為後來的種子。假使我們製造如豬一樣思想的種子，那麼日後出生便會成為豬！你製造牛的種子，你出世便成為牛！所以三界是由心意識去創造的。

我們學佛的人，知道了以前種子做得不好，這就叫做自覺。我們自覺的源頭名為始覺。你已經始覺，知道以前做得不好，現在去改造好。把過去的模具毀掉，另外設計新的模具。設計出來的，若你要牡丹花或是其他的花，都會很漂亮。所以，三界唯心做，自己去造，自己去享用。

以前有一個畫師，他畫的畫都很迫真。他常笑其他的畫師只畫美人，他說，『我要畫鬼，畫很恐怖的鬼！你們看到都會驚怕，我要畫很迫真的給你們看！』於是他便去畫—他畫了一隻鬼，好恐怖的鬼！非常立體！他把這幅鬼像裱裝好之後掛在房裡，每天自己欣賞，他覺得自己畫得很美麗！有一天他從外面回家，他開門時，從外透了一些光進房內（以前是沒有電燈的），他看到房裡面有一個人便給嚇昏倒了，他給自己所畫的畫嚇倒！人也是一樣，我們所做的都是自己害自己。

自覺是把過去的模毀掉，不要學這個畫師畫鬼這麼迫真。畫得如此的迫真，自己也被嚇死，這是很重要的，這便是智慧！

（四）妙觀察智

《心經》裡面教你觀察自己不好的地方，觀察了才知道，這些不好都是我們後天眼耳鼻舌身所吸收入來的潛意識。這些潛意識是我們收入來之後所積聚的，根本是沒有自性，因此要毀掉它。這樣才能照見五蘊皆空，便可度一切苦厄。所謂得度，是因為知道了這些（五蘊）是空的，所以名為空慧，空慧又名般若。

第二階段我們去觀察，這些既然是無自性，冰即是水，如果沒有水，不可以有結成的冰。水要結成為冰，是冷的因緣才可以令水結成為冰。冰成水是熱的因緣，因過熱所以冰成為水。所以冰叫做有，水代表空。有是色，色不異空，空不異色，都沒有差別。色即是空、空即是色，兩項皆一樣，叫做「不二法門」。我們對此了解，名為深般若。接著對你講這些東西是由哪裡拿來的，這是你的眼耳鼻舌身所取來的法。

譬如說，我跟你做朋友，大家很好感情。我給你罵了一頓之後，我們倆變成仇人。這就是自己作怪！哪裡有仇人不仇人。假如是一個白癡，你怎麼樣去罵他也不要緊，你怎麼樣稱讚他也不要緊。我們人，得度的人與白癡差不多，唯一的分別是明瞭，這叫做妙觀察智。妙觀察屬於西方，這妙觀察智又名為阿彌陀佛，祂是本性本來清淨，所以是蓮花部。阿彌陀佛有四親近，分別名為法、利、因、語。金剛法是觀音，「觀音」以前的解釋是慈航度人，做阿彌陀佛的老師，根本是每一個人的內容。所以叫你唸阿彌陀佛，應該是叫你要學智慧。

唸阿彌陀佛也是好的，為甚麼會好？假如把阿彌陀佛比作一個人或是一件東西，祂可以被用作禮數，也可以當作抹布用。如果別人打了你一下，你對他説聲「阿彌陀佛」，那就好啦！別人罵你，你又是一聲「阿彌陀佛」，這也可以。如果小朋友做得不好，「哎，這小孩真是阿彌陀佛」，這樣也不要緊。類似以上的情況，我們全都可使用「阿彌陀佛」。遇上別人，打招呼又可以「阿彌陀佛」，這是禮數。一般佛教都用這「阿彌陀佛」為客套語，這也是適當的客套語。跟著我們社會發明了：早安、午安、晚安等客套語，有很多種，西洋人也有這樣分的，如Good morning！

所以全都說「阿彌陀佛」就好，甚麼事都說「阿彌陀佛」就好。送東西給別人說「阿彌陀佛」，收到別人的禮物也是一句「阿彌陀佛」。全世界都是「阿彌陀佛」，現在這個地方是不是已經變成西方極樂國土？全都是「阿彌陀佛」住的地方，這個世界若是要製造成為西方極樂國土，相信都會很快！我相信大家都有這個機會和智慧。

你們回家，無論大人或是小孩，你都教他們：不論是好還是不好都說「阿彌陀佛」。假如是不信佛的人，你一開口跟他說「阿彌陀佛」，他會諷刺你：啊！那位「阿彌陀佛」來啦！那麼你就這樣子成為「阿彌陀佛」，這樣你成佛還快速！

智慧及運用是重要的事情！我們人因為較其他動物的智商高，所以可以修佛，才有智慧。如果轉世為豬為牛，那便沒有辦法受教育。你跟牠們說，牠們都聽不懂，「對牛彈琴」沒有用處！除了人類，那些畜牲都不能得度。我們有這般幸運成為人，所以於過去世，我們肯定有做過一些好事！要好好珍惜！若不珍惜，是會壞了它的，這是一種自殺的行為！所以釋迦牟尼佛有說，有智慧的人吸收入來的東西不好的要改好，好的要把它增長。

我們眼所看到的、耳所聽到的、舌去感覺味道、鼻去嗅、身體去接觸，不管是好的或是壞的，隨時觀察判別是無自性的。本來無自性即是空性。本來是原料、原子，假名為空，不是內面全沒有甚麼東西，內面都是密密麻麻的。由這種子去吸收成長各樣東西，萬物都是一樣，由他們的眼耳鼻舌身等去接收所有的好與壞，全部積藏在潛意識之中。

(五)潛意識波長的影響

潛意識的波長是可與萬物產生交通，有緣對有緣，無緣對無緣。假如一個人時常做賊，到有錢的人家裡去偷東西，怕給主人看到，所以平日他不會去接觸有錢的人，他所接觸的都是賊黨。他所住的地方是別人捉不到他的地方，都是黑暗的橫街窄巷，都是那些心理不好、貧窮的、可憐的人所住的地方。這種本來是做賊的人不敢到有錢人的地方，多是在橫街窄巷流連，他的精神頻率與這地區的頻率差不多。這些人死了之後，他的靈都是在這周圍活動，一如常說：日有所作，夜有所思，睡覺會發惡夢，這是我們的意識已經低落，受到在周圍轉來轉去的這個靈所影響。

當貧窮的人交合的時候，做愛的時候是會發出光來，這時的光是不好的光，死去的人如果他的光也是不好的，同類的光相遇相合，便吸入去投胎。做壞事的人投胎成可憐的人，看到這些不好的，我們要趕快清潔我們的心。

(六)因果

我們清淨以後，平常隨時樂善好施，這時接觸的人都是大官，他們對你的印象都會很好。譬如總統會叫你去，頒獎給你成為模範母親、模範父親。這時，有錢有勢力的人都跟你握手，跟你很親切，感覺你是好人，就這樣與有錢有勢力的人結了好緣。有錢人做生日的時候，想起「啊！這個是好人，我要邀請他。」你說，「他請我，真不好意思！既然大家是相熟的又親切，好啦，給他請吧！」其他的地方都請你及結交討好你，你經常在上層社會活動。

假如你死了後，你的魂(蘊)都是浮游於上層社會的周遭，因為這已變成習慣了。橫街窄巷你是無興趣去的，你這個靈會在高層社會來來往往，遇到有錢的、好的夫妻做愛發出來的光，與你的光相合相吸，你便會投胎出生好人家。

這時在這家出入的，都是善人、有勢力做官的人，小孩耳濡目染自然智商高。父母又有錢栽培你讀書，你本來的靈是樂善好施的人，所以都會愛讀書，故此可以到美國或是其他國家去留學，也不用怕沒有錢去留學。這是本來樂善好施，做好的事情所得來的功德，也是過去所做的因所得的果。佛教所講的因果就是像這樣，有物質因果及道德因果，與一般神教所講的因果不同。

神教所講的功德是你在生時所做的一切，死後閻羅王跟你算帳。去到地獄的宮殿，內有大大小小的算盤用來跟你算帳。如果你有去過東洋的宮殿，那裡有一個很大的算盤，要兩個人才抬得動它，用它來給你算，看你的功過有多少。算帳的人，好比是檢察官，他給你起訴，這裡有十殿閻王給你判。你做得壞事多，判一件豬的衫給你穿，那麼你就投胎出生為豬啦！

我們佛教哲學並沒有這般說，這些其實是象徵性的，在座相信都是已皈依真言宗的人，所以我才講這些話給你們聽，如果是沒有皈依的人，我就依十殿閻王的傳說來跟你們講。

（七）十識

人有十識，顯教講八識，華嚴宗講到第九識，真言宗講十識。

眼耳鼻舌身五識，是警察及刑司，他們看到的不管好壞，一看到先捉去審。審的是檢察，檢察看到有嫌疑，就送去法院，檢察是第六識。

我們的第六意識送去找判官，判官是第七識。第七識叫執法，審判獨立，任隨他的意去給你判無罪有罪，如果你有罪不服可以上訴，這就是執法。執法的官是貪官愛錢的，若你給他多錢，他會判你無罪；若是有不給錢的，那麼會判重罪，有些判無期徒刑，有些判死刑，應該判死刑的又判無罪，這就是第七識，叫做傳送識、末那識。

所有第七識所判的都一一記錄下來，記錄存檔，檔案所在叫第八識。初步叫含藏識，內面的好壞都保存叫做阿賴耶識。我們是依這第八識去受報，第八識的檔案時時記在心裡，將來成為種子，開成模，看看轉世成甚麼。

接下來，再過去是第九識。第九識是國家，國家有很多法律，法律千千萬萬條叫做第十識，共起來是十識，十識又名為一一心識。把這十識人格化或是神格化，然後做成地獄變相圖。

做水陸法會時用的十八地獄圖，是中國的產品，並不是佛教所說的產品。這些請十八地獄圖出來的和尚，應該過契給別人做兒子，做別人的契仔。這是給人見笑的事情，拿了別人的東西當作是自己的一般！不但如此，顯教都是沒有替人做法事，一般顯教只是講經給別人聽，如果你不信，你到泰國去看看那些和尚有沒有替人做功德？沒有！除了中國有，中國為甚麼有替人做功德？在中國境內是沒有托缽的，因為有寺廟住，不得托缽如何有得食？等有人，有空去給他布施，布施也是要有代價的！

(八)布施除慳貪

施主布施，向佛祖求得最多的是老太婆。她們買些生果、一些金銀紙錢，把三支香點起來便拜佛祖。拿著三支香講三句話就好啦，可是現在講三句的很少，講一百句的比較多，最少講三句就好。第一，現在我的兒子生小孩，給他一個男孩；第二，我的孫子考大學試，要讓他考中；第三，我的老公生了癌症，要給他痊癒。燒三支香去求的事情，拿兩百萬元出來可買得到嗎？這樣子，一千元也不用，真可憐！叫佛祖賣平宜貨，佛祖又不是賣平宜貨的！你自己都應該有些良心，你用幾塊錢便想買這麼多東西！我們的慾望太大啦！這都是迷信，我們現在講信仰。

出家人研究佛法，在家人沒有時間及合適的環境。要出家嗎？那又沒有資格出家。出家人研究了佛法以後，把所研究的心得講給在家人聽。出家人講佛法給我們聽，我們供養他們食飯，等於我供養你食飯及讀書，你讀識了後又來教回給我們，我們這樣子去布施便有功德。事實上是沒有功德，因為是有代價所以沒有功德。梁武帝問達摩祖師：『我蓋建了這麼多的寺廟，我有沒有功德？』達摩祖師跟他說：『沒有功德！』

「力破虛空無功德話」，全無功德！若是無功德，那麼如何教人布施呢？原來布施會使我們有慷慨的心，慷慨布施會度慳貪。慳貪是毒，是貪瞋癡三毒之首。

顯教講成佛要修行經歷三大阿僧祇劫，三大阿僧祇劫是指時間，這麼長時間的修行，要修至何時才可成佛？我們真言宗跟你們說，根本三大阿僧祇劫就是貪瞋癡。你若是沒有貪，那便沒有瞋。你貪不到便會瞋，有瞋便會胡亂做事，那就是愚癡。貪瞋癡的源頭就是貪，你既然慷慨布施就沒有貪。沒有貪，你自然回歸自然清淨本性。無貪就沒有瞋，無瞋就沒有癡，那麼你就可超越三大阿僧祇劫。放棄三大阿僧祇劫、貪瞋癡，便可即身成佛！我們真言宗是講把貪瞋癡去掉，便可即身成佛。

釋迦牟尼佛講六度萬行以布施為第一。你可能會說:『哎,你是做和尚的,你當然喜歡別人給你布施。』和尚可以貪,但我們不可以貪!和尚接受了你的供養,他便要做一些代價去迴向給你。把你供養的錢用在真正有意義的地方去,不是給他自己受用即可!如果不是,是沒有辦法清除貪心的。在1994年的開示為『三心未了滴水難消,五觀若明真金能化』。哪首才對呢?『貪心未了,滴水難消!五觀若明,真金易化!』這對聯是我寫了置放在我們的齋堂裡。若心是空,沒有貪瞋癡,那麼五觀會明瞭。施主拿來供養,你自己一日食一両金也不要緊。這都是貪瞋癡關係,假使和尚還有貪,貪甚麼呢?貪食、貪名、貪利,這些都是要放棄捨掉。如果有貪,出家的等於沒有出家!在家人也是差不多。如果我知道的,我會跟你們說,我不知道的,我再去學,然後再跟你們說。

四、問答

一:請問師父,有沒有外星人的存在?若是有,他們是屬於六道中的哪一道?

答:外星人,我沒有看過。假如是有,我會與他結拜做兄弟。無論他是生成怎麼的怪模樣,無論他看我們的樣子不順眼,我希望他帶我到外星去旅遊,如果那裡的生活是好的話，我便留下來。

離開地球的空間即是空，空的裡面都是天。天的西方是阿彌陀佛住的地方。我看外星人那裡可能是天道，很接近我們人類，沒有與天相似的質素是沒有可能到那裡去。因為我們尚未到天的程度，所以沒有辦法到外星球去。我們要瞭解，可能是我們的級數(階層)比他們低。我的看法是這樣，如果我去星球，返回來的時候我再跟你們說。

二：瞋怒是不是業？

答：瞋怒不但是業，瞋怒是自殺及殺人的行為，為甚麼？因為當瞋怒生起來的時候，身體內的血會氧化。日本話叫做samka—酸化，中國人叫做氧化。因為激氣而使血液氧化，血液氧化會生病變。普通的血液是鹹的，氧化之後，我們的面會如鬼面，就是生氣的面。生氣的時候是沒辦法笑起來，笑和生氣的模樣是相反的。如果心歡喜，經常大笑，我們的血液是鹹的。血液流通得很好的人就不會生病。但是生氣時，血液氧化起病變，心臟因受刺激而卜卜地跳；因血液氧化的關係，使腦部氧氣減少，沒有氧氣或是缺少氧氣的人是會昏倒的。這樣子做人也很艱苦！這就是自殺的行為！自己受了別人的氣，就給對方難看，因為你的面色很差，對方也不高興，對方的血也是氧化，他的氧化是給你害的！對方是自殺的行為，他自殺是給你害的。你生氣，一家人也受氣；他生氣，他的一家人也受氣，全家人的血都氧化，你看你到底殺了多少的人！這是很可怕的事情！生氣即是佛教所講瞋怒，這瞋怒不可留在靈台，就是潛意識的裡面。潛意識是會帶到後生，下一世的面貌會長得很難看，愁惱難看，不會美麗！因為我過去可能時時生氣，所以才長得這樣醜，晚上我也不敢出外，怕出外把別人嚇壞！你問瞋怒是不是業，這些都是做業，所以我晚上都是早早去睡覺的。

三：《理趣經》講「瞋無戲論性」，無戲論性具體是講甚麼？

答：瞋，一般我們說無自性，這裡說「無戲論性」。瞋念是每一個人心內都會有的，因為我們心內貪瞋癡慢疑各種的種子都有。有讀書有修養的人，把好的種子提出來，把壞的放下，這是自覺覺他的理性。不但是人，就算是禽獸也有瞋怒性，如果待薄它，它也會惡起來。

這件物件本來是有的，如果說「戲論」即是無。「無戲論」就是有，所以有是「無戲論性」，不要弄錯！普通說瞋不緊要，是戲論性的。但現在講的是「無戲論性」，所以讀《理趣經》要注意！

四：未皈依真言宗以前所學一些咒如楞嚴咒、大悲咒、往生咒、準提咒等，皈依真言宗之後，是不是要捨棄唸這些咒呢？

答：咒全都是由真言宗內出來的。現在我們學的只是小部分而已，事實有很多。這些咒跟道家或是巫術所用的咒不同。如果是修至阿闍梨，到本山去學習，有講座給你講咒的意義。只有真言宗的人才知道咒的意義，顯教的不知道。因為不知道才說咒語是秘密不可翻譯，這是避免丟面子。不用捨，這些都是我們的東西。

五：所謂六大：地水火風空識，如何知道在死物裡頭，識的存在和它的運作？

答：這個識大，好像是水泥的黏力。水泥看起來是粉狀，加了水便變了硬起來。識大，無論是樹木、石頭、一切萬物全都有，但是組織與人不同，所以發用起來都不同。比喻說電氣，電氣在空中，可是我們摸不到。每一物都有電氣，一經接觸便會發電，只不過這種電並不厲害。如果你觸電便會知道，你會麻痺會痛，這是識大的感應。識大，以人的組織最好，所以煩惱亦較多。電氣通往燈泡，它的功能是發光。若通往摩打，摩打便會轉動，只是轉動，並沒有光，因為發光的機械組織與轉動的機械組織不同。如果是通往收音機便會發出聲音，如果是通往電視機便有聲又有畫面。

我看，我們人比T.V.還要厲害。我們的念波由識大發用放送出去，若功力大的人他放送出去的念波波長會較長，可以幫遠方的人加持。你們不是說「師父，你給我加持，給我保庇」嗎？

事實上，我全都有為你們祈禱。做課的時候我觀想—觀想弟子，大家的模樣有些會浮出來，有些沒有浮出來。沒有浮出來的是因為沒有思念我！你若是有思念我，就會浮出來，這是真的！你不要空講「師父愛你，你愛師父」。等於男女朋友心心相印，互相思念相愛的時候，連做夢也見到對方。多謝你！當你做課或是晚上睡覺也有夢過師父。如果不是，做功課的時候也不觀想我一下，等於與我無關係！我們結緣，你觀想師父，你是持我是加，這叫做加持。

識大在地水火風空裡面無所不在，因為組織不同所以看不到。我們拿物件來摩擦，會生電。拿一支筆擦擦頭，也會發電。當你摩擦它，等於它在轉動引起電力交配。我們摩擦它，當他發電時，若桌上有一張紙，這支筆可以把紙黏上來。由此你便會知識大並沒有離開物質，它是無所不在。

磚塊、石頭都有識大，若是沒有識大，石頭不會黏在一起成一大塊。如磚頭沒有識大，磚頭不可以用來圍牆、蓋房子。它們可以被我們利用，這個「用」就是識大的發用。你看這物件存在期間的用途是識大。假使這件物件被火燒掉，這時變成元素。元素裡面有識大，所有的物質都有識大的存在。

有一顆種子種在地上，幾十年之後，長成一棵樹。這棵幾十年的樹被砍下來，樹的水份慢慢乾掉。水不是與樹結合的，是與樹混合的。它們各自獨立，好像我們的屋是「一」，屋的內體有「多」，各個存在相攝無礙。這間屋有磚、有石、有水、有泥、有沙、有鋼筋，由這些組成一間屋。這間屋是「一」，原料是「多」，各各獨立。鐵不是融入石頭裡，磚頭也不會融入鐵之中，各自獨立存在，它們是被組織起來的。組織起來的力量，裡面發用的力量是識大。

我們的社會也是組織而成的，國家是「一」，千千萬萬的百姓叫做「多」，多即一，一即多。身是由很多原素組織而成的，所以身體叫做「一」，「一」的內面有「多」。我們的血液裡面有水份、鐵份。一個人的身體裡面的鐵大概有七支小鐵釘的成份。人若沒有鐵的成份，便沒有元氣。所以鐵份是寶。一間屋如果沒有鐵的成份—鋼筋，這間屋就不可以存在。屋子若是沒有識大來組織，失去了水份，屋體內各個成份會一一分開。假如一一的原料加起來的重量是一千斤，火燒了後重量連半斤也沒有。可是把燃燒的氣收集起來，重量也是一千斤，不增不減。這就是識大在有組織及分散時的不同形象，只是我們沒有察覺，識大是無所不在！這樣，你瞭解嗎？

六：常說，做功課要用心去做，不要光用口唸。如何才算是用心去做？

答：你用口唸都是有用心，你若是沒有心也是沒有唸過。你是無注意，起碼有發心去唸，才去唸。如果是白癡，怎麼會知道要去唸咒！白癡的人，其實是有福氣的，想有福氣就去做白癡！他沒有煩惱，吃飯有人餵，又要幫他洗澡、蓋被；他感冒了，又要帶他去看醫生；他要上街，又不敢讓他出去，怕他迷路。周圍的人對他的關心是十足十的，所以說是有福氣。不要怨嘆我們沒有福氣，我們如果怨嘆沒有福氣，那麼不如去做白癡！我們的腦筋很好，身體樣樣齊全都是好的，這般齊全是有使命而來的，如果不是有使命，便叫你做白癡。

有使命，你就要去做。叫你去做，趕快去救濟、互相合作，做有意義的事，各個人堅守崗位就是合作。好似一間工廠有各各不同的部門，各各部門皆不可缺乏。又好像一隻手錶、一輪自動車，若是欠缺了一少部份也不能走動。在這社會，大家都負了很大的責任，各個以天賜給我們的責任為使命。感謝天賦與這使命給我們，要有感謝的心去做，不可不做。有些老人年老無依無靠，有些人中途殘廢，這些人都是因過去的業，我們不要取笑他們。我們尚未食到老，還未早死，未輪到變相，日後會是怎麼樣也不知。我們健康的時候要感謝，抱有感謝的心去服務社會。

剛才吃飯的時候，我跟他們說，我們這裡也有一個慈善會，我們想一個辦法，於明年找個時間，慈善會的錢如果不夠，大家有錢的出錢，無錢的出力，去買米救濟那些無依無靠的老伯伯老婆婆，回饋社會。你做這種事情，心會快樂，為甚麼？有能力去救濟別人，好過別人來救濟你，你讓人家救濟你，那就慘啦！我們有這般幸運，應該去救濟別人，惻隱之心人皆有之！外教講博愛，佛教講慈悲。學佛是學慈悲，成佛就是慈悲心，佛者慈悲心也！所以你有足夠了解慈悲心，你就成佛。因你有慈悲，你不會欺侮別人，會救濟別人。

你有足夠的慈悲便沒有貪瞋癡。

我們的思想不好，所以變成凡夫。古時候，有一個和尚在講經和教坐禪的時候，有人問他：『狗有沒有佛性？』他說有。那人再問他：『狗都有佛性，為何會墮落做狗呢？』他說「知而故犯」。過後，有人又問他「狗有沒有佛性」，他說沒有。『前天說有，今天你又說沒有！』那人奇怪問。他回答說：『無，是因他的意識在！』

我們的智變做意識，所以沒有返回本來面目。智慧變成意識，意識是我們的智慧所變的。有智慧的人就有慈悲，愚癡的人就無慈悲。所以，沒有慈悲的心全是不好的，叫做意識心。我們這些人，未成佛以前的都是意識心。我們修行，慢慢地把貪瞋癡的意識收起來變作智慧。想「佛陀，你要保佑我大富大貴，打牌贏錢」這就是意識心。意識心會墮落去做狗，這可是很恐怖的事情！所以，你祈禱的時候要記著：「佛陀，你要慈悲，保庇天下全都沒有戰爭，眾生全都安樂，莎賀。」這樣唸才是智慧心，有這般慈悲心，你就成佛，沒有其他甚麼的好成啦！

七：何謂唯心？何謂唯物？其中最大分別是甚麼？

答：唯心，是禪宗所講的。唯物，是不信佛理的人所講的。唯心、唯物都有偏頗。唯心是說心重要，其他是臭皮囊。無身體，心不可以發用出來。有些說心是與靈魂論相同。佛教是說不二法門，物與心不二，真言宗所說就是這，不是講靈魂，是講身心不二。靈魂是指五蘊，五蘊凝聚結成靈魂。如果喜愛靈魂，就有輪迴。

身軀是宇宙的一份子，宇宙是六大，我們也是六大。以一個麵包來說，它的裡面有麵粉、水、糖等調味原料。各原料黏合而成一大麵團，取其中一份出來，捏造一個你，也可取一份做一隻狗或是一隻雞，都是由這一大麵團造的。為何捏出狗、雞等不同的東西呢？因為心內設計的種子不同。如果是造狗的種子，出生便做狗。所以，學佛的人，精神要保持清淨、高尚，如同蓮花出於污泥而不染著。

蓮花清淨，人的本性亦是清淨的，既然是清淨，為何又會做壞事？《理趣經》說「蓮花本染不為垢所染」，蓮花由泥漿中冒出來，並不黏著泥，好像清淨的人，人品質高尚，在這污穢的社會中一支獨秀，不為別人所染。但是蓮花有不同的顏色，有紅的、有青的、有紫的，這些紅、青、紫又是誰去染呢？本來本染，沒有給它染的！《理趣經》內有說，你們應該有讀過「蓮花本染不為垢所染」，這是重點！大家讀《理趣經》要注意瞭解。

唯心、唯物皆有偏頗。唯心，以佛教來講萬法唯心，是因為有分別，萬法是分別，是你的心去分別。假使沒有你的眼去看、耳去聽、鼻去嗅，六根沒有向外接觸，就沒有好與壞的分別。從這你可以知道，我們的識大物質的內體發用，通過眼耳鼻舌身而生出意來。意形成出來，唯心是識大變化出來。若不是唯心，那麼便變成靈魂論。我們是不二法門，佛教是不二法門。唯心，唯物兩項都有偏頗，兩項合一不可須臾分離。

八：眼前所見之物及眾生，皆是唯心所造，是甚麼做成這個心？

答：這就是剛才所講，三界內萬物不是唯心所造，是唯心所認識。你說，哪個和尚最捧，如神仙一樣棒，你立刻請他來，看他可否把人變成一隻狗！三界唯心，三界是講境界。我們學高一些，便到高一點的境界。學得高尚，便是高尚的境界。慾望非常大的人是慾界，天界的還有慾望。懂得去認識色彩好與壞，這是色界。至最高境界是空，空無邊處，那時候的心是非想非非想，心的活動尚未回歸到本位，若是回歸本位便是歸回真如本性。

真如本性是遍滿空間，沒有單位。若三界在空間全都有單位，那麼人死了後變為鬼、變為神全都要有單位。佛是講祂的斷力全都圓滿，祂回歸宇宙大自然性—真如本性，這時叫做法身成佛。要是有單位，真高尚的成報身佛，有活動用的五智。大圓鏡智、平等性智、妙、觀察智、成所作智，四智合一為法界體性智，所以四智是報身智。法界體性智是一，內體有四智，四智合一為五智，這是數字而已，根本是一中有四。這一中有四，各各一中都有四。

位於法界體性智之東方是大圓鏡智，有薩王愛喜四親近；南方平等性智的四親近是寶光幢笑；西方妙觀察智的四親近是法利因語；北方成所作智的四親近是業護牙拳。北方的不空成就佛也是我們，人修行後，雙手叉腰擺威風：「我修行已足夠，度眾生已足夠了」。非常我慢，所以雙手叉腰，自我吹捧！祂把業變為智業；祂的壞、眾生的壞，祂都斷掉，這叫做牙。如果我們修到此程度，便是北方的不空成就佛。真言宗的人都是雙手叉腰的，叉腰走起路來好威風啊！但是，不要丟臉啊！

三界的境界都是心，一切事物是心凝定的影子，不是事物由心想，然後再製造出來的。如果這樣子，那就想一些金條出來。沒有可能的，不要誤會！只是境界而已！三界的境界是唯心所做，如我們讀書，現在大學畢業叫做學士，再上是碩士，再上是博士，我們人的學業階段一如三界。如你不依考試制度，博士文憑便不能給你。有些博士的修養未必好過我們。有修養的人，他高尚至超越三界，那麼他便變成報身佛。他日，他的願力完成了，變成宇宙自然佛性—大佛性。

我們的識大變為大佛性的識大，是無限的。譬如物質屬於土，無限潛意識屬土的元素充滿虛空，這就叫做大。甚麼物件之內都有水份，水份充滿法界，就叫做大。水份內都有火，因為因緣沒有相合，故此沒有著火，但仍有火的元素在內，火是屬於六大。風是空氣，無限量的空氣，不管你掘地有多深，做多少個洞，都會有空氣流入去。硬如石頭，內有細胞，也有空氣。在水中，我們需要氧氣，因為我們呼吸需要用很多氧氣。我們跟魚不同，在水中，魚吸入空氣由魚腮放出水，但人飲得水多會沒頂。

因有執礙而成了物質，物質都有相生相剋的道理。未成萬物以前叫做第一義，第一義的內體是全部元素混合無礙的。發生出來各人的種子不同，故有礙。有礙是以大來看是有礙，以小來看是無礙。你看水在樹的內體走來走去，它是無礙，而且是獨立的。這六大相涉無礙的道理，是要深深去分析和思考的，在《即身成佛義》有偈頌曰：六大無礙常瑜伽(可查閱真言十卷章第五頁)。

眾生眼所見的事事物物，全都是我們的認識，不是我們去創造的。眾生、所有的物質物件，叫做法相。所看到的印象，叫做法，印象是心法。我看到你，你這個人是法相。你想我這個身材如何，這是心法。法分兩種，有心法及法相。心法是無礙，法相是有礙。有礙中間是有生亦有剋，水剋火、火剋金。已經成物就是法相，所有目前的東西及眾生，都不是我們做的，這是種子吸收了所需的元素後做成的三昧耶形。

三昧耶形是各自的標誌，如桃樹生出有桃葉及桃獨有的形狀，我們假名為桃，一講到桃，你便知是這樣的東西是桃。你見到桃樹及梨樹，你便可分別這棵是桃樹，那棵是梨樹，它們都是有分別的。有分別是因為形體不同，形體不同是各各的三昧耶形不同，也是本性。本性是我生出來是桃，如果是蕃薯，生出來便是蕃薯。所以它們的形體使我們認識，各各形體不同，叫做三昧耶形，一切眾生也是一樣。

創造這心是識大，識大是在五大的內體，即是由有組織的物質發用出來，才知道有這個心。心是大腦皮層活動，不是肉團心，肉團心是物質混合的物質心，這個心是假定的，不是用來思考的。

九：請師父解釋法本內「法界三昧早現前」，何謂法界三昧？何謂流水三昧？

答：若你觀想「本性是空，未成立以前是一個大我，屬法界性」，不管何時都有這種觀點，這就是「法界三昧現前」。三昧是專心放在這觀點，這叫做三昧。我們的「法界三昧早現前」，是講我們希望成法界身佛，不會輪迴。那麼你應當觀想你自己擴大，(金剛界修持儀軌內有五相成身法，儀軌有前後，但最重要是五相身法，裡面有觀想金剛杵放大)大同宇宙般，非常大，大至看不到。觀想變小，細如針尖，細小至此亦看不到。最大和最小，我們也感覺不到。宇宙大我看我們人如同微塵，如水裡的魚看人，「嘩！這麼大！」；我們看到白飯魚，「這麼小！」這是以形狀大小來比較，應該是沒有大沒有小，因為大是六大，小也是六大，全都是平等的！

無論你是變做如意輪，或是大日如來，你觀想自己的形相成了大日如來或是如意輪，面前的如意輪如同鏡裡面的影像。我們時常要有這種觀念：我是如意輪，行住坐臥，我都是如意輪。不間斷的，無間斷如流水一樣，這叫做流水三昧。

註：以下是回答同一人問有關尊勝咒，因沒有把問題讀出來，故不能列出問題的內容。

西藏有西藏的發音，如我們的發音與印度的梵音也有差別，譬如廣東人也有廣東人的口音；我是蕃薯（台灣），有蕃薯仔的音；大陸來的叫做芋頭，芋頭有芋頭的音，口音不同，所以有不同，其實都是一樣。

尊勝咒，我們的是具足所有字，顯教是欠了句子，事實上我們並沒有加句，是因他們有欠缺才說我們加句。如用蕃薯仔的音去唸，便不是尊勝咒了，變成是台灣咒，不似尊勝咒了，其實是沒有甚麼不同。尊勝咒是最尊勝的，有說，「人間若無尊勝咒，地獄餓鬼難超生」，唸了尊勝咒，地獄餓鬼全超生。你們要背熟，要唸十萬遍！

十：《金剛經》說，「應如是住、如是降伏其心」及應「無住相布施」，請問作何解？

答：「如是住」是應無所住心，住無所住心，甚麼是無所住？我現在跟你講話，我給你答覆，過去的我放下，返回去我不再想。如果不是，這就是執著，執著是住著。「應如是住」是應無所住的心，應如是住，是要住在應無所住處。將這應無所住翻譯成白話文，即是事來即應，事去勿留，如是住，聽得明白嗎？「無住相布施」，譬如這物件，我給你供養，回家後不再想「我拿了多少錢去供養師父，過去我拿了多少錢供養師父」這是住相布施。布施可生天福，都是有功德，可升到天的境界。我布施出去，有歡喜心，外界其他都不管，心很歡喜，這樣布施就叫做「無住相布施」。進來道場，見到淨財箱，看看口袋有多少錢，便放入箱去，當作吃了點心。心內歡喜，睡覺的時候，不再想「我拿了多少錢放進去」，我們連「住」也不要住，更何況還要計算呢！這就叫做住相布施。應該是無住相布施，這裡有沒有瞭解？

十一：為甚麼師父只傳授如意輪法？

答：以前不是只傳一法的，以前是用一個筒，把不同菩薩的名字寫在字條上，有如意輪、觀音、不動明王、釋迦等等很多都放入筒內，然後去抽籤，用箸夾出來。「啊，如意輪！」那就傳你如意輪，你夾了千手觀音，就傳你千手觀音；不動明王，就給你不動明王法。這樣很辛苦！我研究後，如意輪功能最好，如果你不相信，可以翻看藏經，藏經裡可給你解釋。

藏經只有解釋，並沒有儀軌，儀軌是祖師造出來的。你成了阿闍梨或是升到大阿闍梨，便會教你如何造儀軌，可以加也可以減；消災、增益、降伏等種種都有相應的加句，這些都會教給你，《秘密真言法要彙聚》裡有寫，不過要口傳！要是你們有福氣，精進修持，他日也可學。

我不是特別要傳如意輪法，大家修同一個法，師父可少一些麻煩，你修千手觀音，我需做一本千手觀音的法本給你；如你修不動明王，我又要造一本不動明王法本給你修。哎呀！麻煩死啦！所以想一想，全都傳如意輪法。每一個法都是象徵性，菩薩也是一樣，看祂手上有多少法器，你就是做這些，如你做圓滿便成為祂了。你兩隻手也做不好，何來再做六隻手呢？六隻手還沒做好，還要千手！我們的心不要這麼大！如意輪有六項，你也做不齊全！如意輪的六隻手，托著頭的是思惟相，講「我如何救度眾生，如何度這些人；思惟如何精進有成」，你去想就是思惟相。手拿寶珠，這寶珠叫做牟尼寶珠，能出萬寶，你見過寶珠沒有？我們是在寶珠內體生活，因寶珠是大虛空，萬物都是虛空中生出來的，所以悟道大虛空。我們人如同大虛空的容量，心如虛空大，「心如虛空、福如虛空」，你要悟這虛空法，一切法都是在虛空的內體。

手拿唸珠，是叫人入菩提道來修行。拿唸珠來唸是要消除108種煩惱。左邊，手按光明山頭，教大家行光明路途，不要拿槍去打劫銀行，這樣會被警察捉去的！光明山頭是行光明大道，譬如說行到五智山光明王寺，也是對的！一隻手拿蓮花，是叫你瞭解你的自性本來是清淨如蓮花潔白，本來無罪。罪是違背公約的代價，不似外教說的「我是帶原罪而來」。假使過去的業，過去做不好，今生受這業報。業由心做，業由心去懺悔，我們不是有唸「懺悔隨喜勸請福」嗎？我們每日隨喜、懺悔，不管甚麼時候照這個字義去做。我的感覺修菩提道的人與菩薩一起做事，會沒有煩惱。

你修法，你的太太也來修法、你孩子也來修法。如果你是信佛教的，別人信天主教，這應該不要緊。我們佛教是不會排斥別人的，但別人會排斥佛教，這要隨各人的因緣，但我們不要排斥別的宗教。別的宗教存在這世間有她的好處，比如外教說「信者得救，不要逆上帝的意旨」，這樣你不會做壞的事情。神教說，若你做了壞事，會落十八層地獄去受苦。若是修法可以不下地獄，這也是功德。

外教所講的天堂和地獄是沒有房屋的，你知道這是為甚麼？他們畫的天堂或是地獄的圖畫，是只有山並沒有屋的，畫圖的人他本身有沒有去過天堂或是地獄也是一個問題。我們的天堂是北京式的建築物，很是美麗，你看這樣的天堂好像本山！中國的天堂裡，有官可做，房屋都是玉樓金戶，堂皇華麗。做善事的人，要來中國；做壞事的人，叫他去西洋，因為西洋的地獄是低窪地方，那裡有蛇，並沒有挖心肝、沒有鋸頭、沒有用湯煎煮等等刑罰。

中國的地獄比較嚴苛，十八地獄以外還有無間地獄，西方地獄的法律沒有這般嚴峻，那裡只是給蛇咬而已。我看在中國，最好不要做壞事，中國的地獄是很嚴格的！

十二：究竟修此法有何所得？

答：無所得！修到無所得！修到有所得，那就慘啦！要無所得！

十三：如何能修持得力？

答：修持得力，你睡得好便是得力。做了壞事，睡覺的時候，做夢也夢見別人來捉你。日又驚、夜又驚！像做兵的人，每一晚都沒有一個好夢，好夢不成，好慘啊！慘就是地獄！

得力是覺得爽快，很好睡，沒有煩惱，救助別人，沒有去害人，那麼心就會感覺爽快。如果跟別人成了冤家，半夜又怕，可能別人會拿槍到來殺你。所以心很艱苦，睡不好就會失眠。所以，我們不要做壞事，回家便會很好睡，這就是修行得力！

十四：怎麼樣應用於心隨境轉之娑婆世界以達安心之境地？

答：你若是未安心，你取一張紙來，我給你寫個「安」字貼於胸前。心隨萬境轉，就是迷。心若覺悟，便不會被萬境轉。「迷者法華轉、悟者轉法華」好像車輪，如果我們站在旁邊看，車輪是在轉動中，看到轉就有時間、長度、快慢。如果在中心，用一根針釘住，這根針也會轉，但位置並沒有轉。針在中心轉，外邊有距離，但它沒有距離。

法華是無常造化，於造化中，我們定下來像站於車輪的中心，不轉而轉，沒有走到旁邊。走到旁邊，就有轉。於中心是沒有轉的，無轉動也是轉，這叫做定。如何定？我給你講，觀想我們的頭周邊有一輪虹光，想著有一光圈，時常保持這個念頭，你都可以開車、可以工作。你觀想習慣了，就可以定，如同站在車輪中心。不然，為了諸法，你的心會跑來跑去。看到好的，便心歡喜，看到不好的又會生氣，這就是被法華轉，一如我們站在山頂看兩隻馬(心)互相競逐。我們應該像登山到頂尖去看世界的一切，以山頂尖為中心點，四處都看到，「看到」等如在轉法華。這裡的分別是功夫較深，這是要練習出來的，時時刻刻都要想辦法不要讓心走得太快。身不可活動、心沒動作，如死人一樣！心也是有活動的！淨土宗講無念，或是禪宗講以無念為宗，無念是無惡念，不是無善念！禪宗停在兩邊都無，他只是自利，自利是「高山打瞌睡」（羅漢）。我們要成菩薩，修真言宗是菩薩行，如蓮花在污泥中無染善，好似鶴立雞群，雜草中的奇花，那麼你就很高尚！如果是這樣，自然有中心。所以心隨境轉，於娑婆世界轉的安心法，是剛才說觀想虹光的方法。口不斷地唸咒，養成習慣，當心中一有雜念，便立刻知道返回來集中精神。

以前慧可去求達摩祖師為他安心，雪中跪地求法，達摩祖師問：『你為了甚麼？』『我為了安心，請師父為我安心』慧可回答。達摩祖師說：『好，把你的心拿出來，我幫你安。』彗可回說：『心不可得！』『我已經替你安心完畢了！』達摩祖師說。本來是無心，安甚麼心？對不對？

十五：儒釋道三教都有靜坐，修如意輪也有靜坐，兩者有何關係？

答：不一定心靜就是好，也不一定要坐。坐的意思是停止，靜而心停止是靜坐。

如果坐得太多，腳會麻痺、變死。因為各別都沒有好的方法，只好教你去坐，慢慢調養。譬如禪宗教你面壁，戒師都手拿著香板，那些戒師的眼已經有靈眼，你的心在想甚麼的同時，便會發出甚麼的光，好壞他都知道。假如你靜坐的時候，心想著「我的愛人還沒有來」，那麼你會發出桃花色的光來。戒師一看到，他會拿香板從後敲打你。你想甚麼事，戒師一看便知。看不到光的人，合上眼睛便可看到。眼睛是靈魂之窗，你的心在動，眼睛也動，眼睛動時眼皮也跟著動，這個情形，若是給戒師看到，他會說你在胡思亂想，那他就會用香板在你的肩膀上按一下，你要趕緊咬緊牙關，接著他會用香板打下來。如果沒有咬緊牙關，一不小心會咬破舌頭！沒有靜坐不要緊，開悟才是緊要！

一九九六年上師開示筆錄

一九九六年上師開示筆錄

日期：一九九六年（浴佛節法會）

地點：本山

註：為了方便沒有錄音帶的信眾閱讀，此筆錄作出部份修辭更改，與原來口語有所出入，希請留意。

感謝各於這幾天藥師法會期間非常辛勞，功德無量！藉著這個機會，大家來慶祝釋迦牟尼佛聖誕。今天是星期日，大家都能抽個時間參加。大部份的寺院，浴佛節都是在農曆四月初八日，為了方便各位上班的信眾，所以定了星期日，於我們的藥師法會之後的星期日來慶祝佛誕，一起來浴佛。

浴佛的意義，可能大家都不大了解、不熟識，只是各自拜，這樣子大家也好。簡單來說，是紀念我們的教主—釋迦牟尼佛誕生來這個世間，為甚麼要紀念祂呢？我們紀念祂，因為祂為了將過去的風俗及所謂的信仰等的錯誤觀念糾正，所以祂降生來這個世間。經過祂自己體驗以後，把真正的真理開示給我們，二千多年來流傳真正的、正確的宗教思想。今天，我們學習佛祖所講的教義、宇宙的真理、怎麼樣去做人、怎麼樣去開悟、在開悟的當中如何修行，這就是釋迦牟尼佛於開悟以後的五十年期間不斷地言行佈教。其後祂的弟子把祂的言教結聚了種種經典，留給後輩的人學習。這種言行非常偉大的教主，我們設浴佛典禮來紀念祂，我們應該虔誠來參加紀念。

一般社會上做生日的紀念會，大都是吃蛋糕，飲宴後出席者便各自離開。若真正研究起來，這樣的紀念會沒有真正的意義。參加慶祝佛誕紀念會期間，若只是食蛋糕、素菜，這是不對的！最低限度應該去問一問寺裡面出家的法師，問詢一下釋迦牟尼佛聖誕的意義及了解浴佛的意義，有這樣的查詢是應該的。簡單地說，浴佛即是洗佛。佛祖降生的時候，天庭的天龍護法因為佛祖的降生而歡喜，歡喜佛祖降生世間去開除一般宗教信仰的錯誤觀念，使世間的人得以了解真正的宇宙真理的教義，所以於佛祖降生的時候九龍吐水淋金軀。我們依照這個傳統，做了九龍吐水淋金軀的亭，讓大家用香水來給佛祖淋浴。借用今天這個浴佛的意義去了解，就等於是用咒水洗我們心內所有污穢的意思。

釋迦牟尼佛降生這個人間，是為了接近我們凡夫眾生，教導開示給我們正確的信仰。祂跟我們一樣地降生做人、修行證道。祂修道並不是學甚麼仙人或是去求保庇解脱。祂從投胎，其後出生做人、出家修道，是經過人的生活，至後來開悟轉法輪佈教，最後入涅槃，完全是跟人的出生及死的生活程序，完全是跟凡夫俗子一樣的過程。這過程叫做八相成道，並不是甚麼稀奇的拜拜去啟靈及求外力，祂開示給我們知道佛教並不是這種迷信的宗教。

釋迦牟尼佛出生的時代，印度的宗教非常旺盛，好像現在社會有很多寺廟臨立，有很多不同宗教的神祇。大家都是拜神求保庇，保庇當然是好，而不知道拜神製造自私的行為。好多的人去拜神都是為了求保庇，譬如說保庇我平安、保庇我賺錢、保庇我的兒子能夠考進大學、保庇我的媳婦生一個乖孫等等，這樣求的保庇皆是自私的。釋迦牟尼佛的教化，眾生是一體的，所以我們不可以自私，教我們破除自私跟宇宙合一，即平常講的天人合一、精神與物質合一、聖人與凡夫合一、人間就是凡聖之地及穢土，教我們超出迷信。

自私是人的天性，好像愛美也是人的天性，跟人生下來就是這般的體質、這般的心理，叫人去打破自私，真的沒有可能！所以祂講給我們知道要我們打破自私，自私又如何去打破呢？自私打破了，我們就變成大我，大我就是佛！所以成佛的道就是打破自私！人出生因為有自私，所以誤認壽命很長，我們都怕死，很珍貴生命。

又因為貪著種種的一切，貪著便產生自私，我們都愛自私，這樣子我們是沒有辦法學習證道的。人是沒有永遠存在的，若說學仙長生不死，可是學仙長壽的人都死了，沒有仙人到老不死的，其實這是勸化人的一種精神修養。

開始的時候，釋迦牟尼佛教人認識的教義是諸法無常、諸法無我、諸受皆苦、涅槃寂靜，以這作為祂的基本教義。

我們出世並不知道，於過去世我們曾經做過甚麼的功德或是做過甚麼的業障。別人跟我們講出世報應，顯現在我們的這一生就好像照一面鏡子一樣。照鏡便可知道我們的美與醜。我們過去世所做的因果是好是壞，那就看現在的享受及所受的苦痛便知。若於過去世做得不好，現在就苦痛、起煩惱；過去若是做得好，那麼現在事業順利，人就優異、瀟灑美麗、有人緣、做生意都能夠賺錢，煩惱都會較少。

我們在家居士修行，從六度萬行修起。六度萬行是以布施修起。有做布施的人，心就慷慨。人慷慨就沒有貪。人因為貪不到才會起怨氣，起了怨氣理智會喪失，理智喪失了便會胡為作事，人就便成愚癡了。所以人的煩惱都是從貪瞋癡引發出來的。釋迦牟尼佛教人清除貪瞋癡，回到我們本來的戒定慧，與我們的平常心合而為一，這樣就沒有煩惱了。這就是所謂的滅除煩惱炎，像淋浴一樣把貪瞋癡洗掉。人慷慨，就會沒有了貪瞋癡，便會返回原來清淨的自性。

我們的教主—釋迦牟尼佛為了愛我們眾生，而來降生這個人間，開創了這法門來教人，不是所有的法門大家都去修，有需要的，依師父教的法門去修就好了。藥有很多，要對病施藥，沒有病而不食藥是不要緊的。現世的病苦很多，怕是過去世不知道曾經做了甚麼業障，致使身體生病苦痛，我們就依藥師佛的方法去修。這是釋迦牟尼佛介紹給你們的，我們要虔誠去修藥師法。這藥師法會每年都會舉辦，請多呼籲及多帶人來參加。不論是為了現世的利益，或是為了未來利益的，都要來參加藥師法會。

為了現世利益，若能開悟也是好的。假如沒有開悟，如像顯教講唸阿彌陀佛就可以成就，晚上睡覺時夢到西方的境界，那你修法就有入處了，修法就有成就了。未來利益，將來出生到好的境界，不像現在這麼辛苦。這種法門大家來修，只有密教裡面才有這種教義，所有其他的宗派都沒有講的，一般都只是叫人去唸唸而已。若是問：「師父，我都沒有改善！」絕對有的，只是沒有唸夠，若是唸夠了，那就一定會好的，只是你還沒有唸夠而已。這種藥對身體是沒有毒的，安心服用，不用怕。藥吃夠啦，病苦就會好起來。業障消除了，病苦也就消滅了，這個道理大家要了解。

現在，我們日常的生活、修行，若是沒有愛，人很快老！照鏡子看，一天一天的老！這是因為我們晚上睡覺的時候沒有把門關好，漏了一條空隙，月亮就從這條隙縫在我們的面上，每一天割一道痕。等我們發現的時候，滿臉已經給割了一道一道痕，面都是皺皺的，所以我們睡覺的時候要把門關好。門是甚麼呢？門是出入心的門。我們要把門關好，裡面要洗乾淨、要擴大，心要大、胸襟要大。

有歡喜心來拜佛，家庭就平安，不用怨嘆，不要說佛祖不給你照顧。有歡喜心來拜佛、有歡喜心來供養，家庭一定平安，這是佛祖說給你知的，不是我編造出來的，大家要了解。所以來這裡要帶歡喜心來，心要放大、洗清潔，愛大眾、博愛，正確的愛是慈悲、拔苦與樂的心。有能力要去救別人、愛護別人，他們可能是你過去世的兄弟姐妹或是父母也不一定啊！愛護及去幫助我們周圍的人，我們的心要擴大、裡面要洗淨，這樣才能感應宇宙合一，你的精神本性當體返回佛祖本來的面目，那你就即身成佛啦！

總結來說，佛祖的目的是要我們的心洗清淨，要博愛，大愛，愛大家，希望世界和平。我們用非常感謝的心情去浴佛，回家以後繼續努力修持佛法，感謝及緬懷佛祖，多謝各位！

一九九七年上師開示筆錄一

一九九七年上師開示筆錄一

日期：一九九七年八月十六日至十八日

地點：香港道場

註：為了方便沒有錄音帶的信眾閱讀，此筆錄作出部份修辭更改，與原來口語有所出入，希請留意。

第一天開示主題──四無量心

各位同學，大家好！晚安！

今日大家從中午一直忙碌到現在，大家都很疲勞了，我也是一樣。應該不要安排今天晚上講經，因為大家都很累又沒有洗澡，凡夫俗子因為未成佛所以是有礙，成道的人則無礙。成佛的人就算是滿身臭汗都不要緊，好像一點都嗅不到，是不是？可能所有的菩薩都是沒有洗身的，因此我們才用香去薰祂們，所以祂們都沒有臭味。西藏的人，一世人才洗澡一次，他們穿棉襖時只是穿右手這一邊袖，另外的手卻露出來。若是流鼻水便隨手拿起另一放空的衣袖來揩抹一下，所以你可看到他們的衣袖都是發光的，對他們來說這是無礙的，因為他們全都成佛！

蘇聯那兒是寒冷的地方，他們都去法國買香水回去噴，這樣子晚上便不用洗澡了。我們未成佛的人則不可以，若沒有洗頭髮、身體沒有整理清潔怎麼可以去睡覺呢？若是成佛的人那可能是無礙，但是我就有礙。變壞了的飯我也不能吃，以前的金山活佛，他則可以吃餿水桶內的酸臭飯菜，他覺得無礙呀！吃了肚子也沒有問題，不會肚子痛。他是如何無礙呢？別人去找他照相，他脫了自己的褲子光著屁股給人家照相，這叫做無礙，但是我們做不到的則是有礙。其實不是，成佛就無礙！我們人，有一個妙觀察智，應該可以食的才食，不可以食的則不食，如果有人說變壞了的飯菜也可以吃，那麼這個人的精神一定是有問題的。學佛的人要注意，有智慧的並不是瘋瘋癲癲就可以的，你看菩薩的頭髮都是整理得很整齊美麗，身上又掛滿了瓔珞，非常莊嚴！

出家人可能是太懶惰了，所以把所有的頭髮都剃掉，這樣子就不用去整理了，很是便利！但也是要時常清洗整理的。我們住在熱帶的地方，所穿的衣服於玷了汗之後都要拿去清洗。如果有人穿得衣衫襤褸地走到街上去，別人跟你說這個人是一名法師，你會相信嗎？如果這人是在深山裡修行還不要緊。如果有人衣衫不整、污穢不堪的到這裡來講經，我想你也不會相信他所講的說話，是不是？

出家人不需要英俊，如果要帥那便留鬚吧！台灣是沒有留鬚的法師的，大陸就有。大陸有一些年長的出家人留了鬍鬚，還留得很長。留鬚本來是一種禮貌，老年人有老年人長留鬚子的款式，年青人有年青人的款式，跟別人握手打招呼時的樣子是很莊嚴的。出家人就沒有留鬚，若是我看這是變相！有一些人的手指甲還會留得很長，有時候還吮一吮指甲或是彈指甲，這是太空閒啦！有時候又用指甲而不用棉花棒去挑耳屎，很是方便。這些都是不用做工作的才可以，要做工作的便會很容易弄傷流血，若是處理不好還可能要住進醫院去，很危險的！而且指甲內會藏污納垢，藏有很多的細菌，你若是不相信可以去做一個實驗，先把你的手弄傷，然後拿一片絲瓜的葉去洗一洗，接著用手指甲把葉弄碎再敷在傷口上，明天你的傷口就會長出蟲來，再下一天蟲都會長大。若是敷其他則不會這樣，用指甲去弄碎絲瓜的葉再拿去敷傷口會生蟲，可見指甲內有很多的細菌。把指甲留長，間歇吮一吮、彈一彈，我覺得一點都不帥。

講一些笑話給大家聽聽而已，今晚只是隨意講講，大家都太累了，能夠聽進一點點也是好的。好像沒有營養、粗糙的食物，你吃了滿肚子，很飽了！這也是得不到營養的！如果吃少少高養份的如高麗參，那麼少少已經很補、很足夠了！聽佛法也是一樣，講佛法的人講到有關我們生活所需要的重點，而且還可以給我們很受用的，這已經是很多的營養了。若要聽很多，講經的便需要講一些故事，講一個題目就附帶一個故事，其實聽故事也是好的。聽完了經，若是有人問剛才講經的講了些甚麼？「他講故事。」講經的真正講經的目的，聽的人也不知，只是聽到他說故事！講故事是好的，那好像打一個比喻。譬如說古代的中國人都精於編造故事，教人不要背義，如果有受了別人的恩惠，不要恩將仇報，這是做人起碼的條件，不過若是沒有人講這些故事給我們聽，那便沒有警惕了。所以要講道理，便要講一個故事來做譬喻，聽的人以為這個故事是真的，事實全都是編造的。編造的即是妄語，但佛經是真語呢！講佛經是講真語，為何又說妄語呢？講真語卻沒有人聽，妄語卻有人覺得蠻有趣味！若不講故事則枯燥乏味引不起注意。

以前有一個人編了一個故事，是講一頭狼的。狼是屬於狗類，狗的尾巴是卷的，狼的尾巴是下垂的，狼跟狗交配的後代就是軍警用的狼狗。故事說有一頭狼被獵人發現了牠的蹤影，獵人於是追趕捕殺牠。牠逃避的時候，剛巧遇到東方朔先生，他正在周遊列國，他的肩上背有一個竹簍。古代是用簍來盛載行李的，有些是用籐、有些是用蔑編織而成的，還造有蓋子可以把簍口蓋著，古代的人就是把隨身的日用品衣服等放進蔞內，然後背著簍上路。

狼被獵人追殺至此遇上東方朔，牠就向東方朔呼救，『老先生呀！請救我！我的性命將不保呀，有人要捉我呀！』東方朔一看便說，『好啊！我救你，但是你要記著我對你的恩情啊！』狼馬上回答他，『一定不會！只要你救我，我一定不會忘掉你對我的恩情的！』於是東方朔把背著的簍卸下來，『你匿藏在這個簍裡面吧！』狼立刻跳進簍子裡，東方朔也馬上把蓋子蓋好，再把簍子背回肩上繼續上路。

走了一段路，狼跟東方朔說，『現在沒有事了，可以把我放下來啦。』於是東方朔依言把牠放下，牠一走出簍來就對東方朔講，『如果要救一個人，要救到底啊！你只是救了開頭就算，這不對呀！』『那麼你要我如何救你救到底呢？』東方朔問。狼說，『我給獵人追趕，現在肚子好餓，如果沒有東西吃那麼我會死的！不如你讓我吃了你吧！』『甚麼！？我救了你，你卻要把我吃掉，不行！』『行行善吧！你救人要救到底！』狼哀求說。東方朔答，『那麼你不是背義嗎？！』狼說，『不行，做朋友的就要讓我吃掉。』東方朔說，『好了，不如我跟你去問人，讓別人給我們評評理，我們去問三個人，如果三個人都說我是應該讓你吃掉的，那我就給你吃掉好了。』狼說，『可以！』

他們走了一段路，在路旁有一棵大樹，東方朔便問這棵老大樹，『老樹王，我救了這頭狼，可是現在牠要我讓牠吃掉，請老樹玉給我評審一下。』老樹說，『你是應該給牠吃掉的。』東方朔驚問，『為甚麼？』老樹回答，『我自小長大，生長很多的樹葉給別人遮蔭，現在我老了！樹葉都掉下來了，這些人都嫌棄我，要把我斫掉！我初時也是救了他們啊！但是現在他們卻要斬我。所以你救了他，現在就要給他吃掉。』東方朔聽了之後很無奈的，只有繼續向前走，他心裡想「還有兩次機會」。

接著，他們碰到一頭老牛，他把故事重複講一遍給牛聽，老牛聽了之後說，『應該給牠吃！』東方朔問，『為甚麼？』老牛回答說，『我以前幫人耕田，現在我老了！不能工作，人便要宰殺我，要食我的肉。所以先生啊！你的肉應該給牠吃！』兩個都說應該給狼吃掉他，狼聽了，很高興地說，『二比一，我贏了！你現在要讓我吃了吧！』東方朔趕緊說，『唉！還不可以，我還有一次機會。』

最後遇上一個老人家，『請問老先生，我救了這頭狼，現在他要我給牠吃掉，你說應該嗎？』老人說，『認真地來說，你是應該給牠吃掉的。』『為甚麼？』東方朔失望地問。『以前我養兒育女很辛苦，現在我老了！我的兒孫都不養我了，這又怎麼樣？他們叫我，算了吧，不如早一點死去。若是不然，會浪費他們的糧食。所以，你給牠吃掉是應該的。』狼立刻說，『對！對！三個人都贊同我把你吃掉……』老人忙阻止牠說，『慢著！狼呀，請你重演一遍他是如何地救你的經過給我看看。』狼說，『他救我，教我跳進他的蔞子內。』『那好啊，你就表演一次給我看看吧！』於是狼便跳進蔞子內給老人家看，牠一進去，老人家立刻把蓋子蓋上，並且與東方朔合力把牠打死。狼是惡有惡報，東方朔很幸運遇上這個有計謀的老人，這是一個故事，牠教人要知道恩情，不要恩將仇報，故此編造這個故事來勸人，這個故事有沒有道理呢？有！是不是真的？故事是假的，遍造出來的故事而已。試問樹怎麼會講話，牛又怎麼會說話，對不對？這只是譬喻的故事，佛經也是如此，《法華經》內也有編造故事的譬喻品，長者、子等全都是譬喻的不是真的。

譬喻的故事是用來教人待人處事要遵守道理、道義，佛教、道教、儒教也是這般教化。一般來說，儒道釋三教所講的道理，大家都差不多，因為聽的人水準接近，水準較高者則不同。比如說佛教是無靈魂論的，儒教也是無靈魂論的，儒教沒有很深的道理，孔子的書由頭到尾都沒有講有關地獄的事，他的弟子問他，『人死了之後是變成為鬼還是變為神呢？』他回答說，『未知生，焉知死。』所以孔子並沒有講鬼神或是靈魂。正統的道教是莊子及老子的學說，那是玄教也是沒有靈魂論的，他們所說的是宇宙自然的學說，有靈魂論的道教是張道陵那一派。我們佛教是絕對沒有靈魂論的，若是有，那就不是真的佛教。但是現在很多人都講靈魂論，他們都不明白靈魂是甚麼東西。靈魂是我們的潛意識，我們所言的一切事情的記憶，這是後天才有的，先天是沒有的。後天的經驗積聚，把過去我們幾十年所做的一切事情都記存在我們的識大之中，這叫做記憶、潛意識，你以為那是靈魂。若是有靈魂，那麼現在修行把它改，可是閻王給你註定了，你怎麼樣去修行也不能改善它，我們佛教教你去修養自己，把它改正。

不知甚麼人到酒店去問我有關改運的事情，我跟他說，本來我們出生是甚麼都沒有的，這等於是一個零。我們種種的經驗做成了很多的線索，好像我們走到這已經幾十歲了，現在要由這裡轉過去，轉不過去啦！因為那邊有大海深山，故此轉不過去。一個人走的路、做的事業及他的行為，好像流在一根水管內的水，水已經走到水管的後段，那如何要水從中間轉到另外一條水管去呢？這條路不通行，又行另一條路，仍然是轉來轉去。那麼你要修行，走回原路，重回零的位置，由零的位置再重新行正確的路。譬如說火車沿著鐵軌走，不可以超越路軌。車站有很多方向的車，你行錯了方向，如何能走回頭呢？你一定要坐車返回原來的車站，於原來的車站再轉坐正確方向的車，這樣才能轉軌道，你們聽得明白嗎？

我們現在若是做事業做得不錯，那是走的路對了。若是事業失敗，那是走的路不對！要趕快走回原點再重新走一條路，修行就是要走回原點。我們唸佛、唸咒、修養，把思想和精神集中起來，將以前不對的積在潛意識的東西拋棄，好像回到嬰孩牙牙學語的時期，由這時段再出發。現在是講精神方面的修養，並不真的要你變成嬰孩再重新長大，這是修行的秘訣！

如果我們走錯了路，要返回原點換線，那麼如何換？唸咒、唸佛，行至原來的位置。要行至源頭，不只用口唸咒就可以的。你的口在唸，你的精神和物質也是同時活動的，我們精神要有改造思想的傾向，改造好的道路就要有改造的思想、觀念和方法，觀念還要附帶實行。觀念有幾多種？有四種，四種的觀念和分析，我先講有關顯教的，之後再來講密教的。

顯教所講的一般來說與密教都一樣，但理念不同，以「慈悲喜捨」來說，這是菩薩的「四無量心」，不知道以前我有沒有簡單地給你們講說過？就算是有講，你也可能忘了。慈是與樂，與樂是給別人舒服、開心，不要給別人煩惱，若是所做的事帶給別人煩惱，那你的觀念就錯了，不能返回原點去！慈是與樂、悲是拔苦，這個人有煩惱、有痛苦，很是困難，我們想辦法去救濟他免除煩惱和痛苦，這叫做拔苦。慈是與樂、悲是拔苦，如果我們傷害一人使他起了煩惱，那麼我們就是行錯路了！所以我們不要令他人煩惱，要製造快樂使他人歡喜，這叫做慈。他人已經煩惱了，有困難痛苦，我們想辦法去救援他，這叫做拔苦，所以慈悲是拔苦與樂。彌勒菩薩是修大慈行，觀音菩薩是修大悲。說觀音菩薩是大慈大悲，其實觀音菩薩是大悲，唸祂的咒，所謂的大悲咒，這兩個菩薩大家都比較熟識。接著是喜，慈悲喜捨的喜，喜是虛空庫。以人來說是比較幸福了，雖然沒有一樣，但是一切行為作業都沒甚麼苦，那已非常歡喜了。捨，我們有甚麼全都很歡喜地布施給有需要的人，這叫做捨。讓他人歡喜，要布施。布施有三種：財施、法施及無畏施。財施是物質、金錢；法施是講經給別人聽，或是勸導他人。無畏施是當別人處危險的時候，你不惜性命去救他，這是無畏施。如果是深層的意思就沒有這般簡單了，以下是講密教的。

以我們的行為方面而言，真正的觀念是我們要有正確的觀念，精神才可以改善，運才可以改好。改正觀念，創造好的。要壽命綿長、沒有病痛、家庭好運、賺大錢等等，這首先要有正確的理念才能改善。這理念是創造我們的精神，也是創造我們生命的長短，和好不好運。

將肚內所有壞的思想、諸法，思想即是諸法，諸法內有壞的，全部都是地獄的種子，把這些全都布施給大日如來，把壞的思想布施給他人也不要你的，但大日如來卻不會嫌棄。如果我們有做了錯事，晚上修法的時候，跟大日如來說，『大日如來，我整個肚子都是壞的思想，沒有甚麼好的東西了，我把全部壞的思想都供養給你吧！』祂一定很歡喜的，這是好禮物！給他人則不會要你的。

接著是講慈，譬如唸咒，在虛空之中都是佛祖，我唸咒求佛祖保庇，『地球上一切的眾生都有身口意，但是眾生的身口意卻去做壞事，我希望唸這咒，所有眾生的身口意、一切行為都向好的方面。把不好的三業轉為好的三密，一切眾生的身口意都轉為非常莊嚴的身口意，把好的思想去實行普賢的萬行。』我們要有這般的想法，這是改造我們命運的第一條件。

第二條件是悲，六道眾生皆是迷，如果我們認為受天主支配、閻王支配或是自己的命運所支配的，這樣子我們的信仰就不對了。其實不是別人支配我們，是我們的心支配自己。我們看對面的花很美麗，這是誰在看，是我們的心在看。我們的眼睛好像一個camera，它收攝入來讓我的心知道，我才知道這朵花是否美。所以一切三界眾生、一切的好壞都是心來支配的。不過，我們多是怨天尤人，說是誰害我了、誰累我了、天支配我，其實落地獄或是成佛都是你的心，所以是你阻礙了你的心！修密法的人知道唸咒是心，做好做壞也是心，所以我們要悟自心。不只我們悟自心，還要加持一切眾生也悟自心，令他們改向好的方向而行，這種觀念叫做悲，悲無量心。

跟著說，「我來唸咒，我來修養，我了解我的本性是本來清淨的，我本來是無罪的，不像天主教、基督教所說的替我贖罪，因我本來是有罪的，天生是有原罪的。真言佛教給我自我肯定：我本來是無罪的，自我是無罪的。只是我的思想不對、講得不對、做得不對，我行錯了路才有做錯事。」所以各各眾生若能悟到「我本來是無罪的」，那我們的心就如蓮花一般的清淨，這是喜無量心。

一切眾生，大家都很貪心，我貪就好啦，你們都不要貪！「做官不貪污，子孫衰萬年」，做官的沒有貪錢，那做官來幹甚麼？所以大家都是貪，就算是兄弟也因此而互相拼命。兄弟有困難，為甚麼我們都不愛惜兄弟。凡夫的家庭都會有兄弟，都是同一父母所生的，兄弟有困難，你連少少都不幫忙，這是不對的！叫你布施，少少的錢也不捨得。修行人是以宇宙萬物為兄弟，你與我是師徒關係，雖然說我住在台灣，你們住在香港，看似是沒有關係，但都是息息相關的，我們都是吸同一樣的空氣；天上地下，大家都是處於同一的空間，是不是？所以，大家都是兄弟。佛祖，他懂得這些道理比我們多，他出生比我們早，所以稱呼他為大哥。我們認識少些，便做小弟。全都是大日如來、大宇宙的兒子，佛的子，叫做佛子，所以我們叫做弟子，諸佛之子，所以叫做弟子。既然大家是兄弟，我若是有困難，大家記得要幫忙，我若是學識了甚麼，便講多一點給大家聽，大家都是兄弟嘛！我們修行捨不得也要捨得，無論是金錢、物質、精神都要布施，捨出去。

此四項，四無量心是我們創造命運的秘訣！修四度的人於修金剛界內有修此四無量心，不過你們修了以後，師父都沒有跟大家解說，現在有修過或是沒有修過的也不要緊，我全都講給大家聽，你們要好好的把握，要時常拿出來用，你將終生受益不淺，這是處世的秘訣！這是佛祖免費交給我的，我也免費交給你們，你們要包裹好，好好地保住它！

我要回家啦！謝謝各位！說些笑話，這樣就沒有那麼累了。明天講比較長一點時間，你們如果有問題先寫下來問。今天所講的都是隨意而說，並沒有好好的準備，我希望明天講些能使大家受益的給大家聽，我將濃縮地講重點，這樣子又平宜又甜又大碗，好嗎？大家晚安！

第二天開示主題—涅槃妙心

我們靜坐的時候心會動，心動的時候像一隻烏龜的頭伸出來，若是敲牠的頭一下，牠的頭就馬上會縮回去。靜坐的時候，我們要關注這個心，心發動的時候就會講話，講話並不是有發出聲音才是講話，我們的心在想也是講話。一個人分作兩個人，整天都不停地講話，我們都經常講話，不知道你還記得否？你晚上也是一樣講話至天明，天亮了又講話至晚上，整天地自言自語，自問自答。晚上睡覺的時候，自問自答的聲音也都可以聽得到，不相信你們今天晚上回去試試看可否聽得到自問自答的聲音。我們都是沒有正經，正經的人應該講話的時候才講話，不應該講話的時候就不講，不正經的人無時無刻地講話，有時候還會笑呢，我們都好像神經不正常的人。

話不要亂講才不會起煩惱心，因為我們胡亂說的話都是不好的話，所以會起煩惱。譬如說「我的愛人不愛我了，我要走了，明天我要去請教師父看怎麼辦」若是我說「我沒有辦法」，那他就煩惱死啦！又或是「我要去那裡傾談生意，不知道可否談得成功」，這樣子就整個晚上自己傾談至天明，由晚上起煩惱至天明。我們一整天都有很多的事情自我傾談，半點空閒都沒有。

煩惱起了，佛教是要教我們滅除煩惱、起歡喜心，可是我們都是製造煩惱。所以我們要去了解，靜靜地看自己講話，一靜坐下來便要叫自己不要講話，當要講話的時候立刻提醒自己不要講話。不講話了，可是等一會又想講了，那又要命令自己不可以講話。你靜坐的時候，數數看曾經發過多少次命令，有時候忘了發施命令便讓它跑掉了，跑到別的國家去了，當你發覺的時候，它已經走了很遠了。以前《西遊記》裡面所寫的猴子是代表心，它的名字叫做悟空。我們接觸到事情的時候，有一個判斷和感想，這叫做意。這個意有沒有定性呢？沒有，也是跑來跑去的，叫做意馬。心猿意馬，事實上都是心。

佛教是講心，當你的心靜下來，了解坐禪的法門，這是給不會發心的人去修的。釋迦牟尼佛在世的時候，當初沒有開這個法門，當遇到婆羅門大迦葉與他的八個弟子之後才開這個法門。大迦葉聽說釋迦牟尼佛說法很好，這迦葉也是一個教頭，他對自己的弟子講，『我現去拜訪釋迦牟尼佛，看看他說法好不好，然後再回來跟你們說，大家才一起去。』迦葉於是去釋迦牟尼佛處聽法，釋迦牟尼佛一早知道他們這一派的人是不會發心的。以前是神教，他們也有護摩，其他的也有拜火，一般的人以為是拜火教。他們認為神會保庇他們，釋迦牟尼佛說，『這不是啊！這是你的心，不是神給你們保庇。』釋迦牟尼佛給迦葉他們教化，但是他們都聽不懂。迦葉問釋迦牟尼佛有關輪迴的問題，還有如何解除苦及支配心的思想，這些他們都不大清楚所以問釋迦牟尼佛有沒有滅除的方法。這時候釋迦牟尼佛正在靈鷲山開示，他摘了一支金波羅花，當時的會場就好像大家現在這般坐著，大家都靜坐沒有說話，大家都在想到底釋迦牟尼佛要向我們開示甚麼呢？釋迦牟尼佛說，『你們的心有甚麼好想，說出來都是假的，我教你們最簡單的方法。』他就拿著那支花在手上轉來轉去，大家都不明白他的用意是甚麼，到底是甚麼的意思，沒有人知道。大迦葉的智慧較高，他看了之後，便微笑但是沒有答覆也沒有發問，就這樣釋迦佛給他肯定，『我這裡有秘訣，是涅槃妙心的法，現付與給你。』

註：吾有正法眼藏，涅槃妙心，實相無相，微妙法門，咐囑摩訶迦葉，汝當善護持之。

甚麼是涅槃妙心？涅槃是宇宙真如本性，叫做涅槃性，我們的身軀也是宇宙的涅槃性所生的，所變化出來的。法界體性生出來的，無論是一草、一木、動物、礦物、植物，一切都是真如法性生出來的。起煩惱心是法性裡面的內容，我們人於動物之中，反應動出來的心是比較敏感，心未發動之前是甚麼都沒有的，全都無叫做涅槃性，心動起來叫做妙心，微妙發生出來的叫做心。經過了神經，透過神經攝住境界的好與壞，給它們鑑定是一種微妙的功能，這功能是微妙的。本來是沒有的，臨時生出來的，發生出來之後會歡喜、會生氣、會流眼淚，這是非常微妙的，叫做涅槃妙心。

你若是能夠了解和看到涅槃妙心，當微妙的心動的時候你會知道，你可以接觸這個心，但是不要繼續執著這個心。發生了的事情，處理好了之後就不要再放在心裡，所有臨時發生的事處理之後，回到家去就不要留著，你要留也留不住。不過我們會將這些底片不斷地播放，昨天發生了的事今天又重看一遍。重覆播放出來的境界，悲哀的令你會流淚的事情會走入你的底片，放下就好了！可是你不時地重播，你看到了又再流淚，「見境傷情」，這叫做執著、叫做妄想、叫做苦受、製造苦，我們的喜怒哀樂就是由此製造出來的。這妙心是我們把已發生的事情放在心裡，有需要的時候才拿出來，不要住著(執著)，「事來即應、事去勿留」。經中有云：「應無所住而生其心」，你如果有「應無所住其心」的心去應付一切的活動，這就是禪！

禪並不只是靜坐在這裡才是禪，你可以把握你的心就叫做禪。如果不懂得的人只有枯坐在那裡，懂得的就會監督自己的心。監督你的心，這監督的心與你的心都是同一個心。現在你起了煩惱，「我有很多的煩惱、很多妄想」，你唸佛、唸阿彌陀佛來壓住自己的煩惱，這也是妄想，以妄想去打妄想，這是無效的，對不對？這即是賊捉賊，自己打自己的耳光，你這樣是悟不到的。每日上山去坐禪，這種佛教很是吃香，我們看「啊，他好像修行得很好呀」，於是趕緊去供養他。供養他是好的，但是被供養的人卻是被畫了一個圓圈，他空不了！為甚麼他空不了呢？

一切的事情都是空的，他一切都不知，以為我們所看到的一切都是真的，若是真的那就永遠不會壞掉，可是人若都不會死，那也不再有出生，對不對？如果全都沒有代謝，世間就會死寂了！做人本來是有生有死的，死有何悲哀、生又有何歡喜？

以前莊子的妻子剛死了，他依然彈琴唱曲作樂，還用面盆作樂器，叫做鼓盆為樂。孔子命顏回去問喪，看到莊子正在鼓盆作樂，他就問莊子，『剛死去的不是你的妻子嗎？』『是。』『你一點都不會煩惱嗎？你又不替她辦喪事，還在唱歌作樂！』莊子說，『是啊！死了就死了。』『死了妻子，為甚麼不煩惱？』顏回問。『有甚麼好煩惱，幾十年前並沒有她這個人，是臨時出這個人來的，現在又沒有了，不是剛剛好嗎？有何煩惱？』莊子答。顏回心裡想，莊子這個人真是沒有人情味。他回到孔子處，對孔子說莊子這個人非常沒有人情味，把在莊子家的事講給孔子知。孔子說，『他是方外人，我們是方內人。』顏回問，『方外人與方內人有甚麼的關係？』孔子說，『這些方外人是已經沒有煩惱的人，對世間的事他不會起煩惱。』『老師，為甚麼我們不學他？』孔子說，『我們尚不可以，我們還未夠程度。』由此可見孔子是很執著的，以我的研究，孔子是很執著、很愛做官。他周遊列國去講皇帝的好話，製造「巡王論」好像宗教一方面在社會佈教，另一方面為政黨做事，孔子就是這樣的。所以孔子還不夠瀟灑，未得出這個(方內)範圍。

有一次，他去陳國，想感化陳國的人。陳國的人學問都是很好的，他們不聽孔子所說的。那裡有一個莊三娘，她也是好好學問的。陳國的人都笑孔子「你都想來感化我們」，於是想法子去考他，要使他丟臉。他們拿了一顆珠去孔子住處，這顆珠有九孔，叫做九孔明珠。他們拿給孔子看並說，『若你能用一條線穿過所有九個孔，我們就聽你的教說，如果你不能穿過的話，那便不讓你離開我們這裡，讓你餓死在這裡，令你臉子盡失！』果然，孔子不能夠穿過九孔明珠，那裡的人故意不賣米給他，這時候他都沒有辦法，他只好四處去打聽。那地方也是有一些好人的，有人跟孔子說，『如果你要過這一關，那麼你要去某某地方找莊三娘。』孔子心想，「反正已經沒有辦法，那只好去找她吧！」

孔子帶同他的弟子去到莊三娘的家，入了廳堂內坐下來，莊三娘的家人向孔子問明了來意之後就進去通傳。不多久，莊三娘拿著茶從內出來奉客，她知道孔子穿九孔明珠的事，若是他穿不過九孔明珠，那麼他將絕糧於陳。莊三娘也想救他，但是救他卻會使他丟臉。

她給孔子那一杯茶內是加了糖的，還放了一隻螞蟻在內。孔子喝了一口，覺得甜甜的，還看到一隻螞蟻在茶內，於是他問弟子顏回，『這是甚麼意思呢？』顏回說，『你的那一杯是甜的，又有螞蟻，我們這些則是不同，這不知是甚麼用意？』他沉思了一會，興奮地說，『我明白了！我們去捉一隻螞蟻，再在牠的腰上繫上一條線，於九孔明珠的另一端放上一點糖，螞蟻就會被糖所吸引從另一端穿孔而去找糖，這樣子線便能穿過九孔啦！』請問到底是莊三娘聰明，還是孔子呢？孔子若不是拍政黨的馬屁，就不會令人討厭。不可以說他是最聰明的人，更何況要他與莊子比較呢！莊子是一個非常瀟灑、透徹道理的人，以這種心思去觀察悟道就是羅漢。

釋迦牟尼佛手拿著曼荼羅花的時候是說，「當下眼睛所看到的一切事物和其活動就是涅槃妙心」。因為大家當時都全神貫注地看釋迦牟尼佛手上的花，大家的心念都停頓下來，花在轉動，大家都有看到，但是「視而不見」；有聽到，但是「聽而不聞」。這並不是「非禮勿視、非禮勿看、也不是非禮勿聽」，可以聽，但聽又沒有聽到；可以看，但看到又看不到，因為是不執著。

（上師此時轉動手上的筆）這樣的轉動是誰在看呢？是你的心在看，若果沒有你的心，便不知道我的手在動。對一件物的認識、知道，都是你的心。煩惱也是菩提，其實煩惱是無的，是你多餘的。釋迦牟尼佛告知你，現象即實在，你直接看這朵花就是花，無需考慮這朵花的顏色有否染、不知是真的還是假的，這是真如本性，如《心經》所說：無色聲香味觸法。為甚麼真如本性發出來的花有紅有紫？這些顏色不是人為所染的，是宇宙自然的，是蓮花內面的基因，《理趣經》有云：「蓮花本染不為垢所染」，當體是宇宙的真理，能夠看到是紅是紫，那是我們的心去看的。說世界怎麼樣美、怎麼樣醜、或是其他的形容，沒有這個心全都不知道世界的美醜，有這個妙心才有這個世界，這個世界當然就是妙心了，這樣大家有沒有看到妙心呢？我猜你們都看到妙心，看到就好了！

我們就此結束，（現場突然靜下來，維持了數秒鐘）這不是涅槃妙心嗎！

問答

一：出家是否要離開家？

答：心出家就可以了，不需要人出家。你們自無始劫以來已經出家到現在了，現在是不是要入家呢？是不是？一早已出家了，現要入家，對不對？

二：業力如何破？

答：業力也是心，心也是宇宙而來的。譬如手電筒，宇宙是大電筒，我們是小電筒，電力一接觸就可亮，這就是業力。我們的心看到一些事物而有所感觸，這便成為一個法，法就是業。善也是業、惡也是業，業有善業和惡業，隨你們的意去挑選揀擇。

三：如何即世成佛？

答：現在大家已成佛了！不成佛如何吃飯？

四：請問師父，我們要怎樣去供養大黑天？

答：大黑天也是你的心。大黑天是大黑，黑是北方，黑是十二個時辰的最終，又是十二個時辰之始。一天的最後是十一至十二點，淩晨十二點至一點是明天的開始，十二點叫做子時，子屬老鼠，大黑天就是老鼠。你拜大黑天，若是你沒有錢，牠就會到你的左鄰右里去咬一些錢回來給你，可是你要注意啊，你不要亂來！隔鄰是有錢的，讓它咬一點也沒有所謂；若是窮的，譬如說昨天他們家已經沒有飯可吃了，父親的去借了十塊錢回來準備買東西給兒子吃。你修大黑天時說自己沒有錢，大黑天看到隔壁剛好有十塊錢，於是就把十塊錢咬回來給你，那十塊錢是隔壁的人借回來的，準備用來買飯吃的，你還叫隻老鼠去咬回來！那麼隔壁真可憐啊！他們將會餓壞！你應該叫隻老鼠咬自己的一百塊錢到隔壁去，你不可以叫牠去咬十塊錢來給你，這樣才對呀！對不對？不然會害人呀！如果明知人家是窮的，那就叫老鼠咬多些東西給他，不可以咬窮苦人家的錢，這是害人啊！對不對？拜大黑天是要知道不可以時常咬別人的錢，你都要給牠咬一些去給別人，如果要供養大黑天，用心去供養就好了。

五：請問日本真言宗是否有大學？日本人學真言宗的途徑又如何？

答：有，真言宗有大學，大學不是專門教真言宗，牠是真言宗所辦的，甚麼科目也有，誰人都可以讀，任何宗教的人士，天主教的或是基督教的都可以入讀，不一定是學真言宗，這等於我們佛教徒入讀天主教的學校一樣。如果要學真言宗，到我們這裡來就可以了，不用跑到那麼遠！

六：昨天師父曾提到修如意輪法的時候，把不好的基因供養大日如來，但是並沒有說出方法來，是否在做普供養的時候做供養？如何做法？又是否要唸真言，或是唸普供養真言便可？

答：將你不好的思想全都拋棄出去便可。

七：師父，是否唸所有的咒都可觀想大日如來？

答：大日如來是總、是一，其他的諸佛菩薩是普門。大日如來是總持、總攬，裡面的分別叫做普門，當然全都是大日如來肚腹內的東西。觀想大日如來也好，觀音菩薩也好，大日如來是千變萬化，所有的都是祂所變化出來的。

我說大日如來是一個無聊的老人家，他的工廠不知道請了多少個工人，有些製作繪圖、有些負責製造。製完圖之後再濃縮為一個基因，到了世間再膨脹起來，甚麼都可做出來。做人就好像做布公仔的工廠一樣，各部份的配件分開來做，四肢外形先縫合，然後再把做好的五臟六腑塞入布公仔的肚子內，於肛門與陰部相接的地方用針縫合起來，這樣便成了一個人，你是不是不相信呢？不信，你試看一看初出生的嬰孩，那個部份都有摺紋，胸口也有一條紋，因為那些部位是不可以用車來縫的，要用手一針一針地縫合起來，你回去看一看自己的嬰孩是不是這樣。真的！不是假的！我有去參觀這間工廠，所有的東西都是大日如來做出來的。

八：師父，為甚麼每次我做「被甲護身」結手印的時候，都會覺得不舒服，結完了手印之後就沒事了，有沒有辦法可以改善？

答：這些都是心，心的潛意識浮上來使你覺得不舒服。你只知「不舒服」，所以每次你結手印的時候，潛意識便會告知你不舒服，不舒服是不是心的感覺？若果沒有這個心，那有不舒服。

九：請問甚麼是四皈依？

答：皈依上師、佛、法、僧，四個都是集中在上師一身，上師是總持，其他是普門，所以加起來是四種，叫做四皈依。

十：甚麼叫做法界？

答：眼所看到的一草一木，一切都是法界。

十一：師父請開示如意輪與唸咒有甚麼分別？

答：你隨意唸甚麼咒都可以，你唸如意輪的時候要想六件事，就是祂的六隻手的意義。祂有六種誓願，我們要學祂就要做這六件事。如果是千手的，那就是要做千種的事。二隻手也做不好，更何況還要做六隻手，這也是做不好的！六隻手已比較簡單，有人還要去做八隻手！如果你唸其他的咒，每一個咒都有深奧的意義。

如意輪是規定六種，右第一手思惟相，是要想如何去救度眾生。第二手拿如意寶珠，寶珠是空，空才可出萬寶，世間一切都是空的，一切的寶貝都是由空生出來的。所以人若空，福氣便會生出來，「心空福集」。第三手拿唸珠，是要大家來唸咒、修行。左第一手按光明山頭，是要大家行向光明，不要走到黑暗去。第二手持蓮花，是要悟我們本來自性清淨，並不是基督教所說是有原罪、有甚麼業，好的壞的都是心的問題，根本這個心若是執著就沒有辦法清淨。第三手持輪，這個輪是代表事業。不是甚麼都不做就可以，一定要去上班工作，亦都要來做佛教的事。業輪即是轉法輪，我們都要做事。你如果要學如意輪，就要做這六項。你全部都做齊了，你就成如意輪了！很快！這樣子成佛很快！

十二：我為甚麼在這裡？

答：那要問你自己呀！

第三天開示主題—空

甚麼是無明？我因為不知道，自己想不通又聽他人講得不對，所以自己就任性妄為，想到要怎麼樣做就去怎麼樣做，這叫做無明。

明，就是你了解了，知道自己的不對馬上去改正，這叫做明。

無明實性即佛性，我們凡夫的心幻化空身即法身，這是石頭禪師所講的。法身代表無一物，「本然自性天真佛」，我們如果以開悟的角度來說證空，就是了知每一個人都是佛體，本來是佛體，因為不知道、無明所以叫做眾生。眾生並不單指是人，一切所看到的都是眾生。大家都是無明所以叫做眾生。以字義來看，眾是多，所發生的叫做生，所發生出來眾多的事物叫做眾生。眾生也是佛性，我們不知道變做眾生，我們知道了變做佛，現在我們討論之後，了解了我們本來佛，不要以為佛是甚麼稀奇古怪的東西，佛就是覺。覺是知道痛癢，如果被刺到了就會知痛。肚子餓了，知道要吃。當你覺得熱的時候便知道熱；冷了又知道凍。知道冷就會穿衣，知道熱就會開空調，這就是明。

你若不是電器師傅，如何懂得修理電器？我們一點都不明白，胡亂去修，所以叫做眾生。你說「電氣」（上師所指是electricity）是裝在電錶箱抑或是裝在電廠的大電內？我們這裡全都有電氣，大家都有讀過書，應該知道電氣是中和之相，因為是中和之相所以不會電傷人。人要搖動它，幫它分頻率，分率以後再合起來成黏合的性質。眾生也是一樣，成佛的人都要眾生與他在一起。眾生要有一個善知識、有學問的人給他們指導，所以要與他們在一起。譬如說你娶了太太，就是要與太太在一起；女人嫁人就是喜歡與丈夫在一起，這是自然的性，愛和合的性質。電若是分率之後再接觸會電死人的，本來是和合的給你分了率，當再接觸的時候會產生很大的力量和光，這樣是會電死人的。夫婦也是一樣，都是中和之相，夫婦若是給分開了沒有在一起，陽對陽、陰對陰，便會失去平衡。陰陽在一起，你給他們分開，沒有在一起那就沒法互相相愛，所以不可離婚！離婚是最痛苦的！這是宇宙自然的道理，不是我們設計出來的。我們要順其自然，若把陽電、陰電相撞會變成雷電，會電死人的。

學道的人要學宇宙的道理，宇宙的道理當體是我們生活之中的道理。宇宙的道理即是現象的道理，不是遠不可見的，目前眼所見的一切都是，我們的一舉一動都是道。我們的心起動、會想、活動，一切都是道。我們可以把握重點、斷德，叫做證道。我們都好難把握得到，是不是？

今天我跟你做朋友一起拍拖逛街，這樣子也不錯啊！明天，說「No！」不知是你傷害我，還是我傷害你，那時便沒東西可食了！你們不要經驗這些事情！

宇宙的真理也是佛法。現象生活之中每一樣都是佛法，我們對萬物的生成還沒有了解以前，要修道、要般若空。般若空是有智慧的空，了解這空性的智慧叫做般若，般若是叫你透視道理。

有的東西就是空，叫做色即是空，色即是有的東西。以透視的角度來看空的本來，本來是無的東西，無這樣的東西，但有基因生成這樣東西出來，所以空即是色。不是空間甚麼都沒有就可發生萬物出來，這裡的空間之中存有很多我們眼睛所看不到的基因，製造了各事各物。過去所種的基因，譬如說「我不知道過去做過甚麼壞事，所以現在長得這麼醜樣，別人都嫌棄我，想去賺錢又賺不到，做很多事情都崎嶇不平、不順利」。昨天晚上說過，我們一定要修透視道理之後，返回空的原位，到了空的原點再出發。你見到萬物，你就要透視它，那本來是空性的，所以色即是空。這個空、無，可以發生有，這叫做妙有，不是實有。妙有是臨時組織的，臨時組織的東西無自性，無自性即是空。空即是色、色即是空、色不異空，色與空是一樣的，空不異色，這空與實有的東西並沒有兩樣，都是一樣的東西，變來變去而已。

我們因為沒有看見，所以不了解，如何了解？

我們可以轉一個角度來觀察，冰即是水、水即是冰，不是冰的內面有水，是冰的當體是水，大家了解嗎？水即是冰、冰即是水，不是冰的內體有水。冰若有水，那麼冰就變成容器，這是很重要的！千講萬講，主題就在這裡。再轉另一個角度來看，波即是水、水即是波，當風來，水就發生波浪，波浪我們命名為波。波即是水，波不是另外一件東西，波是水變成的，也是實相空內面的佛性所變出來的。又譬如說水的源頭水蒸氣，看不到水蒸氣即是空，水蒸氣冷卻結成為冰，加熱之後又變回水蒸氣，所以水蒸氣即是水、水即是水蒸氣。我們人也是空，空即是人；諸法即是空、空即是諸法，所以一切萬物全都是佛性。佛性是看不到的，靜坐時觀月輪，你看到月輪，當時的境界叫做看到本性，這樣你要見性成佛有何難呢？在你日常生活之中所看到的都是臨時組織的，不要留戀！

如果我賺了很多錢，這些錢拿出來社會用，我的錢即是社會的錢，社會的錢即是我的錢。若果所有的錢都是你的，試在每一張鈔票上簽你的名字，看看有沒有人肯要你的錢，一樣道理嗎！你的錢全都是我的錢，我的錢你們不可碰！

我們學佛的要由空性入手才可以見性，你若是學頭陀禪則是學懶惰，坐在那裡甚麼也不想，這樣子你連食飯也有問題。其實我們應該在活動之中去透視、知道諸法無自性。本來人是要做工作的，本來是要使用的，如果你不做事那就是殘廢的，你要不做事，那麼你做殘廢的好了！應該做和能夠幫助別人，這是非常榮耀的事，如果你沒了手腳、眼又盲看不到，要他人餵食，這樣子你會覺得幸運嗎？所以能夠工作是最榮耀的！我們的眼睛可以看，手腳可以活動自如，能夠工作應該盡量爭取去幫忙他人，這是幸運！我們本身是佛，佛在做事就是轉法輪。回家之後，由此起每天都有這個觀念，無論甚麼時候，行住坐臥都是在轉法輪！

事實上你們皈依當天，我給你們灌頂的時候，你們已經成佛了！這麼簡單！今晚回去想一想是不是，若是，那麼明天大家都成佛！

問答

一：選擇出家是否一個人的福氣？

答：出家事實上不是甚麼福氣，昨天有講，自無始劫以來已經出家了，現在要入家，入如來的家。自無始劫由如來的家出來流浪，所以現在想回家。出家並不是大福氣，出家是有牌的乞丐。如你說有福氣，那你出來做三日給我看看。我們是以宇宙為家，天做帳、地做蓆，宇宙做我們的厝、我們的家，你要走去哪裡？出哪個家？你想出那一個家，也是走不出去的。

二：請問真言宗的宗徽代表甚麼？

答：整個的道理都集中在這裡，這是身、口、意；胎藏八葉，連同中間是九尊；（兩翼）左右各十八加起來是卅六，再加中間是卅七尊，代表金剛界；如果是醫生，這是針孔治物質；劍是智慧，智慧是治精神，要控制我們的精神就要用劍；這是智慧之花，盡量把智慧發揮；兩條蛇是生（性）命之火，這可了解嗎？

三：皈依之後，對人處世有何進益？

答：皈依好像一個迷途的小孩，小孩離開家之後不知父母和家在哪裡？眾生都不知道源頭在哪裡？皈依即是師父給你指點，你的父母是誰和你的家在哪裡，那你就可回家承受家產了。

四：知道不該重播過去的錄影帶，但是對舊事總是放不開，那怎麼辦？

答：大家都喜歡播放煩惱潛意識的錄影帶出來看，最好是暫時收起來，有需要的時候才拿出來，不要時常看。錄影帶放在錄影機裡不要緊，但是，你不要按搖控器！

五：為甚麼離婚不好？

答：你當初若說不好，便不要嫁。好像賭錢一樣，認賭服輸，對不對？你押了賭注，輸了又不願給錢，這是不可以的！若你去賭錢，輸了不賠錢，那是會給人家打啊，真的！

六：地獄在哪裡？

答：地獄在痛苦的人肚子裡面、自己的心內。痛苦的人，他的心內是地獄。

七：隨緣是否必定？

答：當然是隨緣，若不隨緣，今晚怎麼會來這裡，對不對？如果別人跟你說去聽師父講經，你說，『好呀！去就去吧！』這是隨緣。等一會散會之後離開，朋友叫你一起去食點心，你說，『好！一齊去。』這也是隨緣。如果不可以隨緣，那便只有獨自一人，獨自一人那你又用別人的錢？你應該去幫人做事，不然你只替自己做，別人的全都不做，那麼你有飯吃嗎？有沒有衣服可穿？一定要隨緣！隨緣才可以生活下去，沒有隨緣的人不可以生活下去。這裡，香港的空氣污染使我很辛苦，我都是隨緣呀！不然我要自己帶空氣來，隨緣呀！對不對？樣樣都是隨緣！

一九九七年上師開示筆錄二

一九九七年上師開示筆錄二

日期：一九九七年十一月三十日（開山紀念日）

地點：本山

註：為了方便沒有錄音帶的信眾閱讀，此筆錄作出部份修辭更改，與原來口語有所出入，希請留意。

今日是我們五智山光明王寺開山紀念日，承蒙各位從本國南北各地與及香港於百忙之中撥空回來本山。大家趁這機會回來看看本山的建設與及其他種種，即是等於大家為了事業，現在回家來做一個紀念，借這機會互相見面。這種感覺好像女子出嫁後回到自己的娘家一樣，這裡也是我們常講的「祖厝」，後生的出外做事拼搏，大家趁這紀念日回本山—我們的家，互相見面，一起來紀念。這也是對我們學佛以來，與從前不一樣，已經有了進步。對本山、佛陀的一種親熱、留戀、愛，所以大家於百忙之中歡天喜地回來本山，參加盛會，成謝大家於百忙之中來聚會。

昨晚早來本山的，今天一早起來去朝山，由山腳一步跪一步拜，一直拜到祖堂來。朝拜時一邊唱唸佛號，不只說佛祖聽到，連身邊的人與及附近的人都聽到我們唱唸。一步跪一步拜，這種虔誠，大家都受這唱唸的電波所感動。人生觀點，李登輝講的性靈改造，這已經改造了煩惱。我相信大家拜山的時候，大家已經入了不二法門。這種朝山也是契合我們真言宗修行的課程。

第一點，身口意，身去跪拜，口去唸阿彌陀佛、釋迦牟尼佛、觀世音菩薩等都是一樣，都是佛陀，唸這些佛號的聲音，不只是驚動山岳，功德魂直透天庭，天龍八部都非常歡喜。口唸聖號、身軀去拜、心去觀想我們的釋迦牟尼佛、或是大日如來、或是觀世音菩薩，這個時候便是即身成佛！當時已不是凡夫身啊！

所以我們的修行完全是由生活中修成的，不是一個人跑去山洞裡面，在那裡枯坐，坐到如臭骨頭般就可以開悟嗎？假如是可以開悟，釋迦牟尼佛於深山修行的時候就已經開悟了。那時候印度不只有婆羅門，還有六外道，不只這些宗教還有很多相傳的教。有修行的人教釋迦牟尼佛到山裡修習羅漢行，釋迦牟尼佛聽了別人所言便抱著試驗看看的心態，就去山裡修行。在之後的五、六年，他在山裡坐禪，但是期間妄想橫飛，無所執著，妄想去了又來。其實釋迦牟尼佛於這時候，根本尚未悟到妄想生起時是甚麼原理。

他最後連體力也耗盡了，甚至在尼連禪河洗澡完了後，想爬起來的力量都沒有，還要借著溪旁的小樹枝，使勁地攀爬才能撐起虛弱的身子。於這時候他開始感覺到，如此在山裡只是絕食苦行並不是辦法，於是他便離開。剛巧遇到一個牧羊女，她看到他如此虛弱的身體，便拿牛乳給他喝。喝過牛乳之後，他才慢慢的回復元氣，他感覺到靠絕食修行見性成佛或是絕食才會成仙，這些都是錯誤的，不是正法。釋迦牟尼佛於是捨棄諸如此類的苦行，不再修不再做了。

接著他到菩提樹下的金剛座上盡心去觀想，若果曾去印度朝山的人就看到此菩提樹，他在那裡靜坐思惟，這不是枯坐而是在那裡靜心思惟，不只思惟還專注觀想丹田，讓血壓下降，血液積在丹田。雖然之前他沒有開悟，但是他學了一些苦覺，他精誠誓願：「坐在菩提樹下，我若不成功便不離此座。」他就這樣觀想至天快亮的時候，在他肚臍的地方蹦出了火花來，好像我寫的《靈體開顯》一書內有寫的一樣蹦出了火花來，那火光就是性命火。觀想這性命火在丹田那裡，即是在肛門對上的地方叫做海底穴，由那裡蹦出火花來，這即是道教所講的「一陽初動」，道教所講的是隨即等待第二候，當陽氣再逼出來的時候就以二候採芭，根本佛教不是這樣的。佛教是講性命火在這裡，你感覺性命火出來的時候那種境界，那是用你的心去感覺，就在這個時候悟到「心」。沒有這個心就看不到這點火，沒有這個心就不知道痛癢。

悟到這個心的當下，到底悟到甚麼？悟到了心性！所以有謂天堂地獄唯心造，就是這個心。中國人寫的心字是三點加一個勾，三點加一個勾就是我們的本性，本性發動的時候就會起心，念頭就走出來了，念頭走出來就是心。假若念頭並沒有浮現，就是無心，無心的時候諸法皆寂滅。無心看出外等於我們把眼睛閉起來，看不到眼前的東西。這些花非常莊嚴、某某人長相如何、環境是好抑或是壞等等都不能看到。看到諸法、法相的莊嚴與不莊嚴、好與壞皆是心，由心去看，當這心發動的時候就可看到了。

坐禪並不是死呆呆的坐，坐禪是「注意」，注意心的發動，心念走出來的時候就是性，性變成心的時候自己是知道的，我們知道心出來的時候的境界，看到動的當相力量，這叫做性。普通的人若是沒有得到幫助是看不到這性的，心動的時候才可看到。心看到念頭跑出來這時候的境界叫做看到性，即是叫做見性，見性成佛！

事實上修行根本是一種手段，坐禪是要見性，修真言也是要見性，修真言見性如何見性呢？要快可以，要慢也可以，事實上修真言是神通乘，非常快速！如同搭飛機一樣快。雖然說夠快，但若你沒有做功課也是不成的。我們靜坐，心裡觀想月輪，直徑差不多是八吋，好像八月十五、十六昇在無雲的天上的月亮。觀想在自己的肚子內或是心坎內有一月輪，沒有雲很清明的月輪，你觀想出來的時候的境界叫做見性，這就很快，非常快，要慢也都可以，如講話一樣。當月輪浮出來，一個清明的月輪跑出來，那你就見性，隨時都可見性，見性又有何作用呢？知道一切都是性，由性發出來的才是心，製造苦具也是心的感覺，會快樂也是心的感覺，你知道是心也就是知道性，知道是性你就有把握了，但如何把握呢？心在我們的身軀內，我們有這個心有這個性，即使在禪坐觀想，心念也浮現出來，那是見性成佛。不過，這只是初步而已。

接下來，你若只是唸咒，這也是好的。你不用管有沒有觀想，也不用管有沒有結手印，只需一直不停地唸，唸阿彌陀佛或是唸咒，一直不斷地唸。這「咒」非常特殊，咒又名「明」，明心見性的明，這種語言是真實的，不是假的，叫做真言。不斷地唸咒，最後也能成佛，就是這般簡單，觀想月輪也是一樣的簡單。普通的法師說修行需三大阿僧祇劫，數字這麼大，教人如何去修，嚇死人！修一輩也修不完，沒有辦法去修，這就錯誤啦！因為這內容有秘密，這個秘密事實上釋迦牟尼佛有跟你講，他當時於祇園精舍有講，可是還沒有講完，他就涅槃了！他並沒有全部講完，後來到龍樹菩薩的時候，把未講完的繼續，龍樹菩薩所講的神學，把釋迦牟尼佛還未有講完的提出來，並且寫成了完整的《華嚴》一書，繼續研究下去才發覺裡面的秘密—內裡有真言，就是真言直接要你成佛，也就是所謂他悟到了「秘密莊嚴心」。秘密莊嚴心，心的秘密莊嚴，普通凡夫俗子並不知道秘密莊嚴心是講些甚麼，它就是在你自己腹肚內，我問你，你答覆你自己。

你來到光明王寺，在大殿處看到大日如來，你向祂下拜；你看到或是不動明王、或是釋迦牟尼佛，你都向祂們下拜，你的心感覺祂們非常莊嚴，一定會的！你看到祂們，『啊！非常莊嚴啊！』難道你沒有看到莊嚴嗎？難道你看到的是很醜的嗎？我看都沒有吧！沒有人會看到醜的，大日如來並不醜，若是看到不好，那可能是修羅才會看到，才會覺得醜。大日如來非常帥！大日如來變化出來的萬物，花、草等都是祂變化出來的，包括了我們的身軀也是祂變化出來的，難道祂變化出來的都不莊嚴？你看到佛相莊嚴，是甚麼東西看到祂莊嚴呢？有人說，『是我看到的。』那當然是你的心看到，因為你是活的人，活的人是「四聖六道」之中，腦筋好的才能成佛，那即是愛美，愛美是人的天性。你有這莊嚴的心才會看到佛祖莊嚴，你看到佛祖莊嚴的當下，其實是只有你自己知道，別人並不知道，在旁邊的人並不知道，包括你的先生、太太也不知道，只有你自己知道，「啊！非常莊嚴！」這是你的心，是你的心看到莊嚴，你看到是屬於你自己的秘密。你看到大日如來這個佛很莊嚴，那麼你的心於當時就已得到秘密莊嚴心，這是我們的訣竅，沒有甚麼其他的可修了。

你不管看到甚麼，看到一朵花、好人、壞人，你都全看作是佛祖一樣的非常莊嚴，那是你的心莊嚴，並不是對方莊嚴呀！你有沒有這般的感覺？看到佛祖莊嚴是你的心莊嚴，看到任何人莊嚴、看到大眾莊嚴、任何事物也是莊嚴，那是你心內面莊嚴。你的眼睛不可以看到污穢骯髒，那是你的心不污穢骯髒。所以日常行住坐臥，我們要創造看到所有的一切都非常美、非常莊嚴，那你就是得到秘密莊嚴心，這是十住心內最高段的，那心就是「佛心」。得到了佛心，即心即佛，你也成佛了！這是最快速成佛之道，即使是沒有唸咒也無妨，沒有唸佛也不要緊，因為你的心都已經秘密莊嚴了！

心秘密莊嚴，你看到心莊嚴的時候，你的心有否去支配你的身體動作去莊嚴呢？譬如說求佛祖保庇你莊嚴，『啊，你非常莊嚴！請保庇我也莊嚴。』這樣也是對佛祖莊嚴，所有世間的人都莊嚴。另外錯誤的，譬如說，『佛祖呀，你非常莊嚴，你的財富充滿世界，你如此大財富、大福氣，請你保佑我像你一樣。』這是一般人的想法，應該是當你看到佛莊嚴的時候，合掌跪拜，對佛祖說，『你這麼莊嚴、福氣大，拜託佛祖你保佑天下所有的人都像你一樣莊嚴、有福氣。』試問由出生到現在，有多少個人如此唸過這般的話，即使有的話也是寥寥無幾。我是幾十年來才開始的，之前從未如此唸過，過去都是為自己而求，求自己好而已。

我們要求世界上每一個人都好、大家都平安，你求不到對你沒有損失，若是求得到你也是沒有損失，為甚麼呢？你求世界的人全部都好，你不是其中的一份子嗎？天下的人全部都莊嚴，你是其中的一份子，你並沒有被遺漏。自己不必求更加好了，若是誠心去求別人好，即是也包括自己在內了。別人全部都有飯吃，你都有飯吃；天下的人沒有飯吃，你活在世間也沒有飯吃。天下全都沒有米，你哪裡有米可吃？天下若是沒有人織布，你拿甚麼去做衣服穿？天下的人都有事做，天下的人都有飯吃，大家都過很好的日子，當然你是其中的一份子不會被遺漏的。我們求「天下太平、天下和平、世間的人全部都好像佛陀一樣好」，這樣我們並沒有任何損失。我們要有這種觀念，我希望大家能改善。

原本小乘所學的領域很少，好像象與兔的腳蹄是不能比的，我們學大乘佛教的像大象的腳一樣長、蹄一樣大，學真言的也是一樣。我們真言宗的法本內的祈願文有說「天下法界、平等利益」，並沒有單單為自己去求，只是求佛祖救世人，我們學佛的人做得到嗎？我告訴你們最快速成佛的方法，就是我們的觀念改了就即身成佛。

根本釋迦牟尼佛於開悟的當時有講秘密莊嚴心給大家知，但大家聽不懂，釋迦牟尼佛才去度六比丘，講四聖諦、十二因緣，只講這些尚未入流下級的。但是我們學佛的人，起碼要學四聖諦、十二因緣，這也是好的，這也是正統佛教。佛教傳來中國以後已經變形了，借這個機會向大家提出重點，重點是我們的觀念。佛教從印度傳來中國，初步也是講四聖諦、十二因緣，修行起碼要守戒律。戒律好像蓋房子的基礎，基礎若是不穩重，房子便會倒塌。

殺，並不是拿刀去殺別人才是殺生，教人告上法庭也是殺生、教人殺人也是殺生；講壞話、罵別人也是殺生，為甚麼？當你罵人的時候，你生氣，別人更加生氣。人一生氣起來，血液會變質，日本人講酸化，我們講氧化，血液氧化。人一緊張生氣，血液會缺氧，心跳加快，血一缺氧人就會死亡，為甚麼會如此？因為血液變化，氧化的血變為酸性與及變壞，平常的血液是甜的、鹼性的。當一個婦人生氣的時候去餵奶給小孩吃，那個小孩會生病喲！所以我們日常生活心要小、膽要小，為甚麼？一點甚麼事情就膽小驚怕，甚至昏倒，血液氧化是很危險的，會死人的！罵人或是被罵，雙方的血液都變氧化，這等於是自殺。我們生氣，血液就會變化，即是自殺。為了一句話而殺，殺了兩個人！殺生是非常嚴重的，千萬不要！殺生不只是殺別人也是殺自己，我們沒有甚麼事情便不要隨便罵別人。

日本人把自殺說是「切腹」，我們把它改成「說服」。為了說服對方不要生氣即使下跪也無所謂，對方罵人的時候，「好啦！好啦！你看你現在是甚麼樣子，讓你好啦，沒甚麼緊要啦！」說服對方不要生氣，我們也不要生氣，雙方都沒有生氣，那麼便沒有甚麼事情了。說人壞話，最近很多挖人樁腳的事件，尤其是常常可以在電視上看到，每一天都可聽到批評罵人的話。說實在的，我是出家人，我是沒有甚麼意見，更何況那些都是有名氣的人。事實上專門講人壞話，那並不好的，惡口、兩舌、綺語、妄語、胡亂講話等這些都是與我們的人格有關，為甚麼要去破壞我們的人格呢？為了一點小事情而去講壞話，講那些壞話的人他的心早就壞了！我們可以看到莊嚴，是甚麼看到莊嚴？是我們的心。那些心已經壞了的人，別人也會明瞭他們的心是專門講別人壞話的，這種人對人處事方面極之卑鄙沒有資格做人！假若這種人做了官的話，那真是大家的不幸！這種官不要！大家要注意啊！

日常生活中就算是窮，也不要去偷。何謂偷？不只偷錢才叫做偷，偷東西也是偷。那麼偷走甚麼？偷你需要的叫做偷，偷有需要的例如財物、學問、物質等，當然那是偷之不盡的。假如是偷不到，那你會煩惱呀，你偷人家的物件不如來跟我要，對我說，「師父，你的腳踏車讓我騎好嗎？」我一定對你說，「好！沒關係！」有人說如果牽走了師父的車，那麼我就沒有車子可以坐了，沒有關係我再去買就好了。你有需要，跟我說，我送給你，不要再去偷別人的。我們要有這種胸懷，其實東西並沒有丟掉，譬如說錢不見了，原來是別人拿了去用，那人還是在世間使用這些錢，那等於說錢並沒有丟掉；牽走了我的車，車並沒有丟掉，世間的車並沒有丟掉。拿人家的東西必須事先告知對方，不要說「不外如此」，若是不跟對方先講明，會令人不勝其擾，而且會造成別人的精神損失很大。

陳進興四處強姦婦女，那是一種下流的行為。佛陀的時期已經是禁止的，更何況我們是修行的人絕對不可做如斯行為。過去的既往不究，從現在開始要清淨，這樣子才偉大。別錯認為真正的偉大是只求個人的清淨，不是的！不只如此，更何況強姦是禁止的，若是不禁止這些事情，那麼天下必定大亂！大家都明白這個道理嗎？眾人皆知的，也不必多言。

除了講壞話、殺、盜、淫之外，酒都不行！以酒來說，酒並不是非要禁到點滴不沾，飲酒是你若有需要喝一杯，把這個念頭改成喝半杯就可以了，或是當是藥來飲用也是可以的，別要沒事也喝個爛醉。醉醺醺的開車而發生事故引至死亡，這樣子對嗎？最近，旗山發生了醉酒駕車造成死亡的車禍，開車的人死去，連他的朋友也遭受重傷。有一些全家人開車出外旅遊，開車的因疲憊不堪而打瞌睡造成悲劇，這些都時有所聞。因為醉酒而發生這些悲哀的事情，其實是可以避免的，為甚麼要讓它發生呢？住在日本的朋友，若是請客喝酒，那麼他絕對不開車赴宴的，他寧可搭計程車去赴宴。若是開車去赴宴的，那便絕對不喝酒。不要說你的房車是高級的「賓士」，那就不要緊可以喝個酩酊大醉，一點安全也不顧慮，殊不知車禍的可怕！別說車子是「賓士」，恐怕車子也要報銷，我看連人也不保！我們的同學、同修，拜託！拜託別酒後駕車！

佛祖教我們修行，沒有甚麼特殊，只教我們日常生活要平安，不可做殺盜淫妄執等事情，這樣子就可以得到幸福了。大家沒有喝酒，少講一些激怒的、令人生氣精神損失的話，那就好了。為了喝酒而鑄成大錯的事很多，品德有失、漏氣的事盡出兼且降低自己的人格。大家既已是學佛的人，現在改善也為時未晚。改善待人的態度與觀念，換一個方式：「鞠躬微笑、誠實服務」。我們已經是幸福的人、學佛的人，應當對佛祖跪拜的時候說，『佛祖呀！你這麼莊嚴、修行得這麼好，這麼的慈悲，希望你加被我如你一樣，讓我代替你去救度眾生。』你若能如此對佛祖祈禱就好了，不必求「我的孩子考大學，希望能榜上有名」；「我的祖父或是我的祖母半身不遂，請保佑早日康復，感謝你！」這些都是自私的句語，不要如此求佛，況且佛祖並不收取這種紅包，這是不清潔的紅包，佛祖不要！我們若是這樣祈願，佛祖會笑『你這個笨弟子，我教你要消滅自私、服務大眾，讓天下法界平等利益，這是我的訓導啊！』可是你們都專門去做自私的事，怎不令佛祖搖頭嘆息呢！如此祈禱，你捫心自問漏不漏氣、慚不慚愧？這種自私自利，只求自己是不對的！

當你遇上困難問題的時候，需要他人的幫忙或是做法事，你求師兄弟給你加持一下，我相信寺裡的師兄們一定會很樂意的，即使是要去醫院給你加持也無所謂，況且加持你對他們來說也沒有損失，因為這是師兄弟學以致用的好機會，並且也是為佛所做的事情。但是一般的人都有錯誤的觀念，把我們的佛教看成是神教，那是錯誤的。

觀世音菩薩的聖誕有說是二月十九、有說是六月十九、也有說是九月十九，這三個日子由祂出家到成道都沒有一個是觀音菩薩準確的生日。其實這是中國的道士所寫的書，寫有關妙善公主是妙宗王之女，另外還有妙因、妙願二女都已出嫁，唯獨妙善公主並未有出閣，而且去了修行，這是以佛教的觀音作為他們的教本。據記載有一本《觀音濟度本願真經》，這是道教所作的其中一本教本，內容述說煉丹的方法。

觀音菩薩是釋迦牟尼佛所介紹的，他介紹說過去有一個觀音菩薩，你如果學真言那你就會知道觀音菩薩是西方阿彌陀佛所變化的，甚至是阿彌陀佛的老師，可說是與阿彌陀佛同一體的，那麼阿彌陀佛又是誰呢？阿彌陀佛就是我們頭裡面可以鑑定好與壞的一種妙觀察智，這是屬於真言宗較高階段的秘密。

一般以為妙善公主即是觀音菩薩，其實是錯誤的，不是的！那是中國人編造寫出來的，甚至有把布袋和尚寫成彌勒菩薩、永明禪師寫成是阿彌陀佛，像這些有很多很多，都是中國人偽造的經典，讓迷信的人去信這些經典。

我們信佛的就是看到佛莊嚴然後去拜，我們的心也就莊嚴了，時常拜佛莊嚴那心就莊嚴了，這樣秘密莊嚴心已得到了。秘密莊嚴以後，不管是行住坐臥都要做秘密莊嚴的行動，大家的觀念需要改善。改善的方法如何？你拜佛為了求福氣，生意不好才去拜佛，生意差兼且業力多，這樣就是你沒有福氣，那麼福氣藏在哪裡？

福氣藏在你的肚子裡面，肚子不只是裝食下的東西，肚子是乾坤袋，你如果滋養它就會像一個盛了蜜的罐子。這罐子必須要是清潔的，有污穢要拿去洗一洗，這樣子蜜才不會壞掉。我們這個罐子由我們出生到現在都未曾洗過，現在我們要用精神去洗，可以洗出甚麼東西來？洗出貪、瞋、癡、慢、疑、盜、殺、淫、妄等。洗出來的就拿去供養大日如來，大日如來不會嫌棄的，但是供養以後就算是完成了嗎？還有，人的身體是一種空，身體空肚子也是空空的，因為肚腹空所以心空福大，人若心空別無所求，福氣就會來了，不必求。人的心受了污染，身體如同裝滿了垃圾，不論是裝了甚麼東西都是不能吃的，那就要供養大日如來。

布施就是把內心不好的全部丟棄，這種布施叫做法施。以錢去救濟人叫做財施。所謂的布施不單指是說一些法語給人聽聽而已，肚腹內、心內的污穢、一切的諸法必須清除，全部布施出去，這就是法施。第一義的布施並非只是形式上的說法講經。假如說「沒有給你說法，那你就沉入苦海中」，不是的，這叫做愛見悲。「如果這個人沒有你去度不行」，這叫做愛見大悲。愛見悲是好的，但是要入門呀，還未有入門的門外漢而已！你想一想何謂愛見悲？

各人的業力各人去承受，你看糞坑裡的糞蟲，牠們活在其中穿梭蠕動。有人覺得牠們可憐，『我修行修到把身體的污穢都洗清淨做了佛祖了，我覺得你這眾生好可憐啊！』於是他就把牠們撈起來，然後拿去洗一洗，再把牠們放在石頭上曬乾，他還自以為聰明地對牠們說，『糞蟲呀！你們出生到現在從未有見過陽光，如今我把你們身體的污穢都清洗乾淨了，你們可別再跳下糞坑去啊！』可是過不了多時，這些糞蟲因受不了陽光的曝曬而死亡，無一倖免！你說，為甚麼？各人有各人的極樂世界，糞坑是糞蟲的極樂世界，並不是你覺得污穢就是污穢的。

譬如說地上的糞便，一般的人都會覺得污穢不潔，都很小心避免踏到，可是對一隻狗來說那是一道美味佳餚，牠一看到就一口吞下肚子裡去了，但是人卻覺得污穢，當你看到這一幕，你感覺如何？是不是污穢？這是你的心感覺污穢，是你的心在觀看。

《法華經》內有說應無住相，一物有四相，就以水來說，人看是水、天人看是琉璃、魚看是宮殿、餓鬼看成是血河，觀看同一樣的東西可是各人有各人不同的見解，即是所謂共業和不共業。又譬如說這是紅色，大家都認同這是紅色，這就是共業。一朵花有人說它很美，也有人說並不美，這就是不共業。這世間的人何其多，想法都是不一樣，這世間是不共業和共業所組成的。大家都信佛了，大家要祈禱天下太平，以這念波或是氛圍氣製造社會安好，這就是共業。最好大家都有共業，那麼就會天下太平，大家過好日子了。那些只會祈求自己平安的是不共業，那麼就要自己做的事自己去承擔了。不共業是無法變成共業的，我們要把自私的不共業轉變為清淨。譬如自己的家整理得很乾淨，還四處噴灑香水，即使隔壁是臭氣沖天也不管，只要自家清潔香香的就好了，這是不共業。我們呼籲大家一同來清理環境，互相幫助、不分彼此，當然可能大家做不到，也可能是做給別人看看而已。好像某某人捐了多少多少的錢，於是由鄰里報告村長，一直往上報甚至報到總統府去，最後接表揚領好人好事獎章，然而這個人私底下卻是壞事做盡，這樣行得通嗎？不知你有沒有遇見過這種人，我則是略知一、二，這是不對的！我們信佛就要精神改造，祈禱天下大眾法界平等利益。若是只能為自己的國家祈求也好，好像祈求我們台灣沒有颱風、沒有天災人禍，這樣的祈禱，虛空中的諸佛菩薩神明一定會幫忙的。求社會大眾生活安定，不能求全國也要為地方求，即使是小一點的為一個鄰里祈求，也不要單單為自己的家庭或是個人求，這是自私的行為！

佛教就是不要我們自私自利，這樣子心才會寬宏，心若空，福就大！心空就是福氣的原母，空另一個別名是「虛空藏」。空，萬物由虛空出生，空才會出萬寶，萬寶是藏在虛空裡面並沒有離開空。肚子的空和外面的虛空是平等的，這樣我們的福氣就有了，各位明白了嗎？

以上是與大家互相切磋研究，我們修行最起碼要守五戒，尤其是出家人還要守更多的戒。沒有守戒就不能為人師表，更遑論成甚麼師。社會上的師表即是老師，出家人要介紹在家人如何修行是對或不對，可是不能以身作則那就是罪惡！

在台灣，出家人很多，寺院也很多，雖說如此但是各人修的福報都不一樣。我們光明王寺是以活動為修行，在活動之中去體悟佛性的一種法門。剛才跟大家講的請不要忘記：看到佛堂內的佛像莊嚴，看到任何人也是一樣的莊嚴，看到一草一木一花都是莊嚴；所有好的壞的聲音都是梵音、海潮音，都是好的聲音；放眼去看我們的世界，所有舉目可見的都是無限的莊嚴，沒有半點的污穢。希望大家從現在改變觀念，行住坐臥、對人處事，視對方是莊嚴的，無莊嚴的都感覺那是莊嚴的，即使初時覺得對方無莊嚴可言，那是你不用心，不知莊嚴的所在而已。一根草，你覺得它莊嚴嗎？草木也是有莊嚴的，非自然的人造的就不會有莊嚴，所有有新陳代謝的才會有莊嚴，你會覺得塑膠造的製品莊嚴嗎？不會的，只有有新陳代謝的才有莊嚴。我希望大家一傳十十傳百，把這個莊嚴的觀念傳出去，這樣社會就會莊嚴起來了，社會就會平安、大家平安。希望大家努力，從現在做起，那麼大家就會平安！謝謝！

一九九九年上師開示筆錄一

一九九九年上師開示筆錄一

日期：一九九九年(浴佛節法會)

地點：本山

註：為了方便沒有錄音帶的信眾閱讀，此筆錄作出部份修辭更改，與原來口語有所出入，希請留意。

這幾天來大家都辛苦，不眠不休地唸經唸咒、幫忙工作，多謝大家。有說台灣最好，大家很虔誠。像一貫道的大本營—小玉山，我曾經去過那處一次。那時進去只是中間築起一塊地，現在整座山都已建起來，怎樣建起來呢？錢從哪裡來？大家自動提來，女眾帶鋤頭去那裡；帶草蓆在山上駐地，搭布棚來睡；帶米去煮，煮了，大家一齊食，食了大家做工作。做了一星期工作之後便回去，過幾天再來，提錢來消費、提米、提菜，提鋤頭翻來翻去，大家勞動建起了一座那麼堂皇，算起來是在台灣最堂皇的山頭。與他們比較我們是跟不上別人，我們是有不足的地方，我們的信徒跟剛才說的，我們是跟不上別人！

我們的宗教—真言宗信奉的是密教系統，顯教沒有講信奉真言，我們與淨土宗、禪宗等並不相同。顯教的淨土宗是唸佛；禪宗是打坐，除了打坐便沒有其他。他們皈依佛，信師父，問師父：「我修甚麼呢？」，「唸阿彌陀佛！」，都是阿彌陀佛。(讀音)“a-mi-duo-fu”，“o-mi-duo-fu”都好啦，應該是“a-mi-duo-fu”，他們並沒有這「阿彌陀佛」名字的明細註解，這全都不緊要，每一教的信仰，信者得救！

我們現在是服務在世，「服務在世」是甚麼？即是聖人出在這裡，這裡很多！佛不在世？只是隱藏了你不認識，面對面碰到了，你也不會認識，聖人在這裡呢！行者、成道的人、開悟的人才知，我們不認識聖人！我們有這般虔誠，才有這個機會，雖然沒有剃度，以後若是有機緣蹤到明師給你指點及給你話明，便能使你自己撥明。

釋迦佛當時的教文：三部十二經，三藏內面沒有講，但現在的宗教都突破了，最近有宣佈，『本來是信釋迦佛所謂的及介紹的這些佛、菩薩全都不是歷史人物。』「觀音菩薩」這是甚麼東西呢？觀音菩薩就是你的心！你的心慈悲一百度，學修一百度到原點(滿分)，那你就是觀音；你大慈修到一百度，你就是彌勒啦！這些都是象徵，是釋迦佛所介紹的。釋迦佛於當時講這些經典，所以他是有靈眼的！

他所在的次元是第幾次元？釋迦佛與現在比較，差不多是在第八次元。孔子所在的時空差不多是在第幾次元？他與釋迦佛不接近，釋迦牟尼佛接近人間，他對我們是那麼的痛惜，孔子差不多是在第九次元。我們現在是三次元，人死了所處的世界是第四次元，現在的人所謂能通靈，全是四次元的附身及通靈，若提去便都沒有啦！這種問題是否最近才有？不是！釋迦佛以前都已經有，有這種通靈。印度有很多宗派，「智慧」是釋迦佛所講的真理，以外拉拉雜雜的信仰，我們稱為外道，外道是指心以外的信仰，心以外的信仰全是外道。

釋迦佛介紹的譬如說藥師佛是東方琉璃世界。為甚麼有這個藥師佛的出現？釋迦佛是讓你的心信仰佛教，你來，把教義給你解釋，向你介紹這種道理，給你印上你的心，藉這心去改善。佛為你介紹這種經典、這種作為，那麼藥師佛便進入你心的內體，你自己就變成藥師佛啦！你自己是佛，保庇自己是佛，佛保庇佛！若你有凡夫的心，那麼你就要成為凡夫保庇凡夫。所以唸經、唸咒，有這種信仰──自己是佛，當你唸經唸到一心不亂，很專心，這時你就變成藥師佛！所以加持咒水者功能很大，我們萬眾一心在這裡唸，唸到最後靈場是多麼的大！

時常聽講「我這老人家比較沒有感覺，少年人的感覺很大。」為甚麼呢？你們在這裡唸咒的感覺都沒有一樣，這不是講假話！譬如說：『我要去報告「假報告」，報告全都好啦！有感應！』『佛祖給你救助啦！多唸，常常唸，唸了，你的病就會好啦！』為甚麼呢？因為變質，心變質，物質支配心，心支配物質。心唸經，心內流出甘露來，甘露如灌頂的水，如口水流下來，把它吞落去，這是靈藥！因此你接連常常多唸便會變健康。所以大家這幾日共同到這裡唸經、唸咒，這樣得到佛祖給你的加庇，大家也增加了功德，非常特別的莊嚴！將來，我希望你們都踴躍參加。

在這裡我向你們報告，我們已訂於舊曆八月二十八日為大殿落成，趁這落成的機會，一定計劃怎樣去熱鬧一番。經大家的努力，由開荒十幾年以來，把這裡變成為西方極樂世界。請朋友來欣賞就很好啦！來到這裡給你保庇，來這裡感應就對！各位出錢、各位出力、出精神，這些是甚麼動力來呢？這是釋迦佛的言教、行教！繼續學，值得我們學！我們於今日有這種心的開放，心要放下，提要提得起，做真正的精神行者。若是沒有剃頭也不緊要，在家修習都可以成佛，在家菩薩智慧多啦！

這偉大的釋迦牟尼如來降生人界，來這世界，這處叫做「世界」。在這世界，釋迦佛以後有耶穌出世。耶穌出世至被釘十字架死了，由那時候開始算，算到現在是一九九九年。最近及以前我有看到很多的論文或是讖，如劉伯溫、袁天罡、李淳風、推背圖、燒餅歌，看了這些有講今年──一九九九年八月十八日是人類的末日，不知是因地球顛倒反轉，抑或是中東發生戰爭。中東戰爭發生一定不會成，我相信以我們的虔誠，結聚菩提心，再放釋出去，我們大家萬眾一心來信仰，有這精神寄託，大家的氛圍氣，共同的心，千心萬心，萬萬心，自作一心的祈願，希望今年這八月十八日至明年五月十日的大災難，這些都有書出來，有根據論說，未到時候尚未可證實，若果回教牽涉，那麼中東便會戰爭。我們並沒有受波及，沒有波及但不可獨其自善。瘟疫，台灣也有發生，如地震台灣到現在都沒有。看世界各地經常有水災，前年的水災，淹到高速公路，較低的屋淹到二樓。你想我們台灣，各個都有信仰，沒這樣的保庇，不知會死多少人，好彩政府德政！對不對？當是好事情，大家有信仰，大家提錢出來救援，做這些同情的事情。希望大家信仰的虔誠來祈禱這災厄不會降來我們的地球。這地球的人，一切眾生都是我們的同胞，好好地渡過這災厄，大家共活，大家互愛。

釋迦佛是在二五四三年前出世，是為了我們這世界有災厄。降臨這裡的聖人有孔子、釋迦、耶穌，全都是在這世界。地球漸漸由混沌至開始文明至今日，世界出了這些聖人，社會混亂就會出聖人、出英雄。我相信大家全都有信仰，無論你是信仰基督教、天主教，全都不緊要，只是我希望你不要去信回教，激戰份子，激動愛相殺比較不理想，這沒甚麼好信！以外你信甚麼都不緊要，基督教、天主教、甚麼教也不要緊。其他教不知道，排擠我們，他們不知道我們信佛教的心之奧妙。天主教的神父，若沒有學佛教的藏經便不足以去傳道，那是他們的教條呢！來看了我們藏經，看了、學了後，人家的好處他們自己學了後，融合起來之後應用。現在很多人看書，沒有研究佛教不足以知道。他們如知，信仰佛教是多麼的榮幸！我們講的菩薩全都沒有相同的，佛書很多，我們要研究，拿來看，藏經如讀書般拿來看，增長我們的智慧。

兩千多年前出生於尼泊爾交界，印度的山下的小國，出生時父親是國王。因為他的母親不是出生於那裡，她是中印度南普的人，經過尼泊爾因要生產才在那邊生產，在南部一花園生產。聖人以事藏理，說釋迦佛是於她的腋下生出來。老子也是這時生出來，老子一生出來就會講話，並且是白髮。他姓李，有說是因生他的時候，他的母親指著李樹，或是他的母親抓著樹，不是啦！老子是印度人，到年老才來中國，來到中國做導師及圖書館的館長。他是語言專家，沒有人也沒有導師教他講我們的語言。他的思想是無為，無為思想。道教是張道陵去學老子，學他的無為思想，藉這無為思想的道理做咒，譬如做甚麼的淨口咒，講丹子、吐納、通靈，養神等，把練功當作咒來唸，事實部份有學到才有開教，但靈的卻沒有學到。

釋迦佛從腋下生出來，有沒有違背道理？有違背道理，從腋下生出來，不用驚怕！腋下與子宮有甚麼關係？無關係！你去尼泊爾查看，對不對？這個譬喻是未完善，其實這是暗藏道理，一出生落地會走路，他若是真的會行，為甚麼行了七步便不會再行？若出生便會行，那便是鬼附身。釋迦牟尼佛出生來投胎，不只會行還會講話，行了七步之後就不會行，養大了才會行。啊！這怪物！一手指天，一手指地，『天上天下、唯我獨尊』，這怪物自己跟自己講話，他自己講完了這句話之後便不會講啦！說了這句話就不會說，等長大了才會說話，大家講對不對？這是暗藏道理，沒有這般事情，若有那是怪物來啦！

我們不用講世界的聖人，我們的佛教比其他任何宗教都通達。與現在的科學比較，科學也有講及，我們來這裡研究，普通顯教的經學都沒有，有關真言的經典之內有說，(日文)fukinsan發現初期的信仰是光，光明的光，日文是hikari光猛的意思。初期的信仰是光，光是甚麼？光是我們真言宗的主張，主張是我們的信仰。

釋迦佛是佛，以外全都不是，全都是象徵人物。這花生得美，它是從哪裡來？這些色(顏色)都沒有相同，是誰給它們染的？沒有人去染，這是自然基因創造出來的。基因充滿虛空，可是因緣卻沒有一樣，吸收的物件、資料等也不一樣。吸收了這種色便生出這種色出來；吸收了那種色便生出那種色出來。我們把花拿來這裡莊嚴，插花可以莊嚴，有佛尊名叫做莊嚴菩薩。用它的特種、特長、它內面的本性來給與號名，我們所號的這個名是假的。我們叫這種是粉紅色（紫紅色），日本人叫monasaki，語言沒有一樣，不緊要，對不對？

未來的種子─基因，我們沒看到這基因。人一樣，人有人的基因，基因交配就會變。譬如混血兒，漢人跟外國人結婚交配生下（日文）ailoku混血兒，生出的小男孩、小女孩都很帥（美麗），這是人跟人交配，漢人和番人可以交配，但不可與猴交配，因為兩者的基因沒有一樣，所以講人是猴的子孫，這是不對的。

釋迦佛介紹這東方琉璃世界、琉璃光佛，琉璃光佛也是心，因為我們的心是大宇宙動力─能生，生萬物叫「能生」，我們萬物叫「所生」。「能生」、「所生」合成為一，宇宙真如本性─佛性，叫「能生」能生萬物。這真如本性─佛性，我們叫毘盧遮那佛或大日如來。我們永遠，於上面大殿的後邊供養一尊（大日如來），一尊象徵宇宙整個真理能生萬物。我們大家全是宇宙真如本性內面變化出來的，無論甚麼都是。可以講是我們的教主，亦可說是我們的亞祖，祖！祖！祖！太古祖！所以大家是大日如來的子。無論甚麼人全都沒有離開這宇宙，未能超越這宇宙。

大日如來是甚麼？大日如來是遍照如來。如來是理，佛是智，智是精神，如來是講物質。物質有無限際的分類，我們給它們分六類，大分類為地、水、火、風、空、識。識就是精神，精神與物質是一體，無物質，精神不能現；沒有精神，這身軀不能活動。所以兩項是一項，不是兩項。以學問來看來分析，分做胎藏及金剛，源頭是大日如來。大日如來有四個小孩，他的孩子是阿閦佛、寶生佛、阿彌陀佛、不空成就佛。我們昨天拜藥師佛是東方阿閦佛一變二變變作藥師佛。東方琉璃世界，琉璃光佛，這是阿閦佛，阿閦佛是甚麼呢？是宇宙，與我們自己一樣，是我們的大圓鏡智；這寶生佛是我們的平等性智；我們思考甚麼等叫做妙觀察智；我們活動叫作成所作智，這四項合成法界體性智，法界體性智是大日如來，就是真理。宇宙的真理，萬物是「讓他生」，大日是「能生」，萬物叫做「所生」，我的書內面寫「生其物」是出生源頭的名，我在這裡給你解釋我書內寫的「生其物」是指宇宙的性—佛性、真如本性，也是大日如來。

大日如來本性實是光，初期的進步精華（宗教學說），以後的變化科學發達亦知道，但迷失原則。微細的原子，每個檢照起來每粒都有光。電動它就爆出光來，這是本來原理。手指每根都有光有電，手踫便發出電，有接觸才有電，沒有交配便不發出光來，這是原理。你沒有看到光，可用顯微鏡去看，一碰光便發出來，電接觸這是本來原理。未給你講知我們的世間，他講這些顯我們的心，當時二千多年前，他的腦筋知道這種道理可以透視及微析。科學對佛教不信不可講，這是佛教，如來不可以不信。沒有一部經提出來，沒把特點講出來，都一樣，全都一樣。經講的是信仰，我們有信仰就得救，我們自己非常幸福，精神好沒起煩惱，自己會創造。信仰，第一要放得下，肚量非常大者被人欺侮也不要緊；看到可憐的人，以佛教的範圍去救濟，這全都是我們同胞，有這種心胸來學佛就好啦！三界唯心、萬法唯識，你的心沒起動你就變成羅漢，你的心起動要透視道理，透視道理後出來活動救世，你就是菩薩。「菩薩入荒草」，入這非常複雜的社會，比如像蓮花在這污泥中出來，而不被污泥所染，外在沒有被染。蓮花有幾種顏色？有紅色、紫色、也有白色、也有甚麼青色，蓮花的色是誰給它染的？蓮花變作幾種色？是本來有的。譬如你問：『師父，真如本性是甚麼色？』他講無色。『這是甚麼味？』無味。真如本性無味又無色，為甚麼它顯出來卻是有味有色呢？這是基因的關係，基因未顯現時是無色無種。種交配出來，種的系統，同樣系統的才可以交配，種子變基因都變，酸梅接李可接。這是人間，這些事釋迦佛二千多年前已知道，並寫在經典上，你沒看經典？雖然你有看經典，但你的心未改造，入這道理的心未改造！

有透視眼不是凡夫眼變的，用心去推析，去看、正析。阿彌陀佛不但是無量光、無量壽佛，也是大日如來。為了說法、給你解說，為了表示你的心，本來是清淨、潔白、無污染，才給你表示叫做阿彌陀佛。阿彌陀佛是無量光明、無量壽數，無量光無量壽是宇宙本性，也是大日如來。這偉大聖人給人說法，留這些經典給今日的後人研究，這算是我們在大海中的瞎龜找到一支大柱般幸運，大海中抱到大柱這幸運給與祝福自己及別人。為這偉大的聖人出現，我們拜他為師，今日是他出世的日子，我們去浴佛，順便洗我們心的污穢，洗後清潔像阿彌陀佛講解，講我們的心沒污染，我們不可污染，污染了，我們給你改。污染是假，「五蘊非真業非有」，這是我們的執著才有污染，若沒有執著，放得下，那就像羅漢，那就無業。業是活動的意思，作業，作善業。我們作善業無惡業，業有善有惡等，我們是提倡善業。我們這般安穩，要保持這地球人類動物蠢動含靈安穩過日。好的、善的是過去業，有錢無錢不要抱怨，我們祈禱胸量要大。

貪瞋癡是三大阿僧祇劫的代表名詞，我們真言宗是說若貪瞋癡三樣都沒有了，即是跳過三大阿僧祇劫成佛。你們聽我講話，現在沒有甚麼雜念，現在各位全都成佛，最簡單都成佛！接下來便不成佛，因為第二念冒出來，無成佛！希望你改善，繼續這種狀態(專心聽講時一心不亂的狀態)，像練功夫一樣。很多功夫可以學，不只唸佛名、唸經。運功法輪，這叫冥想，有得教，想參加的人去問住持，可在家練。我自己本身也有練，不是隨便講，我也有修練，我練了之後覺得好，不錯、很爽快，很難形容，如飲甘露，很輕鬆很好。現在教一半，另外還有一半，慢慢來。根器低則易心亂，慢慢來。一如雙腳著地要穩定，不可不小心！若自感根器低者，慢慢來，雖然很聰明的人也是一樣。

「我已經成聖人」，唸「我成聖人」，行住坐臥有這種目的，用這種辦法修行。如看地上有沒有錢，眼睛看到錢提起來，少的拿來供養，對不對？多的拿去派出所。若是你掉了這麼多的錢，你的心會亂起來，對不對？失去了錢找回來，這是好報！要練成熟，行住坐臥都練，因為用貪去攻貪，回家想想這用貪攻貪。你的貪心沒辦法改，用這貪心攻你的貪心，那你就破解，那你便很歡喜，像是「好彩在街無掉失錢，若是掉了亦無人拿去那些錢」，沒有煩惱。「好彩錢沒有失去，無損失，這多好人！」那你便是好人，成了菩薩！

現在我跟你講話，待會完了結束，你跟和尚講種種笑話，心寬！謝謝各位這幾日來的辛苦，辛苦功德無量！我們來慶祝及紀念釋迦的降生，我們去浴佛，現在結束。

一九九九年上師開示筆錄二

一九九九年上師開示筆錄二

日期：一九九九年八月廿八日至廿九日（會員大會）

地點：香港道場

註：為了方便沒有錄音帶的信眾閱讀，此筆錄作出部份修辭更改，與原來口語有所出入，希請留意。

有人說，八月十八日我們的地球會有破壞，跟著是開始另外一個世紀。他的理論是怎麼樣呢？地球現在是稍微傾斜有差不多二十七度，若果地球傾斜至三十度，那麼地球便會翻轉過來。為甚麼會這樣呢？這是因為九大恆星排成十字的關係。

地球若傾斜至三十度便倒轉過來，那時候南極變為北極，北極變為南極。翻轉的時候，只是剎那間的事情。地球上方有三個氣層，臭氧層是保護地球免受太多的紫外光射入，當南北極倒轉的時候，大氣層便會穿破，隨即會重合，紫外光線就在這剎那間照進來地球。這種紫外光線名叫太陽風，那時候的溫度是四千多度。我們若是有常識，知鐵遇高溫約一千二百度便會溶，四千多度那麼石頭也會溶化。你看，燒石灰要用一千七百至八百度的高溫，用這高溫來燒石頭，黏力經過化學作用而失去，這樣便產生了石灰。如果太陽風進來，那麼整個地球也會溶掉，海水會乾、山上石頭會軟化，所有的動物、植物、礦物都會死去。

這幾十萬年的地球，也曾經歷過變動，在喜瑪拉亞山上也都可以找到海洋生物的化石，這可以證明地球也曾經經歷類似的變化。世紀的成立至冷卻，迄今已經有幾十億年，可能是天文學家計算出來，地球在八月十八月會倒轉。

有人說，大日如來不肯讓地球毀滅，因為有信仰的人拜大日如來，所以大日如來不讓地球毀滅，祂要重新創造。我們的教主—大日如來，萬物都是祂創造的，我們是祂的信徒，祂會聽我們說，所以大家都很幸運逃過一劫。希望大家繼續修行，修好一些，明年二零零零年五月十日至十五日又有一災劫，這個災劫若過了，大家還不知道珍惜，我不敢肯定啊，聽天文學家說到二零二五年又有一個大災劫。到時候，像現在台灣選總統，每一個人都出來搏殺，但都是無效的，不夠福氣去保佑所有的人，李登輝，他是信基督教的，沒辦法！所以我們信大日如來，信得對，今日大家都平安、大家都健康！

今天是開會員大會，將在此向大家報告道場於過去一年來的工作和帳目。感謝大家的向心力，多謝大家出錢出力，所以會務一天一天地進步。慈善會也做了很多的工作，香港地區與台灣地區比較，香港做得比台灣好。香港信徒向佛的信仰與做了很多慈善的工作，很有進步，功德無量！

我們想要做慈善的工作，是需要政府的配合才成。好像說中國大陸，於這五十多年都無戰爭，其實世界若是沒有戰爭便不成立世界，為甚麼？因為世界上野生動物是需要「爭取生存」。石頭是「保守生存」、高等生物如人類是「共同生存」、植物是「競爭生存」。可是我們的競爭生存是有所抉擇的，所以聰明的人賺多些錢，愚蠢的人便賺少一些。若是政府沒有配合，慈善會去建學校，看起來是慈善會去做善事，但其實十幾億的人口，若每一個人拿一塊錢出來，他們自己已經可以建很多的學校。為甚麼他們要慈善會出錢給他們建學校，讓他們的孩子可以有學校讀書？若然不是，他們的孩子便沒有學校可以去唸書。我們動一下腦筋，去想一想就可知啦！政治人物，他們都高高在上，若是一聲下令：每一個人出一塊錢，那就有十多億元可用，可以建很多學校。若不然，那麼十二億人中有一半拿錢出來，也有六億元，已經可以建很多，這樣子都沒有辦法蓋學校，非常奇怪！所以這種政府人員要改善。若是沒有這些學佛的人慈悲，出錢給他們建學校讓孩子可以讀書，不然想起來也替他們悲傷及流眼淚。我很感謝慈善會的工作，做得很好！慈善事業是無人類、無國界、無種族分別的，所以我們要加倍努力。

若是看到沒有錢、帶著空的飯盒上學的小孩，慈善會要去救濟。慈善會委員要調查原因出來，為甚麼這些人會這麼悲慘呢？若果說「他們是該死的，因為他們於過去世做得不好，這是因果報應」，那麼我們就不夠慈悲啦！當然，他們是有業，只是我們比他們幸運，過去有修行，我們非常幸運，要感謝！

有些家庭本來是好好地，譬如說某家人的父親出外被車撞死了！他家的孩子多還小、還要讀書，他的家沒有積蓄也沒有財產，做父親的每天都出去做工作，賺少少的錢卻需要養很多的家人。父親死了，母親要做苦工或是打雜工賺錢。一個小孩在家，因為兄姐都上學去，家裡沒有人造飯，所以中午上學就沒飯吃。為甚麼沒有飯吃，因為做母親的，一個婦女人家去打雜工，賺的錢很少。早上，因為沒有錢買其他的飯菜，只是隨便煮些稀飯充飢當做一餐，因此小孩子上學便只能帶空的飯盒。到吃飯的時候，其他的同學在吃飯，因為怕別人看到他的飯盒根本是空的，他只有拿著空的飯盒四處逛，這樣子度過他的一餐！

你們左右有沒有發覺有這種人，若是有，趕快報告給慈善會知道，讓我們慈善會去救濟。這是我們佛教徒應該要做的事業，我們不是沒有做，而是現在要更加努力！沒有必要的消費要慳一點用，慳些使用積少成多，他日有人需要便可拿出來救濟。錢若是積得太多沒有做救濟，錢便會咬你！錢屬水，潛水、潛水！水能載舟亦能覆舟，所以錢要用在好的方面才有功德。如果用在歹的方面便是作惡，所以勸大家好好地做。這是靠大家有豐富的慈悲心，才能把社會事業做得好，非常感謝大家的發心，在此向大家致謝！

道場所有的工作都是有分類的，因為有分類故此大家都不大了解，借今天的機會，綜合地向大家報告。聽了以後，如果有疑問請大家問，如果有好的改善建議也請提出來，希望明天比今天更加好，多謝！

一九九九年上師開示筆錄三

健康長壽無病運功法

一、準備：
立姿身直雙腳小開與肩齊，兩手垂直，雙目向前視天空，不低不仰。靜坐式，坐板椅上均可，不宜臥在床上做。

二、雙手舉到胸前合掌，由鼻吸氣到丹田，同時二手分開平張至一字形，盡量張開，吸氣算數至十數，吐氣算數亦至十數，同時雙手收回胸前合掌，如是作反復三次。

三、觀想自己之丹田為中心呼吸不算數，平面自中心起順時針右旋，自小至大（如香環形）旋三十六轉，然後自大至小左旋回歸中心二十四轉，如是三次。

四、次如上述丹田為中心，由向前右旋立旋轉，由小而大做三十六轉，後由大而小自後而前旋轉二十四次，如是至少做三次。

五、雙手舉起向上頭頂合掌，觀想自空中引來一股炁息，由頭頂中心進入，至眉間裡頭中心，至喉，至心，至臍，至丹田，至海底，成一直線而下，雙手亦順其位置而在身前曲成二掌中指相著掌心向下至海底。次反掌向上由海底漸上，同時海底中心生出一點火，如此上升各輪，形如旋轉成一條火，慢慢上升至頭中觀有熱能，想頭中全是酥，依熱能而化為酥油，至此算三十六數，次將此酥油降下全身，觀想全身本來如乾土，依酥油降下全身而全身被酥油滋潤至腳底，自頭上降下至腳底算二十四數，有去無迴，如此週而復始，至少做三次。運功愈慢愈好，愈多次愈好。

六、練完了即將腳底起(閉目)化為空，至頭頂化成空時想成一股炁混入虛空中，漸時靜定後才閉目，為一套。

七、練功最好早上卯時，晚間酉時，早上向東晚上向西，運功時不可胡思亂想，否則死會走火入魔。運功要觀想全身中空無臟腑，念淨三業咒一反。

一九九九年上師開示筆錄三

日期：一九九九年八月廿八日

地點：香港道場

註：為了方便沒有錄音帶的信眾閱讀，此筆錄作出部份修辭更改，與原來口語有所出入，希請留意。

現在講〈健康長壽無病運功法〉。每天早上起來，梳洗以後、晚上睡覺前，無論坐或是站著皆可做。

(一)開始合掌，深呼吸。吸氣的時候觀想由腳底開始吸氣，吸氣時由一數至十，同時手慢慢張開。呼氣的時候，手慢慢收回來，口稍微張開，也是由一數至十。這樣深呼吸，來回做三次。

通常調息是觀想由頭頂落，我們倒轉由腳底上，入我們的五臟六腑。吐氣的時候口稍微張開，把身體內的穢氣吐出來，如是呼吸三遍。

（二）觀想從腳底中間吸兩道炁往身上走，經過膝部至肛門，那兒叫做海底輪。觀想炁在海底輪的中心轉動，如香環般轉動。轉的時候要數數，先右轉（順轉）由中心點開始自小至大數卅六圈，其後以第卅六圈起點左轉（逆轉），數廿四圈由大至小收回中央。如此先順後逆為一遍，共做三遍。

（三）做完平面轉圈，接著做直立旋轉。也是先順後逆，數數也是先卅六後廿四，合共做三遍。

（四）功法的說明第五項要更改，「雙手舉起向上頭頂合掌……掌心向下至海底」改為觀想炁由腳底上至海底輪的中心。現在我說觀想的方法，練習未熟的可以暫時不觀想，熟練以後才再觀想。觀想海底輪的中心有火在燃燒旋轉上頭頂。我們觀想炁由海底輪開始右旋逐步上丹田、肚臍、心、喉、眉間、頭頂，每位置數五下，共有七輪，每一個輪數五下。觀想海底輪是紅色，尺碼有一尺直徑，火旋轉上丹田數五下，至丹田變為橙色，一直旋上去至肚臍也是數五下，顏色變為黃色、心輪是綠色、喉輪是天藍色、眉間輪是紫色、至頂輪是白色。

火在頂輪時，觀想腦內面經過火的燃燒，腦內如奶油(butter)般經過熱而溶化。溶化了的牛油逐些流下來，觀想我們的身體如乾的泥土，油從頭頂滴下來滋潤泥土。油流下來至腰間包括了手，全都被油所滋潤。油流下來的時候，由頭頂至腰與大腿之間數十下；腰腿之間至腳跟也是數十下；腳跟至腳指尖數四下，合共二十四。

依上再觀想炁由腳底上、火旋轉、油下來，為一遍共做三遍。這名叫軟酥法，身體不好的人，做了之後保健長壽。

（五）以上做完後，做三次深呼吸。事實上到此還未入真功夫，以上做齊只是第一步。

接下來是唸化空咒（淨三業咒，法本內有此咒），觀想由腳底開始至頭溶化，化空。你的意識是身體在半空中，從高處往下看，由上往下看，比月亮高。想月輪在心中的住置，非常通透和沒有瑕疵。不單是一個月輪，觀想心輪是綠色，在綠色的裡面有一月輪，直徑差不多有八寸，初練習的時候很難觀得明顯，忽明忽暗的，月輪是灰暗的。尚未熟習的時候，先觀想大一些，然後慢慢收小至八寸的尺寸，它定在心中。這月輪是在綠色的光內面，閉起眼睛來看，這月輪的下面有蓮花，即是月輪在蓮花之上。月輪上放一個五鈷杵、降魔杵放光，觀想五鈷杵放大和發光，一直放大至看不到，跟著收小縮至如一支針。若不專心、心動不定，那就觀想放大，然後慢慢收小。

暫時的功夫做至此止，他日再加，能做到此，身體就好健康。觀月輪出來易，專心的、長久地固定一處比較難。誰能把月輪觀出來，固定放一分鐘的，告訴我，我隨時給他灌頂，不用修四度，就這樣可以給他灌頂。可是你要問自己啊！灌頂的時候，我會觀想你，如果是沒有月輪在你心輪上，那就是騙我呀！

跟著還有功夫，接下來是金胎一炁三摩地法，這是即身成佛的第一秘訣。譬如我畫符，這是很有用的，若是有人他的身體有問題，服用了可以好。畫符，我不是拜師學回來的，是我自己發明的，別人沒有這些符種，是我發明的，但是最重要是有用。

有一天，有一個我不認識的人來找我，看到我牆上寫的禪字，便蓋了兩個印上去。你買我那些字都是寶貝，那些印章不是玉印、金印，我的字雖然不美，若是我食不過明年，我的字就很有紀念性。我不知道，我可不可以食過明年、我的簽證有沒有過期，所以明年可能要出錢才可以買得到我的字。另外我的筆太多啦！我都不知道要拿那支筆來寫才好。我從來都沒有買筆，都是別人送的，連墨汁、紙也是人送的，說出來不好意思。

在台灣有人拿一幅字給一個裱裝師傅裱，那師傅說：『唉！不要裱啦』那人是一個怪人，有錢給他賺也不賺，別人看那字也不錯，但是他卻不替人裱，還說是沒有價值。我寫的字又不是好，可是些裱裝師傅都說是國寶級的。裱字的師傅也識寫字，也拿出來賣。有人拿我的字去給他裱，別人看到我的字，卻叫師傅帶路找我買字。我的字怎可以賣呢！我寫得不好，怎可以賣錢！自己看了也不好意思。弟子發心供養，這是做紀念不要說是買，說我的字有價值，這才是怪事！別人到裱字師傅處，看到我的字都要找我，買我的字。他們怎麼樣看我的字，我不知道，我自己看，沒有一個字是好的！

這運功法，早晚都做，做多少算多少，最少做三次，多則可以五次，多多益善。若是有興趣，練習有進步，我再增加講給你們知。一次教得太多也不成，兼且時間也不合。

一九九九年上師開示筆錄四

一九九九年上師開示錄四

日期：一九九九年十二月十二日（開山紀念日）

地點：本山

註：為了方便沒有錄音帶的信眾閱讀，此筆錄作出部份修辭更改，與原來口語有所出入，希請留意。

我們的太陽，轉動得比超音速還要快。地球的轉動速度也確實快，比射箭還要快。地球轉動如同織布的繩子運轉得很快，若是突然止步，那麼山會崩、樹會塌，如天翻地覆般厲害。平常地球運轉的時候，樹木也是搖晃不停，只是我們看不到而已。

光陰過得很快，去年我們相見了一遍，而今年我們又再相見一遍。平常我們睡覺的時候並沒有把窗戶關好，讓月亮走了進來。它走入來在我們的臉上工作，它努力地工作，它的作業很深。月亮它自己可以清亮，別人則不可以，它走入來在你的臉上圍得密密麻麻的，但是你並不知道。

今日我們相見，看起來都有不同，因為我看大家的臉上都比較有光彩，健步如飛，大家都是笑容滿臉的。一年相見一次，我感覺今年大家的氣相不壞，這個可能是與營養食品有關吧！如此的進步，希望大家每年相見都進步下去。可能大家沒有注意，我跟你們說，當大家回家去，在路上他人看到都會暈倒，「啊！很漂亮！」時代變化不同了，眾生不亂，長生不老的法都跑出來，甚麼妙天、甚麼天等，可能國人都學到，不然怎麼會這麼長壽。

大殿落成，今天我們在這裡做開山紀念日。來到這裡的，新來的沒有話說，舊的全是為光明王寺披星戴月，大家都是非常辛苦的來這裡開山。在旗山這裡坡山，有位楊保生君每天走路來做監工，來這裡工作開路，很是艱難，他並沒有嫌我們的錢少。我由高雄開車入來看看，看到他自己提飯入來在這裡吃，他每天都是提飯入來做監工，他不是貪我們的錢，完全沒有貪我們的錢，這種功勞真正很大。一切建設的經費、內部的裝置都是承蒙各位慳儉省吃，甚至於借來捐獻才有今日，所以今日開山紀念日，大家應該踴躍回來，回來看看哪裡做得不夠週到，提出來建議讓我們改善。寺內面，我力有不逮未能全面兼顧，所以叫住持徽定師來做監工，所以難免有做不週到的地方，現在完工了，但還需改善，請大家看看有哪裡做得不好的地方，不要緊的，請提出來讓我們改善。

大家來這裡建寺，大家出錢出力，多項的開支都是很大的。台灣及海內外，算起來，香港都是專程來到這裡參加我們的紀念會，非常好意，還送上禮物，實在殊別，非常感謝。

我們來這寺院幹什麼？我們空閒時間來這裡修行，這裡定期有開講座講經，在這裡待一日、二日，開講座大家來聽概念。我們現在有開學，開學很深，三夜四日或是四夜五日，沒有一定的時間入去唸咒，一坐下去唸咒若是沒有唸完便不出來。譬如說，一條咒要唸幾多分鐘，那麼二十萬遍約需二夜或三夜二日，以差不多的速度不斷地唸，坐下去唸至夠數才出來，沒有睡覺沒有食飯，只是飲水，人也瘦下來，這種是宗教體驗，不是概念，是體驗。我希望大家有這種宗教體驗，突破藩籬，認識宗教的意義、內容是怎麼樣的。

剛才有說，「光陰似箭、日月如梭」，人的壽命沒有一定，不是算命的跟你講你就去信，沒有一定的。如中部的震災，很多的人死了，有些人講應該死的又不死，有些全家人都死去只剩下他一個人，若是拿這些八字去算，看看是不是同一天死，如何算？沒有啦！對不對？近來科學發達，人的壽命也延長了，對不對？大家都去拜閻羅天王、北斗七星，求祂們保庇延壽長十多年，大家不要吃太多的藥，近來人的壽命延至很長，可是也是無一定的。

那些做醫生、做法醫的並沒有講人死是沒有呼吸為因。若是由我寫死亡證明，很簡單，實際是一個人沒了氣沒有呼吸致死，並不是驗屍後說胃痛化膿等等，太嘮叨了，我說的絕對無錯，人致死的原因是沒有了呼吸！我們活命的都是有呼吸的，可是當時驚慌沒有注意到，譬如說走路被車撞死，並不是閻王注定的，沒有啊！只是人死的當下不知道而已。

死並不是壞的事情，學佛的是學生與死，要活得沒有煩惱，沒有煩惱的肚腸講是成佛，成佛就無煩惱。成佛了，講是沒有煩惱，但不是沒有，成佛的煩惱與凡夫比較是無限際之多，祂自己沒有煩惱，但是祂為了眾生而起煩惱，眾生很多很多，所以祂的煩惱亦多。眾生，石頭、草、人、蟲，無所不至，一切發顯出來的東西、現出來的現象都是叫做眾生。眾是多，生是活命，眼所見的都是眾生，為了眾生們不知甚麼是生死，我給你講，但你偏偏不信生死在面前。譬如開車回家，不知生死在面前，開車不是算步是算時間的，火車到來不會算則會被撞倒、被撞死！

學佛的問題是好生，到最後是好死。回家可以無病無煩惱。可是看很多事情都放不下，死，大家都要的，沒有誰可免的，但這種觀念我們都不清楚，所以我們趁來寺院的時間聽師父講，講一些事情。一本書拿來讀「如是我聞，諸天智慧師……」

不是把它背起來便有效的，生活是佛法，生活佛祖有給你點明，後人所抄的經典，每一本經都是故事，除了華嚴、般若經等專門有論，其他的每種全都是故事，故事是跟你講生活，昇華地活，昇華足夠了臨終時你會好死。活講好活，死也講好死，打個招呼講再見。好生死，這是求不得的事情，沒有人能給我們保證的，有時間去寺問這生死事，佛教是種講生活的，有些人不明白成佛是怎樣的一回事，不知生活是怎樣能成佛的。

有一學家非常怨嘆地死去，當他未去世以前，我問他「你希望的成就是指甚麼呢？你本人的希望成就是指甚麼？」「不知曉如何說。」「不識得說，那你怨嘆說你未成就，那真怪！」我又笑笑地講「你修這個法的目的，不會死的，達到甚麼目的，有甚麼見照來印證？你修，修到腦袋空空的，那你修甚麼呢？」

為甚麼你來這裡修四度、唸咒、修簡修，好像是修給我的，不是修給我！他不明是他修自己。他開始修沒緊要，咒唸不夠又說已唸夠了，做的境界未做好又話做夠了，這是做騙呢！我這裡不是騙呢，他敢來這裡做騙！我這裡不是兵營，他內心的事情我也不知，因為我沒有神通，不然我會知道：「唔，某君呀，幾千遍你只唸了捌百而已！我會給你記錄。」他在台南回生趁所做事，是陳車老徒弟，在那裡別人叫他做老多爹，那時他是55歲，現在可能是80多90歲。他在那裡修，我在旁邊看，他不斷地唸咒，唸一句撥珠三粒，我問，「老先生，你不斷地唸了幾多遍了？」他說：「時間寶貴，無空間啦！唸得還不夠，灌頂以後再補。」他這樣修有沒有吃虧？他這樣做想想看很可笑，功課未滿，工夫不夠，這樣有效驗嗎？不是呢！

我們為了自己體證與及有沒有證量，自己拼，真實地去拼，這是自己的事情。叫你去拼，需要多少時間能唸幾多你自己算，不用我講需幾多幾多，你就趕緊去唸多少時間唸多少咒，這是不對的。唸咒有快有慢，不管多快我們還是需要呼吸的，我們又不是機械，有時呼吸便不平均了。這個「證」給你來拼拼來考驗，唸咒聲生起來叫做唸咒聲，唸咒時如平流平水，這唸咒聲叫做持明三摩地。你來唸幾多遍，平流平水地沒有休息，無分日夜，沒有時間，超越時間空間。時間空間是宇宙，我們是超越宇宙，你不要執著時間，也不要執著空間。唸咒的時候，甚麼人講甚麼話也不要聽，甚麼吵嚷也不聽，不停地唸一直地唸咒，唸到時間夠就自然出來，時間不夠就不出來。沒有時間的限制，我們是來這裡考驗，這是經驗的內體，是真正的定，唸咒不停地唸，平流平水地不停地唸，這是最要緊，不是唸得對與否的問題。你所唸的大部份的咒都是不明白的，全都不明曉的，唸咒時你一直不停地唸時你的心就不會有二心。在這時候，你不停地平流平水地不出聲唸兒，雖然沒有生出聲音來，但你自己卻聽到，如虛空中有蜜蜂出巢，嗡嗡聲地唸，你如此唸就對啦。很多人在唸，唸在口內聽不太清楚，沒有聽到外邊的聲音也不管是甚麼話，只聽到如蜜蜂出巢的聲音就對了。我們這樣唸，唸到如此境界時會知道自己的心有否活動。

若是沒有唸咒的人說來這裡坐禪，不唸咒只是打坐，這也是好的。禪，事實都是在真正特出回到零。現在所謂的禪，我可以說是全無效的，與真正的禪並不相同。真正的禪是我們普通活動的心，叫做道，叫做回家回到證位。證位是一種空無，像冰回到零度，滾水到一百度，叫做回到正位，那個時候我們空捨妄想，空思都回到零，回到零的地方，這個時候證修剛剛好的狀態叫做禪，除此之外全都不是禪。

一直不停地唸也是禪，這種層次叫做天，菩薩是地，菩薩是流落來的，所以算是地。不是說我來打坐也是說回到零，說妄想全無，未必呀，為甚麼呢？你看不到你的微細識，如何看不到微細識呢？你坐得很靜，現在沒想什麼，真正的靜定可跑出來，一般我們坐到不知靜是甚麼的一回事，你的微細識走了，但你卻沒有看到，我說給你知你沒有看到你的微細識走出來。我們的真言宗有月輪觀，不要緊的，這月輪不會刮我們的臉，觀月輪在我們的心內，人坐下來，不是睡覺也不是入定或是特別去用意，把清明的月輪提入肚腹內，觀想整個身體化為空性如透明的氣球，把身體擴大，內裡空空的沒有五臟六腑那就好了，只有月輪，觀月輪放大、明、清，這就是靜定。在家人若是能觀月輪明與清，維持五秒鐘，隨時來跟我說，就算是沒有修四度也不緊要，沒關係，我也會給你灌頂。這樣是沒有那麼簡單的，坐到腳麻痺甚至於到死也修不到！

皈依禮拜也是差不多呢！在高野山叫做加行，只是禮拜修，一個禮拜，然後教你唸雜小咒，也是一唸一個禮拜，這叫做加行。然後是正行，給你法本去修一個星期，七天廿一座，其餘時間全是禮拜及附帶的雜小咒給你唸，都是一唸一禮拜，不同在這裡給你一百座一下子去修，沒有那麼便宜呢！這不成理趣，那是意思，全是給你修意思。真實工夫都做得不足夠，其實如做拼做得不夠，他若真的做得夠就好了，不是這樣，這樣做沒有功夫啦！其實與你講，未夠的說夠，未成的講成，騙自己兼效用。你都有把境界體會到，你若是現在死了，不也是好好睡也沒有煩惱，你把月輪觀起來，保證你一定成佛解脫！若沒有解脫，你話回來把我的頭吊起來。我跟你說這是沒有騙人的，開玩笑！要真正功夫！

我們一般無論是出家人或是在家人，我們行住坐臥活動不是打坐，我們於行住坐臥如何可快速成佛呢？功夫還功夫，理念還理念，我們的理念與顯教的名相像似，但功夫不同，顯教的叫做「四無量心」。你本身認真觀想靜坐也不緊要，顯教說要做四無量心，那你才成佛。

四無量心於顯教講，慈無量心是慈悲，要愛護別人，他人有需要而我有那就給他，養成這種習慣，逐點逐點地養成，這習慣是十禪人住心的四禪之內行住坐臥都有這種四無量心，這是色界天以上，算是在虛空天。你能達到這裡，把所有都捨棄、沒有罣礙、沒有留戀、沒有說這東西是我的那是你的，不過還有說悲愛，你不外是達到如此而已。我們不只說做人，若是做出色的人，小肚量小氣，那麼你不能成佛。佛祖教我們於六度萬行當中以布施為第一，也就是慈。我們不是勉強，他有需要，我們拿給他不要勉強，不是想我那時曾拿錢去救濟誰人，我們這樣就是執著。拿錢去救人，常常想便會計較和執著。我們布施，布施心就慷慨，心慷慨就無欲。

這欲是無所不指的欲，你每天修行也包括在內，你所需要的東西也是欲。我的欲比較大，事實我的欲很大如釋迦牟尼佛般大，他愛眾生，所有的眾生他都愛，他的欲真夠大，世間的財產他不要，有誰不愛呢？現在我們日常生活已經很好了，無甚麼比較緊要了。現在的人競爭收徒弟，像說我收徒弟不及你收徒弟多，收徒弟有甚麼好比較？你是成佛的人才可以教他人，就算是你有這欲望，也要看是不是有資格把他人提拔起來，四無量心不是像這樣講的。

接下來是悲無量心，悲無量心是拔苦。他沒有飯吃，你有你給別人。看到別的小孩提空的飯盒上學，這小孩沒了父親，母親替隔壁洗衣服不能帶孩子，家裡兄弟姐妹多，上學沒有米煮飯，孩子只有拿空的飯盒上學。吃飯的時間，他獨自一人拿著空的飯盒到樹下，沒有人知道他沒有飯吃，他避開所有人的目光，不給別人看到，再加上他的自尊心，怕被別人見笑所以怕被人知道。第一件最要緊的是無志氣的人怕給別人笑，賴他的父母做成的環境，所以這小孩才這樣做。我們做村長的或是村里的幹事，若是知道有這種人時要去看看和救濟。不管是否我們的親友，若是看到有人沒有飯吃或是小孩沒有飯吃，去看看是否屬實，若是真的要想辦法。我們做里幹事的人，看有沒有帶空飯盒上學的，有沒有注意到村里有沒有像這種情況的家庭呢？有可能呢！這些人生活困難，幫補他們讓他們可以過日子。我們這裡有這種人無辦法過日，難道是我們做得不夠？我想一定有這種人，我請各位回家去看看，附近鄰里有沒有這種人，若是有的趕快去想辦法救濟，時時刻刻去關心這種生活困難的人，這是悲無量心。

有些人生病了沒錢看醫生，但是現在有健保。有健保才可以，但我們很多事需要用錢，故要多多捨。捨都是好，可是要識捨。有人說他病了真為難，求之不得沒有辦法，他有這種困難，你做好人要做到底，要去救濟他。不管是物質的或是精神的甚麼也好，起碼要救護他。若是有人在路上被車撞倒了，想辦法救他及送他去醫院。我跟你們說，你救病人的時候要找二個人作證才去救，我們找證人才救人，這樣才不會被賴。台南有一個人開車見到有人被撞倒，他要去救人，這本來不要緊，但要找證人。為甚麼？不惹禍啦！

台南那裡有人擺桌請客，有沒有飲酒我不知道，回家的時候有人撞倒路桿，人掉落溝渠去，車停在桿下。晚上有另一人回家見到車跌落坑，「停車！要去救人！」他的家人講，「不好了！不要了！不要救他了！」「要！救人勝造七級浮屠！不可以不救，要救！」於是他停下來走去看，看到發生車禍的人他的臉朝水，若是不救他恐怕會死呢！於是把他救上車，並且載到體育館對面的驗屍的法醫，把這人救活起來，但這人身邊卻沒有錢只有身分證，醫生叫救濟他的這家人入來談談，「他的醫藥費怎樣付？你救人要救到底，你載他來也要把他載回家。」救濟的人以為救了人之後就可以回家，醫生又說：「拜託，請簽字。」「關我甚麼事，我是幫人而已。」「甚麼幫人不幫人，你若不簽字那麼我找誰人付錢？」「我只是載他來這裡，我不要簽字，計程車就在外面請你讓我回家。」醫生說，「你這好人做不透徹，拿身分證出來。」被救的人拿身分證出來，看過姓名原來是北門人。後來他的太太到來，他也逐漸好了，太太問，「你是甚麼原因給撞倒，又是甚麼人如何撞倒你呢？」「是他，計程車的真衰把我撞倒。」「阿彌陀佛！阿彌陀佛！好了，講起來真倒楣！」這個救助他人的，錢失去也沒有辦法，沒有證據被賴了，要走又不可走，聽講給了二十萬的醫藥費。你若是要救人，要不要證人，不要了！有好的心腸沒有錢也不緊要，但要有智慧啊！若是沒有智慧，就算是有好心腸也會浪費功夫啊！這是天下的事情，別人有困難，你做得到的就去救濟，無這種好人！不是無這種好人，我跟你講你也不識。不要以為出家人沒有好人，也有好人叫做明王。

有一個在台南買賣牛糞的人，因為衛生不好被環保局罰錢，故改在仁德去做。有一天騎車經過橋頭，在仁德一片甘蔗園的附近被鐵牛車撞倒，後來被抬到路邊。台南的法華街有一名叫杜大山，台南有這家杜大山紀念車行，這人較早前打電話給我說想出家，但出不成。當天他與兒子坐計程回家，看到被車撞倒昏迷在路旁的人，計程車司機說不要救，但他二人說要去救，於是把昏迷的人救起來。這人的太太去醫院問是被誰撞倒的，但是他因撞昏了也不記得車號，只記得是阿伯救了他，但是他也不知這位阿伯是誰。他太太問杜大山，「你姓甚麼？」「我姓杜，杜大山，這裡沒有人，但不緊要我保護你們回家，我去找人車你們回家。」這位太太問司機，「我不識字請你抄杜大山的住址給我。」於是司機把杜大山的姓名、出生日期、地址、電話號碼等抄下來給她。

後來某日，杜大山生日，在他家有人遣司機送來整擔整擔的麵糕、麵線、燒酒等。到他的門口有人就問「杜先生在家嗎？」「你找誰呀？少年的還是老的？」「我要找有鬍子的。」「在內裡，我叫他出來。」這人見杜大山出來便跪下來感謝他，「阿伯，我的恩人，真是感謝你，沒甚麼給你做生日，你的身分證有你的出生日期，相信你的生日無假，今日送來麵食替你做生日。」自此每年都一擔一擔的送去給杜大山做生日。這裡說當日他被撞倒昏迷，若不是杜大山救他、車他回家，那麼他就失救，救人有功勞！

換說是在台南，那位病人他當時便無了。他那時若是緊急送入急診，若是沒有五百塊便不准收，車禍或是甚麼的急病，若是沒有五百塊便不收，這是不可以的，這是害人呢！會死人的！有時我一星期去一次醫院講經，所以知道有這種事情。有人打電話給我，「師父，你有沒有五百塊，我等著拿五百塊去給人救活，請你慈悲借給我好嗎？」「好！你拿去。」後來我跟醫院的周建設說，「無論甚麼人，緊急要錢用，不要緊你們來找我算就好了，若是有這種人沒法付五百塊保證金的，你們來向我要。若是沒有保證金而不能入醫院，那麼回去了就沒有得救了！以後都找我付，我去救。」後來醫院會議後，以後再沒有收五百塊了。像這樣的事情，醫生都是頭腦很好的人，要救人的時候就要去救，救人要有智慧去判斷，是不是？應該要做就去做，這是我們學佛的要點，要慈要悲！

接下來說四無量心的喜無量心，喜有三種，怎樣喜？令人歡喜、令對方歡喜、自己作喜。令人歡喜就是功德，令人生氣就是業，所以我們說話要注意啊！專門去刺激人，使人的血衝向上致腦震盪，這會招致人死去的！這不是簡單的事，現在我們講話要講好話，不要害死人，令對方艱苦，自己也艱苦。為了你講不好的話，令人受到刺激，自己艱苦對方也艱苦，那會殺人呢！會引致生病，非常污染，這是殺人呢！做好事令人歡喜、隨喜做，大家歡喜。自作教他作，見作隨喜，我們要去創造這種心理，我們才能解說，沒有這三種無人可解脫。

自己縛、去執著，譬如說保惜物件，我們認為是好的東西別人也是認為好，好的東西要拿出來，不是用來做古董的，如蓋多少的房子也是放不下的，不拿來用便無價值，不值錢的，對不對？就是這三種，自作自己歡喜；教別人做，自己也歡喜；見他人做，自己也歡喜，這就是「自作教他作，見作隨喜」。

接下來是捨，慈悲喜捨的捨，捨是甚麼呢？淺白的說，捨是把錢拿出來，我們有而他人欠錢用，那麼應當捨出去。捨有物質的捨，精神的捨。精神的捨是內涵，譬如說我們於處理日常行住坐臥所有的事情當中，不時有聽他人講經，講慈悲喜捨的捨。

這是非常寶貴的東西，我很寶貴它，若是他有需要而沒有錢將會連性命都沒有了，沒有錢他可能沒有飯吃，遇上這些特殊的項目無論如何要捨，把寶貴的東西拿出來，歡喜地拿出來，之後不要有有捨的念頭。

慈悲喜捨，這四種是成佛的原則，也是做人的原則。佛祖五十年的講教完全包括了慈悲喜捨，以外的如做學問的般若經、法華等都有包括慈悲喜捨。捨不是為難做，也是為難做勉強做。

肚腹空，心空就福聚，空就有用處，你們看電源桿內是空的，車在上面過也絕對不斷；天花板內二尺厚是空的，中空才有力。建築考試有出題問，屋蓋好要利用甚麼?有的說要用來講經,有的說要用客廳,這也是對的,但沒有說出重點。其中一人說要用空間,空才能出萬寶。世間,我們的眼睛所見的都是由空生出來的,沒有一樣不是從空中生出來的。

教我們慈悲喜捨,心要放空,心空福集,但是心未放下,未放空即是有欲,欲望很多,欲望很多可以成佛嗎?佛祖都是教人要布施,慈悲喜捨這些全都是布施來的,施出去!一般講財施,有情法施無功,講經給人聽功德很大,沒有其他較為大,這根本不對!講經給人聽有甚麼了不起?講經給他人聽,是你來到這世間,聽了他人講及讀了一些書、看過別人的作為、看過他人的過去做過些甚麼,自己去取別人的。若不是他人布施給你聽,你也聽不到。講經說法一些功德都無,講經給人聽是假仙(假意),以我的意思就一點功德都沒有。

真正的法施無功!把我們肚內的諸法、垃圾全都供養給大日如來或天公(虛空),有人說不知供養甚麼給大日如來或是虛空才好?虛空很喜歡人把肚內的諸法、本事供養出來,你全身供養虛空,虛空也供養給你。你有閒錢,錢要拿出去救濟,你拿去供養虛空和大日如來,祂們又不是要你布施才有得吃。假若我是天公我就要你布施,供好的給天公,祂會給你保證享受嗎?祂是要你去布施窮人,把東西拿出來布施，不是要你布施給天公和大日如來祂們才能有得吃，沒有這番道理。

佛祖是我們的前輩，佛祖教我們就是要慈悲喜捨，把我們的東西捨出去，供養出去，捨出去，那麼樣功德才是大。出家人講空門，就是空了了的。出家人，你的頭都剃了，甚麼壽命都不要，求也求不了，隨便。

有人問我，「你要不要做大官，你有沒有要做很大的官？」「沒有！我沒有喜歡做很大，官我也不愛做。」「這麼多的錢，你愛嗎？」太多錢也是討厭，拿來拿去又怕被人倒了。你車子很多，難道你一天開去享受嗎？錢多沒地方存放，還要拿去換一本薄給人騙。錢領出來買東西吃，今天吃明天也吃，讓你買東西吃一個星期你就會討厭了，飯吃不厭其他的都會厭。會用錢才有用，不會用錢的連做人也不會做。你說有很多錢，根本你用不到，你享受不到，錢都是愛流浪，從這裡流浪到那裡，你做人才做得有意義，你要會用錢，錢你都不會用那麼你做人為了甚麼？不要做了！

一般顯教講慈悲喜捨是很重要的。有人問，「師父，你們密教的慈悲喜捨是否相同呢？」密教所講的是比較嚴肅，有另外一層意義的慈悲喜捨，這是甚麼呢？

慈，做課的時候靜靜地想，心念眾生很多苦痛，需要的事情很多，我們要做的工作趕快去做。接下去說，眾生全都有身口意，有這身軀、有口、有心，我們做了很多的業無法解脫。你們都不修行，大家都不明根本原理，教你不要貪，教眾生大家都來修行，修到煩惱都沒有了，沒有了煩惱就成佛，給你解脫煩惱，遍緣六道四生皆是一樣。觀想，跟著書上所講的去觀。不要如以下的觀，像某某觀自己家庭而已，譬如說他的兒子、他的太太、他的孫女兒等，除此之外的人都觀不到。這樣對不對？很為難！？

譬如說田有很多甲，放種子下去，觀想種子食土氣後發芽，那麼二三天便生出菁菁的。觀眾生都是我，全都是人，那麼如何讓眾生快樂？把他看成我，他的煩惱消除，煩惱清除了就天下太平了，不管是誰都是同胞，不打架相罵，則法院也關起來，警察也不要了。我在這裡辦法會，請你來，你來了生起了歡喜，那我慈就做足夠了。即是說眾生大家都修行變做金剛薩埵，金剛薩埵的慈是四方四佛，東邊的阿閦佛的四親近之首席名金剛薩埵。要修行的人要修普賢行願，希望大家都修行，解脫煩惱。現在看到他人苦痛、無飯吃或是其他，譬如說天旱沒有水，想甚麼辦法去噴水出來，有口渴的人就知道沒有水的確悽慘，盡量想辦法把他的苦痛消除，那是拔苦。

屬於南方寶生佛四親近的首席叫做寶菩薩。接著是喜，喜是西方阿彌陀佛四親近的首席叫做觀音菩薩，觀音菩薩我們向祂拜，事實觀音菩薩是阿彌陀佛的四親近之一。阿彌陀佛不是歷史人物，阿彌陀佛及觀音菩薩都是理的象徵，我所說的都是理的象徵，沒有一個是世間的人。阿彌陀佛的四親近是法利因語，金剛法就是觀音菩薩，法利因語四菩薩合在一起叫做阿彌陀佛。

剛才說東方金剛薩埵，金剛薩埵是阿閦佛的四親近。東方阿閦佛是我們腦筋的大圓鏡智，祂所生出來的首位是金剛薩埵，薩王愛喜叫做四親近。各人有各人的工作，金剛薩埵就是修行的人之基因。

寶菩薩是寶光幢笑四個之一，叫做南方平等智，是我們腦內平等性智所攝，也叫做寶生佛。

法是觀音菩薩也是阿彌陀佛所變的四親近之首位，這首位名叫做法，法利因語，四親近的首位，祂代表帶領說法，不但說法還教給你，教甚麼？教你本來無罪！不是像基督教所講的我們是帶原罪來的。你給自己講「我本來無罪，本來自性清淨，無污染，我本來佛性清淨沒有甚麼不好」，你自己去想去做工作，這叫做觀音。觀音不是人呢！做戲的講觀音媽、妙莊王的女兒，那是假的，真正的觀音菩薩是慈悲，叫做金剛法。

接下來是北方，北方有業菩薩，業菩薩是運作、工作等，這就是捨，如何捨？把肚腹內所有壞的思想全都捨，能捨所捨，我的金錢、我的鑽石、我的成就，他有需要我都捨出去。這就是真言宗慈悲喜捨的觀法，觀法的步驟不一樣，前面的是基礎，後面的是較高的境界，大家學佛的人要把慈悲喜捨學好。

今日沒有甚麼給你們做禮數，用這慈悲喜捨送給你們，我希望大家隨喜拿回家，不管是甚麼時候都拿出來使用，使用它去改造人格，超過一般世俗人，成為一個人的人格資糧。過去都是自己修來的，人不要有派頭，心最要緊，這就是四無量心，都是心，你若是沒有心如何做？有心自己做，你修養的心就是佛心，不用再去製造，「改凡成聖不改其臉，化魚為龍而不離其鱗」。我們當體就是佛，就這樣來做就是觀音菩薩。

《法華經》內有普門品，你們都有唸普門品，普門品給你講，我是奴僕當我成佛時不改這個頭臉，我這個奴僕原全是奴僕，我就是佛；我這婦女身我希望能得道，就是說我不用改造我的婦女身，我做慈悲喜捨，我就成佛！不是叫她，她就來，這是迷信呢！沒有這番事情，不要這樣想，若是不明白誤解了會變成迷信。我們佛教是講道理的，不是講迷信的！我希望幾句話送給你拿回家去用，永遠用不完的！以前送給人的，好像這裡有寫「誠實服務，鞠躬微笑」。現在加多一項「慈悲喜捨」，拿回家去用絕對不敗，我們住在台灣，台灣不敗！你拿回去用。

今日多謝大家來到這裡聚會見面，參加做這個開山紀念日，多謝各位勞駕！

附錄一：《一真法句淺說》

悟光上師《證道歌》

一真法句淺說

嗡乃曠劫獨稱尊，六大毗盧即我身，時窮三際壽無量，體合乾坤唯一人。（文）

嗡又作唵，音讀嗡，嗡即皈命句，即是皈依命根大日如來的法報化三身之意，法身是體、報身是相、化身是用，法身的體是無形之體性，報身之相是無形之相，即功能或云功德聚，化身即體性中之功德所顯現之現象，現象是體性功德所現，其源即是法界體性，這體性亦名如來德性，佛性，如來即理體，佛即精神，理體之德用即精神，精神即智，根本理智是一綜合體，有體必有用。現象萬物是法界體性所幻出，所以現象即實在，當相即道。宇宙萬象無一能越此，此法性自曠劫以來獨一無二的真實，故云曠劫獨稱者。此体性的一中有六種不同的性質，有堅固性即地、地無非一味，其中還有無量無邊屬堅固性的原子，綜合其堅固性假名為地，是遍法界無所不至的，故云地大。其次屬於濕性的無量無邊德性名水大，屬於煖性的無量無邊德性名火大，屬於動性的無量無邊德性曰風大，屬於容納無礙性的曰空大。森羅万象，一草一木，無論動物植物礦物完全具足此六大。此六大之總和相涉無礙的德性遍滿法界，名摩訶毘盧遮那，即是好像日光遍照宇宙一樣，翻譯大日如來。吾們的身体精神都是祂幻化出來，故云六大毘盧即我身。這毘盧即是道，道即是創造万物的原理，當然万物即是道体。道体是無始無終之灵体，沒有時間空間之分界，是沒有過去現在未來，沒有東西南北，故云時窮三陈的無量寿命者，因祂是整個宇宙為身，一切万物的新陳代谢為命，永远在創造為祂的事業，祂是独单的不死人，祂以無量時空為身，沒有与祂第二者同居，是個绝对孤单的老人，故曰体合乾坤唯一人。

虚空法界我独步，森羅万象造化根，宇宙性命元灵祖，光被十方無故新。文

祂在这無量無边的虚空中自由活动，我是祂的大我法身位，祂容有無量無边的六大体性，祂有無量無边的心王心所，祂有無量無边的万象种子，祂以蒔种，以各不同的种子与以滋润，普照光明，使其現象所濃缩之种性与以展現成為不同的万物，用祂擁有的六大為其物体，用祂擁有的叡智精神（生其物）令各不同的万物自由生活，是祂的大慈大

悲之力，祂是万象的造化之根源，是宇宙性命的大元靈之祖，万物生從何來？即從此來，死從何去？死即歸於彼處，祂的本身是光，万物依此光而有，但此光是窮三際的無量壽光，這光常住而遍照十方，沒有新舊的差別。凡夫固執於時方，故有过去現在未來的三際，有東西南北上下的十方觀念，吾人若住於虛空中，即三際十方都沒有了。物質在新陳代謝中凡夫看來有新舊交替，這好像機械的水箱依其循環，進入來為新，排出去為舊，根本其水都沒有新舊可言。依代謝而有時空，有時空而有壽命長短的觀念，人們因有人法之執，故不能窺其全体，故迷於現象而常沉苦海無有出期。

隱顯莫測神最妙，璇轉日月貫古今，貪瞋煩惱我密號，

生殺威權我自興。文

毘盧遮那法身如來的作業名羯磨力，祂從其所有的種子注予生命力，使其各類各各需要的成分發揮變成各具的德性呈現各其本誓的形體及色彩，味道，將其遺傳基因寓於種子之中，使其繁衍子孫，這源動力還是元靈祖所賜。故在一期一定的過程後而隱沒，種子由代替前代而再出現，這種推動力完全是大我靈體之羯磨力，凡夫看來的確太神奇了，太微妙了。不但造化万物，連太空中的日月星宿亦是祂的力量所支配而循環不休息，祂這樣施與大慈悲心造宇宙万象沒有代價，真是父母心，吾們是祂的子孫，卻不能荷負祂的使命施與大慈悲心，違逆的眾生真是辜負祂老人家的本誓的大不孝之罪。祂的大慈悲心是大貪，眾生的負祂的本誓、祂会生氣，這是祂的大瞋，但衆生還在不知不覺的行為中，如有怨嘆，祂都不理而致之，這是賜我們衆生好了也生活着，這是祂的大癡，這貪瞋癡是祂的心理祂本有的德性，本来具有的，是他的密號。祂在創造中不斷斷地成就衆生的成熟。如菓子初生的時只有發育，不到成熟不能食，故未成熟的菓子是苦澁的，到了長大時必須使其成熟，故應以殺氣才能成熟，有生就有殺，加了殺氣之後成熟了、菓子就掉下来、以世間看来是死、故有生必有死、這種生殺的權柄是祂獨有，萬物皆然，是祂自然興起的、故云生殺威權我自興。祂恐怕其創造落空、不斷地動祂的腦筋使其創造不空成就・這些都是祂為衆生的煩惱這煩惱還是祂老人家的本誓云密號，本有功德也。

六道輪迴戲三昧，三界匯納在一心，魑魅魍魎邪精怪，妄為執著意生身。」

大我体性的創造中有动物植物礦物，动物有人類、禽獸、水族、蟲類等具有感情性欲之類，植物乃草木具有繁子孫之類，礦物即礦物之類。其中人類的各种機能組織特別灵敏，感情愛欲思考經驗特別發達，故為万物之灵長、原始時代大概相安無事的，到了文明發達就創了禮教，有了禮教擬將教化使其反璞歸真，創了教條束縛其不致出規守其本分，卻成其反造成越規了，这礼教包括一切之法律，法律並非道之造化法律，故百密一漏之處在所難免，有的法律是保護帝王万世千秋不被他人違背而設的，不一定對於人類自由思考有幫助，所以越嚴格越出規，所以古人設計出有大偽、人類越文明越不守本份，欲望橫飛要衝出自由，自由是万物之特權之性，因此犯了法律就成犯罪。罪是沒有自性的，看所犯之輕重論處，或罰款或勞役或坐牢，期間屆滿就無罪了。但犯了公約之法律或逃出法網不被發現，其人也会悔而自責，誓不復犯，那麼此人的心意識就有洗滌潛意識的某程度，此人也定還会死後再生為人，若不知悔悟但心中還常感苦煩，死後一定墮地獄，若犯罪畏罪而逃不敢面对現実，心中恐懼怕人發見，這种心意識死後会墮於畜生道。若人欲望熾盛欲火冲冠，死後必定墮入餓鬼道。若人作善意欲求福報死後会生於天道，人心是不定性的，所以在六道中出沒有了時，因為它是凡夫不悟真理才会感受苦境。苦樂感受是三界中事，若果修行悟了道之本體，與道合一入我我入，成為乾坤一人的境界，向下觀此大道即是虛出現的現像，都是大我的三昧遊戲吧了。能感受所感受的三界都是心，不但三界，十界亦是心。故三界匯納在一心。魑魅魍魎邪精怪是山川木石等孕育天地之靈氣，然後受了動物之精液幻成，受了人之精液即能變為人形，受了猴之精液變猴，其他類推，這種怪物即是魔鬼，它不會因過失而懺悔，任意胡為，它的心是是一種執着意識，以其意而幻形，此名意成身。幻形有三條件，一是幽質，二是念朔材質，三是物質，比如說我們要畫圖，在紙上先想所要畫之物，這是幽質，未動筆時紙上先有其形了。其次提起鉛筆繪個形記稿，此即念朔材質，次取來彩色塗上，就變成立體之相，就可亂真了。

喑啞聾殘廢疾、病魔纏縛自迷困，心生覺了生是佛，心佛未覺佛是生。文

人們自出生時或出生了後，罹了喑啞、或眼盲、或耳聾或殘廢疾病、都由前生所作的心識有關，過去世做了令人憤怒而被打了咽喉，或眼目、或殘廢，或致了病入膏肓而死，自己還不能懺悔，心中常存怨恨，這种潛意識帶來輪生，其遺伝基因被其破壞，或在胎內或出生後会現其相。前生若能以般若來觀照五蘊皆空、即可洗滌前愆甚至解縛証道，衆生因迷不悟於宇宙真理，执着人法故此也。人們的造惡業亦是心，心生执着而不自覺即迷沉苦海，若果了悟此心本來是佛性，心生迷境而能自覺了，心即回歸本來面目，那個時候迷的衆生就是佛了。這心就是佛，因衆生迷而

不覺故佛亦變眾生，是迷悟之一念間，人們應該在心之起念間要反觀自照以免隨波著流。

罪福本空無自性，原來性空無所憑，我道一覺超生死，慧光朗照病除根。文

罪是違背公約的代價，福是善行的人間代價，這都是人我之間的現象界之法，在佛性之中都沒有此物，六道輪迴之中的諸心所法是人生舞台的法，人們只迷於舞台之法，未透視演戲之人，戲是假的演員是真的，任你演什麼奸忠角色，對於演員本身是毫不相關的，現像無論怎麼演變，其本來佛性是如如不動的，所以世間之罪福無自性，原來其性本空，沒有什麼法可憑依。戲劇中之盛衰生死貪富根本與佛性的演員都沒有一回事，法華經中的譬喻品有長者

子的寓意故事，有位長者之子本來是無量財富，因出去玩要被其他的孩子帶走，以致迷失不知回家，成為流浪兒，到了長大還不知其家，亦不認得其父母，父母還是思念，但迷兒流浪了終於受傭於其家為奴，雙方都不知是父子關係，有一天來了一位和尚，是有神通的大德，對其父子說係他原來是父子，那個時候當場互為相認，即時回復父子關係，子就可以繼承父親的財產了。未知之前其子還是貧窮的，了知之後就成富家兒了。故喻迷沉生死苦海的衆生若能被了悟的大德指導，一覺大我之道就超生死迷境了。了生死是了解生死之法本來迷境，迷了悟就是智慧，智慧之光朗照，即業力的幻化迷境就消失，病魔之根就根除了

阿字門中本不生、吽開不二絕思陳、五蘊非真業非有、

能所俱泯斷主賓文

阿字門即是涅槃體，是不生不滅的佛性本體，了知諸法自性本空沒有實體，眾生迷於人法，金剛般若經中說的四相，我相、人相、眾生相、壽者相，凡夫迷著以為實有，四相完全是戲論，佛陀教吾們要反觀內照，了知現象即實在，要將現象融入真理，我與道同在，我與法身佛入我我入成為不二的境界，這不二的境界是絕了思考的起沒，滅了言語念頭，靈明獨耀之境界，所有的五蘊是假的，這五蘊堅固就是世間所云之靈魂，有這靈魂就要輪迴六趣了，有五蘊就有能思與所思的主賓關係，變成心所諸法而執着、能所主賓斷了，心如虛空，心如虛空故與道合一，即時回歸不生不滅的阿字門，不然的話，迷着於色聲香味觸之法而認為真，故生起貪愛，瞋恚、愚癡弄蓋佛性，把了生死苦樂感受，諸法是戲論，佛性不是戲論，佛陀教吾們不可認賊為父。

了一切三世一切佛，應觀法界性一真，一念不生三三昧，我法二空佛印心。」

應該一切道三世一切的覺者是怎樣成佛的，要了知一個端的去觀這法界森羅萬象是一真實的涅槃性所現，這是過去佛現在佛未來佛共同所修觀的方法，一念生萬法現，一念若不生就是包括了無我、無相、無願三種三昧，這種三昧是心空，不是無知覺，是視之不見、聽之不聞的靈覺境界此乃一真法性當體之狀態，我執法執俱空即是入我我入，佛心即我心、我心即佛心，達到這境界即入禪定，禪是佛定是心不起、二即一、眾生即佛。釋迦拈花迦葉微笑印此端的，因為迦葉等五百羅漢，均是不發大心的外道思想意識潛在，故闲了方便手指舉波羅花輾動，大眾均不知用意、但都啞然一念不生注視着，這端的當体即佛性本来面目、可惜錯过機会，只有迦葉微笑表示領悟，自此別開一門的無字法門禪宗，見性了緣不能發大心都是獨善其身的自了漢。

菩薩金剛眷屬、三緣無住起悲心、天龍八部隨心所、神通變化攝鬼神。

羅漢在高山打蓋睡，菩薩落荒草，佛在世间不離世间覺、羅漢入定不管世事眾生死如在高山睡覺，定力到極限的時候就醒来、会起了念頭、就墮下来了。菩薩是了悟眾生本質即佛德，已知迷是苦海，覺悟即極樂，菩薩已徹底了悟了，它就不怕生死，潤惑潤生，拯救沉沒海中的眾生，如人已知水性了，入於水中會游泳，菩薩變成泳池，眾生是不知水性故會沉溺，菩薩入於眾生群中，猶如一支好花入於蔓草之中，鶴立雞群，一支獨秀的佛世間，眾生世間、器世間，都是法界佛性所現，在世間覺悟道理了，就是佛，所以佛在世間並無離開世間。佛是世間眾生的覺悟者菩薩為度眾生而開方便法門，但有頑固的眾生不受教訓，菩薩就起了忿怒相責罰，這就是金剛，這是大慈大悲的佛心所流露之心所，其德即佛，心王心所是佛之眷屬，這種大慈大悲的教化眾生之心所，是沒有能度所度及功勞的心無住生心，歸納起來菩薩金剛都是大悲毘盧遮那之心。

此心即佛心，要度天或鬼神就變化同其趣。如天要降雨露時諸法界衆生就變天龍，要守護法界衆生就變八部神將，都是大日如來心所流出的。祂的神通變化是莫測的，不但能度的菩薩金剛、連鬼神之類都是毘盧遮那普門之一德，普門之多的總和即總持，入了總持即普門之德具備，這總持即是心。

無限色聲我實相、文賢加持重重身，聽我法句認諦理、一轉彈指立歸真。

心是宇宙心，心包太虛，太虛之中有無量基因德性，無量基因法性即普門，色即現前之法，聲即法相之語，語即道之本體，有其聲必有其物，有其物即有其色相，無限的基因德性，顯現無限不同法相，能認識之本體即佛性智德、顯現法相之理即理德、智法曰文殊、理德曰普賢，法界之森羅万象即此理智冥加之法，無量無邊之理德及無量無邊之智法，無論一草一木都是此妙諦之冥加的總和，所以是基因德性之不同，顯現之物或法都是各各完成其任務之相。若不如是万物即呈現清一色、一味、一相，都沒有各各之使命標幟了。這無限無量的基因德性曰功德，這功德都在於一心之如來藏中，凡夫不知故認後天收入的塵法為真，將真而假合凝、成為阿賴耶識，自此沉迷三界苦海了。人們若果醒了這道理而覺悟，即不起于座立地成佛了。

附錄一：《一真法句淺說》——悟光上師《證道歌》

【全文】

嗡乃曠劫獨稱真，六大毘盧即我身，時窮三際壽無量，體合乾坤唯一人。
虛空法界我獨步，森羅萬象造化根，宇宙性命元靈祖，光被十方無故新。
隱顯莫測神最妙，璿轉日月貫古今，貪瞋煩惱我密號，生殺威權我自興。
六道輪回戲三昧，三界匯納在一心，魑魅魍魎邪精怪，妄為執著意生身。
喑啞蒙聾殘廢疾，病魔纏縛自迷因，心生覺了生是佛，心佛未覺佛是生。
罪福本空無自性，原來性空無所憑，我道一覺超生死，慧光朗照病除根。
阿字門中本不生，吽開不二絕思陳，五蘊非真業非有，能所俱泯斷主賓。
了知三世一切佛，應觀法界性一真，一念不生三三昧，我法二空佛印心。
菩薩金剛我眷屬，三緣無住起悲心，天龍八部隨心所，神通變化攝鬼神。
無限色聲我實相，文賢加持重重身，聽我法句認諦理，一轉彈指立歸真。

唵乃曠劫獨稱真，六大毘盧即我身，時窮三際壽無量，體合乾坤唯一人。

【釋義】

嗡又作唵，音讀嗡，嗡即皈命句，即是皈依命根大日如來的法報化三身之意，法身是體，報身是相，化身是用，法身的體是無形之體性，報身之相是無形之相，即功能或云功德聚，化身即體性中之功德所顯現之現象，現象是體性功德所現，其源即是法界體性，這體性亦名如來德性、佛性，如來即理體，佛即精神，理體之德用即精神，精神即智，根本理智是一綜合體，有體必有用。現象萬物是法界體性所幻出，所以現象即實在，當相即道。宇宙萬象無一能越此，此法性自曠劫以來獨一無二的真實，故云曠劫獨稱真。此體性的一中有六種不同的性質，有堅固性即地，地並非一味，其中還有無量無邊屬堅固性的原子，綜合其堅固性假名為地，是遍法界無所不至的，故云地大。其次屬於濕性的無量無邊德性名水大，屬於煖性的無量無邊德性名火大，屬於動性的無量無邊德性曰風大，屬於容納無礙性的曰空大。森羅萬象，一草一木，無論動物植物礦物完全具足此六大。此六大之總和相涉無礙的德性遍滿法界，名摩訶毘盧遮那，即是好像日光遍照宇宙一樣，翻謂大日如來。吾們的身體精神都是祂幻化出來，故云六大毘盧即我身，這毘盧即是道，道即是創造萬物的原理，當然萬物即是道體。道體是無始無終之靈體，沒有時間空間之分界，是沒有過去現在未來，沒有東西南北，故云時窮三際的無量壽命者，因祂是整個宇宙為身，一切萬物的新陳代謝為命，永遠在創造為祂的事業，祂是孤單的不死人，祂以無量時空為身，沒有與第二者同居，是個絕對孤單的老人，故曰體合乾坤唯一人。

虛空法界我獨步，森羅萬象造化根，宇宙性命元靈祖，光被十方無故新。

祂在這無量無邊的虛空中自由活動，我是祂的大我法身位，祂容有無量無邊的六大體性，祂有無量無邊的心王心所，祂有無量無邊的萬象種子，祂以蒔種，以各不同的種子與以滋潤，普照光明，使其現象所濃縮之種性與以展現成為不同的萬物，用祂擁有的六大為其物體，用祂擁有的睿智精神(生其物)令各不同的萬物自由生活，是祂的大慈大悲之力，祂是萬象的造化之根源，是宇宙性命的大元靈之祖，萬物生從何來？即從此來，死從何去？死即歸於彼處，祂的本身是光，萬物依此光而有，但此光是窮三際的無量壽光，這光常住而遍照十方，沒有新舊的差別。凡夫因執於時方，故有過去現在未來的三際，有東西南北上下的十方觀念，吾人若住於虛空中，即三際十方都沒有了。物質在新陳代謝中凡夫看來有新舊交替，這好像機械的水箱依其循環，進入來為新，排出去為舊，根本其水都沒有新舊可言。依代謝而有時空，有時空而有壽命長短的觀念，人們因有人法之執，故不能窺其全體，故迷於現象而常沉苦海無有出期。

隱顯莫測神最妙，璿轉日月貫古今，貪瞋煩惱我密號，生殺威權我自興。

毘盧遮那法身如來的作業名羯磨力，祂從其所有的種子注予生命力，使其各類各各需要的成分發揮變成各具的德性呈現各其本誓的形體及色彩、味道，將其遺傳基因寓於種子之中，使其繁愆子孫，這源動力還是元靈祖所賜。故在一期一定的過程後而隱沒，種子由代替前代而再出現，這種推動力完全是大我靈體之羯磨力，凡夫看來的確太神奇了、太微妙了。不但造化萬物，連太空中的日月星宿亦是祂的力量所支配而璿轉不休息，祂這樣施與大慈悲心造宇宙萬象沒有代價，真是父母心，吾們是祂的子孫，卻不能荷負祂的使命施與大慈悲心，迷途的眾生真是辜負祂老人家的本誓的大不孝之罪。祂的大慈悲心是大貪，眾生負祂的本誓，祂會生氣，這是祂的大瞋，但眾生還在不知不覺的行為中，如有怨嘆，祂都不理而致之，還是賜我們眾生好好地生活著，這是祂的大癡，這貪瞋癡是祂的心理、祂本有的德性，本來具有的、是祂的密號。祂在創造中不斷地成就眾生的成熟。如菓子初生的時只有發育，不到成熟不能食，故未成熟的菓子是苦澀的，到了長大時必須使其成熟故應與以殺氣才能成熟，有生就應有殺，加了殺氣之後成熟了，菓子就掉下來，以世間看來是死，故有生必有死，這種生殺的權柄是祂獨有，萬物皆然，是祂自然興起的，故云生殺威權我自興。祂恐怕其創造落空，不斷地動祂的腦筋使其創造不空成就，這些都是祂為眾生的煩惱。這煩惱還是祂老人家的本誓云密號，本有功德也。

六道輪回戲三昧，三界匯納在一心，魑魅魍魎邪精怪，妄為執著意生身。

大我體性的創造中有動物植物礦物，動物有人類，禽獸，水族，蟲類等具有感情性欲之類，植物乃草木具有繁衍子孫之類，礦物即礦物之類。其中人類的各種機能組織特別靈敏，感情愛欲思考經驗特別發達，故為萬物之靈長，原始時代大概相安無事的，到了文明發達就創了禮教，有了禮教擬將教化使其反璞歸真，創了教條束縛其不致出規守其本分，卻反造成越規了，這禮教包括一切之法律，法律並非道之造化法律，故百密一漏之處在所難免，有的法律是保護帝王萬世千秋不被他人違背而設的，不一定對於人類自由思考有幫助，所以越嚴格越出規，所以古人設禮出有大偽，人類越文明越不守本分，欲望橫飛要衝出自由，自由是萬物之特權之性，因此犯了法律就成犯罪。罪是法沒有自性的，看所犯之輕重論處，或罰款或勞役或坐牢，期間屆滿就無罪了。但犯了公約之法律或逃出法網不被發現，其人必會悔而自責，誓不復犯，那麼此人的心意識就有洗滌潛意識的某程度，此人必定還會死後再生為人，若不知懺悔但心中還常感苦煩，死後一定墮地獄，若犯罪畏罪而逃不敢面對現實，心中恐懼怕人發現，這種心意識死後會墮於畜生道。若人欲望熾盛欲火衝冠，死後必定墮入餓鬼道。若人作善意欲求福報死後會生於天道，人心是不定性的，所以在六道中出歿沒有了時，因為它是凡夫不悟真理才會感受苦境。苦樂感受是三界中事，若果修行悟了道之本體，與道合一入我我入，成為乾坤一人的境界，向下觀此大道即是虛出歿的現象，都是大我的三昧遊戲罷了，能感受所感受的三界都是心，不但三界，十界亦是心，故三界匯納在一心。魑魅魍魎邪精怪是山川木石等孕育天地之靈氣，然後受了動物之精液幻成，受了人之精液即能變為人形，受了猴之精液變猴，其他類推，這種怪物即是魔鬼，它不會因過失而懺悔，任意胡為，它的心是一種執著意識，以其意而幻形，此名意成身，幻形有三條件，一是幽質，二是念朔材質，三是物質，比如說我們要畫圖，在紙上先想所畫之物，這是幽質，未動筆時紙上先有其形了，其次提起鉛筆繪個形起稿，此即念朔材質，次取來彩色塗上，就變成立體之相，幾可亂真了。

喑啞蒙聾殘廢疾，病魔纏縛自迷因，心生覺了生是佛，心佛未覺佛是生。

人們自出生時或出生了後，罹了喑啞、或眼盲、或耳聾或殘廢疾病，都與前生所作的心識有關，過去世做了令人憤怒而被打了咽喉、或眼目、或殘廢、或致了病入膏肓而死，自己還不能懺悔，心中常存怨恨，這種潛意識帶來轉生，其遺傳基因被其破壞，或在胎內或出生後會現其相。前生若能以般若來觀照五蘊皆空，即可洗滌前愆甚至解縛證道，眾生因不解宇宙真理，執著人法故此也。人們的造惡業亦是心，心生執著而不自覺即迷沉苦海，若果了悟此心本來是佛性，心生迷境而能自覺了，心即回歸本來面目，那個時候迷的眾生就是佛了。這心就是佛，因眾生迷而不覺故佛亦變眾生，是迷悟之一念間，人們應該在心之起念間要反觀自照以免隨波著流。

罪福本空無自性，原來性空無所憑，我道一覺超生死，慧光朗照病除根。

罪是違背公約的代價，福是善行的人間代價，這都是人我之間的現象界之法，在佛性之中都沒有此物，六道輪迴之中的諸心所法是人生舞台的法，人們只迷於舞台之法，未透視演戲之人，戲是假的演員是真的，任你演什麼奸忠角色，對於演員本身是毫不相關的，現象無論怎麼演變，其本來佛性是如如不動的，所以世間之罪福無自性，原來其性本空，沒有什麼法可憑依。戲劇中之盛衰生死貧富根本與佛性的演員都沒有一回事。《法華經》中的〈譬喻品〉有長者子的寓意故事，有位長者之子本來是無量財富，因出去玩耍被其他的孩子帶走，以致迷失不知回家，成為流浪兒，到了長大還不知其家，亦不認得其父母，父母還是思念，但迷兒流浪了終於受傭於其家為奴，雙方都不知是父子關係，有一天來了一位和尚，是有神通的大德，對其父子說你們原來是父子，那個時候當場互為相認，即時回復父子關係，子就可以繼承父親的財產了。未知之前其子還是貧窮的，了知之後就成富家兒了，故喻迷沉生死苦海的眾生若能被了悟的大德指導，一覺大我之道就超生死迷境了。了生死是瞭解生死之法本來迷境，這了悟就是智慧，智慧之光朗照，即業力的幻化迷境就消失，病魔之根就根除了。

阿字門中本不生，吽開不二絕思陳，五蘊非真業非有，能所俱泯斷主賓。

阿字門即是涅盤體，是不生不滅的佛性本體，了知諸法自性本空沒有實體，眾生迷於人法，《金剛般若經》中說的四相，我相、人相、眾生相、壽者相，凡夫迷著以為實有，四相完全是戲論，佛陀教吾們要反觀內照，了知現象即實在，要將現象融入真理，我與道同在，我與法身佛入我我入成為不二的境界，這不二的境界是絕了思考的起沒，滅了言語念頭，靈明獨耀之境界，所有的五蘊是假的，這五蘊堅固就是世間所云之靈魂，有這靈魂就要輪迴六趣了，有五蘊就有能思與所思的主賓關係，變成心所諸法而執著，能所主賓斷了，心如虛空，心如虛空故與道合一，即時回歸不生不滅的阿字門。不然的話，迷著於色聲香味觸之法而認為真，故生起貪愛、瞋恚、愚癡等眾蓋佛性，起了生死苦樂感受。諸法是戲論，佛性不是戲論，佛陀教吾們不可認賊為父。

了知三世一切佛，應觀法界性一真，一念不生三三昧，我法二空佛印心。

應該知道三世一切的覺者是怎樣成佛的。要了知一個端的應觀這法界森羅萬象是一真實的涅盤性所現，這是過去佛現在佛未來佛共同所修觀的方法，一念生萬法現，一念若不生就是包括了無我、無相、無願三種三昧，這種三昧是心空，不是無知覺，是視之不見、聽之不聞的靈覺境界，此乃一真法性當體之狀態，我執法執俱空即是入我我入，佛心即我心，我心即佛心，達到這境界即入禪定，禪是體，定是心不起，二而一，眾生成佛。釋迦拈花迦葉微笑即此端的，因為迦葉等五百羅漢，均是不發大心的外道思想意識潛在，故開了方便手拈畢波羅花輾動，大眾均不知用意，但都啞然一念不生注視著，這端的當體即佛性本來面目，可惜錯過機會，只有迦葉微笑表示領悟，自此別開一門的無字法門禪宗，見了性後不能發大心都是獨善其身的自了漢。

菩薩金剛我眷屬，三緣無住起悲心，天龍八部隨心所，神通變化攝鬼神。

羅漢在高山打蓋睡，菩薩落荒草，佛在世間不離世間覺，羅漢入定不管世事眾生宛如在高山睡覺，定力到極限的時候就醒來，會起了念頭，就墮下來了，菩薩是了悟眾生本質即佛德，已知迷是苦海，覺悟即極樂，菩薩已徹底了悟了，它就不怕生死，留惑潤生，拯救沉沒海中的眾生，如人已知水性了，入於水中會游泳，苦海變成泳池，眾生是不知水性故會沉溺，菩薩入於眾生群中，猶如一支好花入於蔓草之中，鶴立雞群，一支獨秀。佛世間、眾生世間、器世間，都是法界體性所現，在世間覺悟道理了，就是佛，所以佛在世間並無離開世間。佛是世間眾生的覺悟者，菩薩為度眾生而開方便法門，但有頑固的眾生不受教訓，菩薩就起了忿怒相責罰，這就是金剛，這是大慈大悲的佛心所流露之心所，其體即佛，心王心所是佛之眷屬，這種大慈大悲的教化眾生之心所，是沒有能度所度及功勞的心，無住生心，歸納起來菩薩金剛都是大悲毘盧遮那之心。此心即佛心，要度天或鬼神就變化同其趣。如天要降雨露均沾法界眾生就變天龍，要守護法界眾生就變八部神將，都是大日如來心所所流出的。祂的神通變化是莫測的，不但能度的菩薩金剛，連鬼神之類亦是毘盧遮那普門之一德，普門之多的總和即總持，入了總持即普門之德具備，這總持即是心。

無限色聲我實相，文賢加持重重身，聽我法句認諦理，一轉彈指立歸真。

心是宇宙心，心包太虛，太虛之中有無量基因德性，無量基因德性即普門，色即現前之法，聲即法相之語，語即道之本體，有其聲必有其物，有其物即有其色相，無限的基因德性，顯現無限不同法相，能認識之本體即佛性智德，顯現法相之理即理德，智德曰文殊，理德曰普賢，法界之森羅萬象即此理智冥加之德，無量無邊之理德及無量無邊之智德，無論一草一木都是此妙諦重重冥加的總和，只是基因德性之不同，顯現之物或法都是各各完成其任務之相。若不如是萬物即呈現清一色、一味、一相，都沒有各各之使命標幟了。這無限無量的基因德性曰功德，這功德都藏於一心之如來藏中，凡夫不知故認後天收入的塵法為真，將真與假合璧，成為阿賴耶識，自此沉迷三界苦海了，人們若果聽了這道理而覺悟，即不起於座立地成佛了。

—完—

附錄二：
禪密之理念與體驗

禪悟

Cheng Chen Mia

鄭全妙

五智山光明王寺
台灣高雄縣內門鄉
永興村頂庄32之三號
電話：(〇七)六六九二二七五

禪密之理念與體驗

頭陀禪：本來空寂為宗、畢竟空

體諸法如夢、本來無事、心境本寂，非今始空

迷之為有，即見榮枯貴賤等事，事既具有，相違順逆，

故生愛惡等情，情生即諸苦所繫，夢作夢受，

何損何益，有此能了之智亦如夢心，乃至設有一法过

於涅槃亦如夢如幻，既達本來無事，理宜喪己忘情

情忘即絕苦因，方離一切苦厄，此忘情為修也。

般若空

色即空、空即色，肯定色是法性所顯，雖無自性，當

体即佛性，物無自性是指無不斷地新陳代謝，是真

如佛性之窮磨力的推動，經無成住壞滅四相而終歸

未顯之前的面目空性本位，空不空如來藏也。这理念是

南宗禪與密教相同。

南宗禪標頓悟禪，

以無念為宗，無相為体，無住為本。

五智山光明王寺
台灣高雄縣內門鄉
永興村南庄32之三號
電話:(07)六六九二一七五

Cheng Chen Mia

鄭全妙

念念不住，前念、今念、後念，念念相續，無有斷絕，
若一念斷絕，法身即離色身，念念時中，於一切法上
無住，一念若住，念念即住，住即縛，無住即無縛，
故以無住為本。若外離一切相，即無相，無相即內
不生法，性體本來清淨，故以無相為体。
於一切法不染不著，名無念，心不著即離境，不以法
上念生，莫百物不思，念盡除卻，一念斷即無別处
受生，學道者用心，莫不息法意，故以無念為宗。
不着心，不着淨，不是動，若言看心，心元是妄，妄如
幻故，無所看也，若言看淨，人性本淨，心起看淨，卻
生淨妄，妄無處所，故知看者，看卻是妄也。淨無形相
卻立淨相，言是功夫，作此見者，障自本性，卻被淨縛，
看心看淨都是障道因緣。若識本心，即是解脫，
心者真如佛性之獨磨力也。既得解脫，即是般若三昧，
悟般若三昧即是無念，何名無念？無念法者，見一
切、不着一切法，遍一切處，不着一切處，常淨自性，使六

五智山光明王寺
台灣高雄縣內門鄉
永興村頂庄32之三號
電話：(〇七)六六九一一七五

Cheng Chen Mia
鄭全妙

賊從六門走去，於六塵中，不離不染，如蓮在泥中不染泥、來去自由、不希望往淨處，亦不厭惡塵界，即是般若三昧。

自在解脫，名無念行，悟無念法者，萬法盡通，悟無念法者見諸佛境界，悟無念頓法者至佛位也。

真言行者行無念法即將小身印入諸法相大身、諸法相大身印法身、法身充滿宇宙，時沒有自身，沒有他身，乾坤一人也。任你什麼法亦不出此大身，不是無念，是念片々也。所謂事來即應、事去勿留。

禪密之理念與體驗

頭陀禪：本來空寂為宗，畢竟空

體諸法如夢，本來無事，心境本寂，非今始空，迷之為有，即見榮枯貴賤等事，事跡具有相違順逆，故生愛惡等情，情生即諸苦所繫，夢作夢受，何損何益，有此能了之智，亦如夢心，乃至沒有一法過於涅槃，亦如夢如幻，既達本來無事，理宜喪己忘情，情忘即絕苦因，方離一切苦厄，此忘情為修也。

般若空

色即空。空即色。肯定色是法性所顯，雖無自性，當體即佛性。物無自性，是指其不斷地新陳代謝，是真如佛性之羯磨力的推動，經其成住壞滅四相，而終歸未顯之前的面目。空性本位，空不空如來藏也。這理念是南宗禪與密教相同。

南宗禪標頓悟禪

以無念為宗，無相為體，無住為本。

念念不住，前念今念後念，念念相續，無有斷絕，若一念斷絕，法身即離色身，念念時中，於一切法上無住。一念若住，念念即住，住即縛，無住即無縛，故以無住為本。若外離一切相即無相，無相即內不生法，性體本來清淨，故以無相為體。

於一切法不染不著，名無念，心不著即離境，不以法上念生，莫百物不思，念盡除卻，一念斷即無別處受生，學道者用心，莫不息法意，故以無念為宗。不著心，不著淨，不言動，若言看心，心元是妄，妄如幻故，無所看也。若言看淨，人性本淨，心起看淨，卻生淨妄，妄無處所，故知看者，看卻是妄也。淨無形相，卻立淨相，言是功夫，作此見者，障自本性，卻被淨縛。看心看淨都是障道因緣。若識本心，即是解脫，心者真如佛性之羯磨力也。既得解脫，即是般若三昧，悟般若三昧即是無念。何名無念？無念法者，見一一切，不著一切法，遍一切處，不著一切處，常淨自性，使六賊從六門走去。於六塵中，不離不染，如蓮在泥中不染泥，來去自由，不希望往淨處，亦不厭惡塵界，即是般若三昧。

自在解脫，名無念行，悟無念法者，萬法盡通；悟無念法者，見諸佛境界；悟無念頓法者，至佛位也。

真言行者，行無念法即將小身即入諸法相大身，諸法相大身即法身，法身充滿宇宙，時沒有自身，沒有他身，乾坤一人也。任你什麼法亦不出此大身，不是無念，是念片片也。所謂事來即應，事去勿留。

附錄三：高祖之六大說

高祖之六大說

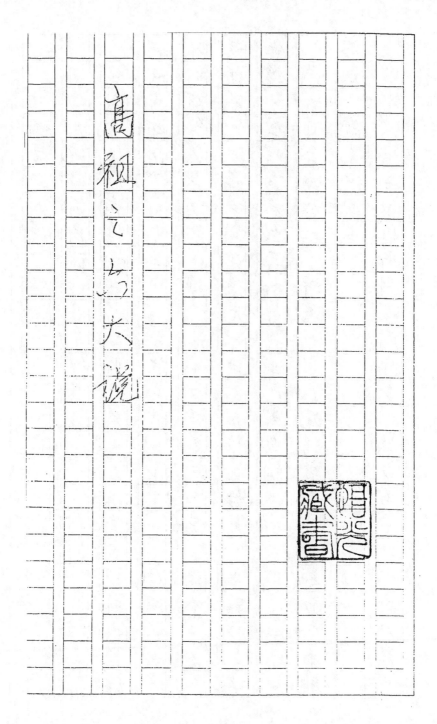

高祖之六大說

一、六大說的所出諸經論之管見

在我多佛教諸經論中、舉出六大之名稱者、初就小乘經論中之中阿含經卷三、同四十二、同四十三、同四十七、增一阿含經卷廿九、俱舍論卷一及卷二、婆沙論卷七五、法蘊卷九、集異門足論卷一五、正法念經卷三、萍沙王五願經、正理論卷三等都有提出六大名稱。試看具舍論卷一、所說之六大說到底是什麼東西？未觀察時、就先說說四大。

地水火風是能持自相及所造色、故名為界如、是四界、亦名大種、是一切餘色所依性故、其體寬廣故、或於地（大地）等、增盛聚中、形相大故、或起種種大用故云。依此見之、地是地、水是水、各各能持自相與其保持所造之色的義理而言云爾，因一切餘色所依性、故云大種。其體形相用大故依之為大，未說其業用大。

此四大種能成何業、則如其次第為、持、攝、熟、長養、四業。即地是任持万有，水是攝取、火是能熟、風是能成成長與增長。

次說自性之所出緣由：

地為顯形色處為體。隨世間想假立此名。由諸世間相、示也者、以顯形色示也，以顯形色而相示故名。水火亦然。風即風界世間、以動立風名、故如世等隨世間名之、風顯形故言亦爾、世間說黑風團風。

次就空識界而言：

諸有門窗及口鼻等內外竅隙名為界。如是竅隙云何應知？伝說竅隙即是明闇、離了明闇即竅隙不可得取。故說空界明闇為體（中略）。諸有漏識為識界，為什麼不說諸無漏識為識界耶？因為六界是諸有情眾生所依故，如是六種諸界、從續心至命終心恆持生故，諸無漏法則不如是，彼六界前四地水火風、即此觸界所攝。第五空即此色界所攝、第六識大，即此七心所攝。

依此俱舍論之六界是十八界之有漏法，不是無漏清淨之法可知。其次在於第二卷：

入胎經中唯說六界為士夫有情者，為顯能成士夫根本依事即知．此等之六界是生有為法之因，而不是無為法。次大乘經中的法相，瑜伽論二七、及五六、成唯識論之六大說，大概是止於前之俱舍論、同為士夫之六界而已。

三論宗而是在仁王經之上、大般若經一二九、同二五一、同三七三、智度論三三及四一、般若燈論四、中論二等之所出、其論如何都是小乘經典所論說，六界之空旨而已。

今提中論之一節來看；

地水火風眾緣和合故有、破識苦樂因緣故知無常變易故易。破虛空無如是相、但凡夫師望為有是故先破，次虛空能持四大、四大四緣有識是故先破根本、餘自破（卷三）此中觀之思想是顯揚絕對空為目的。其中雖有認識批判之哲學思索頗為深大、但我高祖所說之六大論卻有大異其趣。其地修行道地經卷五、放光般若經卷二、殊有首楞嚴經之卷三中，亦出有四大、五大、六大、七大之說。然吾祖是捨前述的諸經論之六大說、是依大日經第二具緣品之、我覺本不生、出過語言道，諸過得解脫、遠離於因緣，

知空等虛空、

之文及金剛頂經三摩地法之：

諸法本不生、自性離言說、清淨無垢染、因業等虛空、

之文為典據，以為號之名、來唱導六大說。依大日經文來

看、高祖之御釋云：

阿字諸法不生義者，即地大、嚩字離言說謂之水大、清

淨無垢染者囉字火大。因業不可得者，訶字門是風大、

等虛空者欠字、字相即空大也。我覺者識大，因位名識

果位謂智（即身義）

及證金剛頂經之文云、此六同大日經

諸法者，謂心法、心王心數無數無量故，曰諸、心識之異義適故，天親等以三界唯心成立唯識義、自餘同上說（即身義）。

雖傳六大、無實全異無趣、不同顯論、栂尾師以今之大日經文与大日經譯本比較、即出如下之結果

大日經	大日經釋
覺本不生	常恆不變德
可出過語言道	遠離分別德
了諸過得解脫	解脫煩惱德
而遠離於因緣	自然活動德

可知空等虛空，無礙涉入德。

二、由經疏上來看

高祖之六大說，凡欲窺我高祖的六大說之大綱者，先要闡了其根本經典的兩部大經。可以因吾輩為此先闡了一行阿闍梨所記的大日經疏，暫見其六大論的真意，疏云：要明菩提之實義，有二偈，即大日經文之「我覺本不生」等文謂云云：

我覺本不生者，謂覺自心從本以來不生，即是成佛，而實無覺無成也。一切眾生不解如是常寂滅，妄想分別云有生、輪迴六趣不能自出。出過語言道者，從此以下：

皆是転釋阿字門，覺不生即是佛自証之法，非思量分別之所能及，不可伝授与人，智度謂之言語盡竟不行處也。諸过得解脫者，一切妄想分別名之為过，即是生滅斷常去來一異等種々戲論也。以不知諸法實相故悉皆可破可転，若了諸法本無生際，即知如是一切过失皆得解脫，是故金剛之身遠離百非也。遠離諸因緣者，若法異離有生滅之相，即有因有緣可得宣說，而今法從緣生則無自性，若無自性則是本來不生。因緣和合時亦無所起，因緣離散時亦無所盡，是故如虛空常不變易。知空等虛空者，本來不生即是畢竟空義。以自性靜淨無際無分別，故同于太虛，是故世簡易解空譬不思議空也云。
然六大說之根本是法界法爾自然法身之妙理、今謂之秘密、密教之密由是在之。二而不二相即而出、成無限活動的源泉。抑或本不生是何東西、高祖之吽字義云之「因亦是法界、緣亦是法界、因緣所生法亦是法界」又從緣生者、悉皆有始有本、今觀此能生緣亦復從衆因緣生、展転從緣誰為其本、如是觀察時則知本不生際是萬法之本。

後世之學者間、对此等文章之看法、雖異說多樣、但高祖之宗旨是假如在於吾人所有的理智之深底的本有理智、即知覺鍐之人之境為本有的始無相同。淨嚴师对本不生的義」之本有本不故詮有、不生有邊始生故詮空、有空兼含故為中道也。

又若能溯緣生之濫觴則知緣生權說实是本有也。

生依「本不生」之理來考查時、本不生是諸法之本源、不生即本有常住也。本有即是無常遷流不止的現象界。現前不变永恆之实相，是人間至真之欲求出來的一種观念。依观念而論述一般的現象、感思考生存與底內在。由真言哲学之思想上、容許現象是現象存生滅的世界，從生住滅變化的現象当相、即從生滅变化的現象、視為永遠的世界实相去認識。即現象即实在、当相即道、即事而真也。世界乃本之生而滅、滅而生的生死當相即真是永恆的實相。無始無終即本有的世界之實在、謂何云生死當相無外、因為生死之當相是無始劫來宇宙之不斷的活動之實相的嚴肅之世界作用法理也。真是依批判的攝取宇宙間法理以外沒有任何存在。真言哲學之思潮是不在內在論、亦不是超越論、是種世界唯是現象而已、沒有什麼實在之物。而人間本來之形而上的欲求並無無視、是容認流轉的當相即無限的真理法身之活動。

凡就世界現象當試哲學思想時、非有嚴密的認識批判不可。而這批判是理想與價值之追求、理想與價值的批判是理想之價值的批判之結果意圖來貢獻人生的向上、此處才有哲學的思索，於唯心論之意義的存在之處。以唯心論而至如自起信論的深邃的大乘教之哲學的成就。再者色身本來不二而動反動之互相作用的關係是永久不分的。吾人是將客之意義用去色心不二進而求於心境一如的。精神生活之向上、是將肉的生活使之有意義。認識、批判之結果是批判者是自身之主觀的精神原理追求的到達。此傾向是人類至奧之形而上的欲求所提去求客的得到。於疏中大日經三劫段之解說中、說第二劫時云了解三界唯心心外更無一法而可得者即是依去三界唯心之理者、至第三劫．

以心實相智覺心之實相境智皆是般若波羅蜜故曰無境界云者即色心不二境智一如之密之世界之詮說。第十九卷中云云女人是好自身而莊嚴，以自身之像照鏡見後還愛着自己何是智者是經考慮是如何又是由何處來之相、從考慮而終歸不可得、而知唯心內的幻像而已。愚者看執只在我心內所存的幻像以為實存。乃知從緣生即沒有什麼可染着之物，以取云自證也。此乃萬法唯心之理的詮釋，由此見之總一切之現象界是不外是我心中之幻象而已。何者，色法以眼識來見，見乃物体去映到網膜，進入於腦之中樞，更於反射者也，即映在網膜之像投影於外界也。從而見一之色体六根各人之眼睛之構造不同，並非万人完全得到同一的色覺。音聲由耳識來判斷，由物質之構成分子之振動傳於空氣，由於刺戟鼓膜而感受，味等亦同，畢竟諸現象皆存在於我的主觀，在疏中說法理云：

諸法唯依心而有，如人眼見色者，眼根与色対，不能了知青黃赤白等，次眼識即生，不覺之意，此青黃也。次意識即分別分析言此是青黃赤白等種種衆相，當知但由心分別而有也。（第十二卷疏）認識唯是心，六根亦能攝不能分別。

如斯說了嚴密的唯心之理，一切法無不入於阿字門，以一切歸於阿字之原理。阿字是本不生之意的梵語之[anutpāda]

之首字阿中一語存納全体之意義，成為諸法之第一根本原理的密。本來不生之真意義在此密字以外，他都沒有。

疏卷四云：

復次法界者即是衆生界。衆生界者即是心界，心界者即是本性淨，本性淨者即遍至一切等同虛空，等同虛空者即是無等等阿字門云云。

即是人之世界是我們精神上所見的現象，生現象之根本是絕妄法的純一無雜之密之源理之阿字。以有法之实在為唯心者，使体達於心之実相，成為一切種智之所以也。此為心之性海云。而心性海者即是法界，法界者即是勝義涅槃

疏（第七卷）

如來慧眼時，悟得了一切種智的唯心之理即，直成灵网共是無上大涅槃至於佛果也。獨卷十五云（疏）

覺者覺了自心境界真實之徒也。

由覺了自心脫了一切之執着即達到無所住而住的心境地。

阿字門即是顯示自身我，即我自身本不生亦無滅不生不滅者即是如來之身。

所詮於自己心內的一切個人的之物、識性的之物，如性向好惡利害等障礙物加以排除，排了一切於純粹無垢之務來自省內心批判，然後始有普遍的自唯一絕對之精神原理的到達。既為直驗心之本不生，即是正如實知自心也。如實知心即是肉一如，故自心当成佛也。心地觀經之所謂心淨故世界清淨，自心成佛即方有悉成佛之理成立。

自心如實而知即密之理而能達觀、原理之法即能完成人格。人間形而上之欲求的滿足而達成，法如即為法界差別即有本來平等之唯密之世界。直驗了密之世界的悟得時，而無為覺没為成，此謂我覺本不生云。本不生是無始無終之恆存原理之名，要直驗悟得真理即是認大，故即以我覺之向為認大之所以也。方法唯密即是契認了無始無終的法界法爾之實理，斷絕了一切之妄想分別、妄言境，所謂一相一味到了實際世界的領野。斷絕一切差別的世界，吾人為了絕念慮故，云之出過語言道。唯只體驗阿字之原理與理想之直驗而已。大日經云：絕對的從普遍之密之宇宙原理，直從絕對的靈格名法身佛。蓋無論如何都無法從現象界去覓得究竟安心的人，個性向是追着必然的存在意義及價值。普遍的、超越無限永久之絕對活動原理的憧憬是難得的。加之人間之哲學的思索之進步是幽玄深邃之宇宙原理附加了人格觀念，又無法從絕對者得以融合以最高至尊生活。單就真如而言止於唯是理而已，吾人亦無法找出任何人格的活動存在。然高祖之教旨是人生常而不二，理智意心常而一如」差云不二就在而上之對立、此故有密之名云。既名密、故有理對智有法對人、可是理智人法二而不二、得到結論是一如也。第三之諸過得解脱者、唯心之理在我心上暗覗的影像上走去観念為実有、能滅斬常一異去来的執着一様、脱離一切戯論、到本不生之唯心世界的直覗証悟障達到密的真面目云。換言之法身融合、唯是密之宇宙法界而已。更無一法可執、破了種々戯論、直即徹見宇宙実在之根本、這纔入為之得到解脱。

第四遠離於因縁者、既然離了戯論得到解脱的境界、所生生滅相、方法差別之世界縁起亦是唯心之原理因縁相應生了認識的心之現象而已，依此之唯心的原理，方法是平等，所謂平等虛空可知。此空並非吾人所謂空無的意思。所謂密之本有的意義為之空也。高祖十住心論之第十所謂，以知心無量故知身無量，知身無量故知智無量，知智無量故知眾生無量，眾生即橫義眾生自心無數無量云云即不二摩訶衍之性德圓海之空的意思，要知如是空云知空等虛空也。

此要在六大論之本是離本不生之理、本不生之理是現實上之法爾之世界。一切經驗之主体的我之有由一切概念加以分析所得的結果之。方法唯心之理乃於並驗之知心性的体驗、心境一如凡聖不二之境，然即而二，即理想界與現實界之融合的密之於絕對價值界之批判的世界而已。高祖之因亦是法界、緣亦是法界，因緣所生亦是法界，就是於唯心所現之世界或自的論理，至於根源是其一亦無多，千萬个的絕對的密『阿』之一元也，此密之一元者並非如吾人所謂的第六識意識界，是萬象之根元認識之究極的原理者，如第九識第十識之物、色心理智來分之識体也，蓋ア、プ、川、才川之通觀即更進而不認如是普遍的絕對的恒存原理。

人法不二之思想是於曼荼羅界於五佛對法之根底流以揭蔑不可。既說五大出了六大。然五大不得配五佛，但其如五大配五佛，即在高祖的聲字義中云：

五大者五字五佛及海會諸尊是云：

在即身義就被大日經之偈文云

此經偈的五佛三摩地作如是說云

又依於顯密之四大來比較

諸顯教中以四大等為非情、密教則說此為如來三昧耶。

論之，此理趣經等於最顯著的諸種經論上之說是並即是菩薩三昧耶之內證也。此即人格者否佛格之域之間。蓋依庶物崇拜等見之有素朴的思想，以事象當體予以人格化成神格化、然思索力之發達是論理的抽象觀念之神格化之進步

「是極復理論与事象的調和常有之。依印度古代理論的抽象的觀念是如高祖之密教眼見於最高之調和、誰人都無法企図的偉大融合。⑩

如上述所知，我高祖之六大說是西曆紀元前第五世紀已出之希脈之哲學者エムドクレース等之所唱的地水火風之四元素、或小乘佛教俱舍論等所述，如云地水火風四界、乃至地水火風空識六界等完全有異。高祖之所謂「以世間淺名表法性深義」，這种器界名字者也，是原理完全立腳於唯心論，析於認識之根本即招「アプリオリ的器」。遙思高祖活在世之當時，南都各六宗互相競爭勢力，而對五大六大以為止於唯有之元素的本質的思考之法執、尚未闡明到唯心的法性之深理故、而取於彼經諸論所顯的地水火風等世間的識名來深究世界之原理、給於詮顯五佛之法性，或為曼荼羅所表之五佛之法性是何物而起疑問、於深究六大之謂何不可不知。既然云人法一致是五佛之本誓標幟故、高祖之六大說是吾人於宗教生活的究竟理想。成得到即身成佛之真意義。若依理具之立場而言、十界凡聖皆是六大的原理故皆五佛之三摩地、或云無不是五佛之總體大日之法性。若在顯得之立場而言、知了本來具有佛之真性、體驗了普遍絕對的心性、真正顯現萬德開了佛智見故、云即疾頓悟。

先生無畏三藏、与我高祖、兩祖之間之六大論說之相違如何來看密時、疏家是立無相一心阿之理來看密之世界、所謂立脚指一法界說來立論，如此亦為異者、依就宥快師之即身義鈔第四卷有出二說，在第一說是多含大日經文之意故、兩祖互相出一法一門、疏家是本不生之故、出过語言道等來述義門展示出之一義。大師是言不生離言等是阿縛羅訶佉（[illegible]）的五字門之義故視六大釈之。第二說是兩師之意視為一致。出過語言道等即視為本不生之轉字輪觀。無畏三藏以示五大法性之旨，果宝師是說今之菩提實義有橫豎之二義。豎者述佛智之深奧、橫即明聖凡之所依。

出十界依正五輪五智之法。雖衆生自然居在此理、不知如実故流転生死。大日法身是能達此源底如実知見。顕教就准将仏智為秘敎陀羅尼門中唯法身之別所攝。大師就横義説十界迷悟而作、迷人即衆生之現実与理想的法身与離別而。畢竟宗教生活之理想是開了彼之法身的仏知見、法身唯密之理的体験者也。而顕教之説亦是本不生為第一原理、高祖亦是容認此第一原理於根本並無相異。如一法界説一多法界説各見雖異、対方法發現之根本去回歸即覚本不生。即対認識為差別之世界就主張多法界説、是六識為差別之認識之根本予於迷争之即棘本不生之一元、非此不可。

高祖以後宥快法師時才渾暸而二多法界説之一理之道理於長覺師時才説不二、一法界説之大成。宥快師之宗義決擇與多法界説、一法界説各提出之義、却無取捨。綜宗義決擇卷十九指信日阿闍梨之自筆，曰「万有之当相森羅即保持自性、性不改的實義為多法界説、諸法之本体雖有別、法体性混然一如也、法為一法界説。此中法性阿闍梨是信「而二門之教義・道範阿闍梨即信不二門、宥快是繼法性阿闍梨之「而二」門多法界説之大成。長覺阿闍梨是受道範阿闍梨之不二門一法界説的大成。可是此等之「而二」、「不二」、無論如阿闍梨相伝於覺海大德之「而二即不二」、「一即多」、「一法之上觀見的義，彼此的差別是亦不可取捨，蓋世界是入於吾人之經驗認識內的前是亦無一亦無多的，殊在第八識之奧底的無彼此的差別之存在。在客觀上言一言多乃我們之六識經驗上的是悟性之分別之謂而已。離了一切之範疇，如至第九識即一亦無、多亦無、亦不得思惟。此字義所謂，多而不異、不異而多、故名一如、一非一、一無數故一如非如常、同同相似也。一之中有無量基因種子故云多、多而相瑜彼由種子為因而緣聚而成為有、如斯只有無終無始之一如的本不生之世界而已。無論云主觀或客觀、言色云心、都是相對的差別、這才是法身之實際一法界說多法界說的一般都是如此。依次類推去即是生張偉大之位沒有形色尊形的存在。只有唯理而已、東密諸、唱道加持身說之古來之本地身說完全分離。在六大體大之位是否立、種、三尊等之有無、在此引妙瑞師即身義章纏鈔之文、而予說明瞭之。

六大法位自然有文字、有方圓等形色、有黃白等顯色、有本不生離言說等六德、尚有相好具足仏形。又有堅湿煖動無礙、了別六德、然賴瑜之六大法位唯堅湿等無顯形文字。何況有相好仏形乎。是故依真言宗尚答会今者、興教大師、法性大德等古義學匠為六大法位有仏形、種、三、尊皆具足六大法位、後學者東寺賴寶、杲寶、賢寶、高野宥快等、一同成立密義、除此皆為古義正信云。賴瑜在真言詢合会今中、文曰為覺以大傳法国、一切文字四曼分齊也，歸山信曰六大法位唯有三形、無尊形、小島真興、濟海尊者興教，悟性大德等古義學者說法相同如前文。

我大師所言六大乃阿瓦了瓦所之六字、為五佛之三摩耶也即地水等之五輪是三摩耶身、風等之種字是法曼荼羅身，這三種之威儀事業是羯磨曼荼羅也。盡即身成佛的宗教主活而言、種三尊合在六大法位、根據更一層確實之理論如是、故無論如何都是觀察之世界的容有相違而已。

最後對於種子作一言以為結論。

凡法者即軌持軌則為義。各々之法性能住持、而為令他了解而名、今之法是世間所用之法律及其意義須要知之、而文字是軌持軌則之至極也、諸法假為軌持為傳、究竟心持一一皆一之種子、種子是內明而圓滿內德故、由此流出諸法、生出人的了解、故於諸法之本源而言、持有文字始自然的教學、而文有對言語聲音、聲字義為相大之位、即六大之體大也。偉大印璽、發展為諸字母而成阿字也。又聲之本、一切聲字是四曼之[illegible]的者、三密之用大、即由此展開。

悟光偈曰

是法非法無非法、有相無相皆實相

身心不二原性空、何來罪福生死法

(一)六大說的所出諸經論之管見

在幾多佛教諸經論中，舉出六大之名稱者，初就小乘經論中之中阿含經卷三、同四十二、同四十三、同四十七、增一阿含經卷廿九，俱舍論卷一及卷二，婆娑論卷七五，法蘊卷九，集異門足論卷一五，正法念經卷三，萍沙王五願經，正理論卷三等都有提出六大名稱。

試看俱舍論卷一，所說之六大說到底是什麼東西？來觀察時，就先說四大。

地水火風是能持自相及所造色，故名為界如，是四界，亦名大種，是一切餘色所依性故，其體寬宏故，或於地(大地)等，增盛聚中，形相大故，或起種種大用故云。依此見之，地是地、水是水、各各能持自相與其保持所造之色的義邊而言云界，因一切餘色所依性，故云大種。其體形相用大故依之為大，來說其業用大。

此四大種能成何業，則如其次第為：持、攝、熟、長養—四業。即地是任持萬有，水是攝取，火是能熟，風是能成、成長與增長。

次說自性之所出緣由：

地為顯形色處為體。隨世間想假立此名。由諸世間相，示地者，以顯形色云地，以顯形色而相示故名。水火亦然。風即風界世間，以動立風名，故如地等隨世間名之，風顯形故言亦爾，世間說黑風、團風。

次就空識界而言：

諸有門窗及口鼻等內外竅隙名為界如，是竅隙云何應知？傳說竅隙即是明闇，離了明闇即竅隙不可得取。故說空界明闇為體（中略）。諸有漏識為識界，為什麼不說諸無漏識為識界耶？因為六界是諸有情眾生所依故，如是六種諸界，從續心至命終心恆持生故，諸無漏法則不如是。彼六界前四地水火風，即此觸界所攝。第五空，即此色界所攝，第六識大，即此七心所攝。

依此俱舍論之六界是十八界之有漏法，不是無漏真諦之法可知。其次在於第二卷：

入胎經中唯說六界為士夫「有情」者，為顯能成士夫本事（根本）（體事）即知。

此等之六界是生有為法之因，而不是無為法。次大乘經中的法相、瑜伽論二七、及五六、成唯識論之六大說，大概是止於前之俱舍論，同為士夫之六界而已。三論宗而是在仁王經之上、大般若經一二九、同二五一、同三七三、智度論三三及四一、般若燈論四、中論二等之所出，無論如何都是小乘經典所論說，六界之空旨而已。

今提中論之一節來看：

地水火風眾緣和合故界，破識苦樂因緣故知無常變易故易。破虛空無如是相，但凡夫怖望為有是故先破，次虛空能持四大，四大四緣有識是故先破根本，餘自破(卷三)。

此中觀之思想是顯揚絕對空為目的，其中雖有認識批判之哲學思索頗為深大，但我高祖所說之六大論即有大異其趣。其他修行道地經卷五、放光般若經卷二、殊有首楞嚴經之卷三中，亦出有四大、五大、六大、七大之說。然吾祖是捨前述的諸經論之六大說，是依大日經第二具緣品之：

我覺本不生、出過語言道、諸過得解脫、遠離於因緣、知空等虛空。

之文及金剛頂經三摩地法之：

諸法本不生、自性離言說、清淨無垢染、因業等虛空。

之文為典據，以密號之名，來唱導六大說。依大日經文來看，高祖之御釋云：阿字諸法不生義者，即地大；縛字離言說謂之水大；清淨無垢染者囉字火大；因業不可得者，訶字門是風大；等虛空者欠字；佉字相即空大也。我覺者識大，因位名識，果位謂智(即身義)。

及譯金剛頂經之文云，此亦同大日經：

諸法者，謂心法，心王心數其數無量故曰諸，心識名異義適故，天親等以三界唯心成立唯識義，自餘同上說(即身義)。

雖陳六大，其實全異其趣，不同顯論，栂尾師以今之大日經文與大日經釋來比較，即出如下之結果：

大日經	大日經釋
𑖀本不生	常恆不變德

𑖪出過語言道　遠離分別德
𑖨諸過得解脫　解脫煩惱德
𑖮遠離於因緣　自然活動德
𑖏知空等虛空　無礙涉入德

(二)由經疏上來看

高祖之六大說，凡欲窺我高祖的六大說之大綱者，先要開了其根本經典的兩部大經不可。因吾輩為此先開了一行阿闍梨所記的大日經疏，暫見其六大論的真意，疏云：要明菩提之實義，有二偈，即大日經文之，我覺本不生等文譯之云：

我覺本不生者，謂覺自心從本以來不生，即是成佛，而實無覺無成也。一切眾生不解如是常寂滅，妄想分別云有生，輪迴六趣不生自出。出過語言道者，從此以下，皆是轉釋阿字門：

覺不生即是佛自證之法，非思量分別之所能及，不可傳授與人。智度謂之言語盡竟不行處也。諸過得解脫者，一切妄想分別名之為過，即是生滅斷常去來一異等種種戲論也。以不知諸法實相故悉皆可破可轉，若了諸法本無生際，即於如是一切過失皆得解脫，是故金剛之身遠離百非也。遠離諸因緣者，若法界體有生滅之相，即有因有緣可得宣說，而今法從緣生則無自性，若無自性則是本來不生，因緣和合時亦無所起，因緣離散時亦無有盡，是故如虛空常不變易。知空等虛空者，本來不生即是畢竟空義，以自性靜（淨）無際無分別，故同與太虛，是故世間易解空譬不思義空也云。

然六大說之根本是法界法爾自然法身之妙理，今謂之秘密。密教之密由是名之。二而不二，相即而出成無限活動的源泉。抑或問本不生是何東西？高祖之吽字義云：因亦是法界，緣亦是法界，因緣所生法亦是法界。又從緣生者，悉皆有始有本，今觀此能生緣亦復從眾因緣上，展轉從緣誰為其本，如是觀察時則知本不生際是萬法之本。

後世之學者間，對此等文章之看法，雖異說多樣，但高祖之宗旨是假如立於吾人所有的理智之源底的本有理智，即知覺鑁上人之成為本有的斷言相同。淨嚴師對本不生的義釋之本者本有故詮有，不生者遮始生故詮空，有空兼含故為中道也。又若能泝緣生之濫觴則知緣生權說實是本有也。

此依本不生之理來考查時，本不生是諸法之本源，不生即本有常住也。本有即是無常遷流不止的現象界。觀為不變永恆之實相。是人間至奧之欲求出來的一種觀念。其觀念應超越一般的現象，或思考其在奧底內在。由真言哲學之思想上，容許現象是現象有生滅的世界，從其生滅變化的現象當相，即從生滅變化的現象，視為永遠的世界實相去認識。即現象即實在，當相即道，即事而真也。世界萬有之生而滅，滅而生的生死當相即真是永恆的實相。無始無終即本有的世界之實在，謂何云生死當相無外，因為生死之當相是無始劫來宇宙之不斷的活動之實相的嚴肅之世界作用法理也。真是依批判的求取宇宙間此理以外沒有任何存在。真言哲學之思潮是不在內在論，亦不是超越論，是種世界唯是現象而已，沒有什麼實在之物，而人間本來之形而上的欲求並不是無視，是容認流轉的當相即無限的真理法身之活動。

凡就世界現象當試哲學思想時，非有嚴密的認識批判不可。而這批判是理想之價值之追求，理想之價值的批判還是理想與價值的批判之結果。承來貢獻人生的向上，此處才有哲學的思索，於唯心論之意義的存在之處。以唯心論而有起信論的深邃的大乘教之哲學的成就。再者色心本來不二而動反動之互相作用的關係是永久不分的。吾人是將密之意義用此色心不二進而求於心境一如的。精神生活之向上，是將肉的生活使其有意義。認識批判之結果，是批判者其自身之主觀的精神原理追求的到達。此傾向是人類至奧之形而上的欲求所提去求密的得到。於疏中大日經三劫段之解說中，說第二劫時云「了解三界唯心，心外更無一法而可得者，即是傳此三界唯心之理者，至第三劫」。

以心實相智覺心之實相境智，皆是般若波羅蜜故曰無境界。云者即色心不二，境智一如之密之世界之詮說。第十九卷中云：「云女人是好自身而莊嚴，以自身之像照鏡，見後還愛著自己。」可是，智者是率先考慮是如何、又是由何處來這相，從考慮而終到不可得，而知唯心內的幻象而已。愚者執著只在我心內所存幻象以為實有。了知從緣生即沒有什麼可染著之物，以取云自證也。此有萬法唯心之理的詮釋，由此見之總一切之現象界，不外是我心中之幻象而已。何者，色法以眼識來見，見乃物體去映到網膜，進入於腦之中樞，更於反射者也，即映在網膜之像投影於外界也。從而見一之色禮，亦依各人之眼睛之構造不同，並非萬人完全得到同一的色覺。音聲由耳識來判斷，此物質之構成分子之振動傳於空氣，由於刺激鼓膜而感受。味等亦同，畢竟諸現象皆存在於我的主觀，在疏中說此理云：

諸法盡依心有如人眼見色者，眼根與色對，不能了知青黃赤白等，次眼識即生不定之慮此青黃也。次意識即分別分析言此是青黃赤白等種種眾相，當知但由心分別而有也。（第十二卷）認識唯是心，六根只能攝不能分別。

如斯說了嚴密的唯心之理，「一切法無不入於阿字門」以一切皆歸於阿字之原理。阿字是本不生之意的梵語（anutpada）之首字a中一語存納全體之意義，成為諸法之第一根本原理的密。本有本不生之真意義在此密字以外，他都沒有。疏卷四云：

復次法界者即是眾生界，眾生界者即是心界，心界者即是本性淨，本性淨者即遍至一切等同虛空，等同虛空者即是無等等阿字門云云。

即吾人之世界是我們精神上所見的現象，其現象之根本是絕妄法的純一無雜之密之原理之阿字。以萬法之實在為唯心者，使體達於心之實相，成為一切種智之所以也。此為心之性海云。而「心性海者即是法界，法界者即是勝義涅槃」疏（第七卷）。如此來思考時，體得了一切種智的唯心之理即，直成靈肉共是無上大涅槃至於佛果也。猶卷十五云（疏）

覺者覺了自心境界真實之法也。

由覺了自心，脱了一切之執著即達到「無所住而住」的心境地。

阿字門即是顯示自身我，即我自身本不生亦無滅，不生不滅者即是如來之身。所詮於自己心內一切個人的之物，感性的之物，如性向好惡利害等障礙物加以排除，排了一切私於純粹無垢之形來自省內心批判，其處始有普遍的、唯一絕對之精神原理的到達。既為直驗心之本不生，即是正如實知自心也。如實知心即靈肉一如故心身共成佛也。心地觀經之所謂心淨故世界清淨，自心成佛即萬有悉成佛之理成立。

自心如實而知即「密」之理而能達觀，原理之法即能完成人格。人間形而上之欲求的滿足亦達成。此處即有法界差別即有本有平等之唯「密」之世界。直驗了「密」之世界的悟得時，亦無有覺沒有成，此謂「我覺本不生」云。本不生是無始無終之恆存原理之名，要直驗悟得其理即是識大，故即以我覺之句為識大之所以也。萬法唯「密」即是契證了無始無終的法界法爾之實理，斷絕了一切之妄想分別、妄言說，所謂一相一味到了實際世界的開顯。斷絕一切差別的世界，吾人為了絕念慮故云：出過語言道。唯只體驗阿字之原理與理想之直驗而已。大日經云：絕對的從普遍之「密」之宇宙原理，直從絕對的靈格者名法身佛。蓋無論如何都無法從現象界去覓得究竟安心的人間性向是追著所必然而有其意義與有價值。普遍的、超越無限永久之絕對活動原理的憧憬是難得的。加之人間之哲學的思索之進步，是幽玄深邃之宇宙原理附加了人格觀念，又無法從絕對者予以融合以最高至尊生活。單就真如而言止於唯是理而已，吾人在此無法找出任何人格的活動存在。然高祖之教旨是人法常而不二，理智色心常而一如。若云不二就至而二之對立，此處有「密」之名云。既名密，故有理對智、有法對人，可是理智人法二而不二，得到結論是一如也。

第三之諸過得解脫者，唯心之理在我心上暗觀的影像上走，其觀念為實有，生滅斷常一異去來的執著一樣，脫離一切戲論，到本不生之唯心世界的直觀，證悟體達到密的真面目云。換言之與法身融合，唯是密之宇宙法界而已。更無一法可執，破了種種戲論，直即徹見宇宙實在之根本，這歸入為之得到解脫。

第四遠離於因緣者，既然離了戲論得到解脫的境界，亦無生滅相，萬法差別之世界緣起亦是唯心之原理，因緣相應生了認識的心之現象而已。依此之唯心的原理，萬法是平等，所謂等虛空可知，此空並非吾人所謂空無的意思。所謂密之本原的意義為之空也。高祖十住心論之第十所謂：以知心無量故知身無量，知身無量故知智無量，知智無量故知衆生無量，此即橫義衆生自心其數無量云：

即不二摩訶衍之性德圓滿海之空的意思，要知如是空云知空等虛空也。

此要在六大論之本是在本不生之理，本不生之理是現實上立法爾之世界。一切經驗之主體的我之有，由一切概念加以分析所得的結果之。萬法唯心之理予於直驗之，加心性的體驗，心境一如凡聖不二之境，然即而二即理想界與現實界之融合的「密」之於絕對價值界之批判的世界而已。高祖之因亦是法界，緣亦是法界，因緣所生亦是法界，就是成立於唯心所現之世界的論理，至其根源是無一亦無多，平等平等的絕對的「密」阿之一元也。其密之一元者並非如吾人所謂的第六識意識界，是萬象之根元認識之究極的原理者，如第九識第十識之物，色心理智來分之識體也，蓋ア・プリオリ之直觀即更進而不認如是普遍的絕對的恆存原理。

人法不二之思想是於曼荼羅界，於五佛對法之根底與以揭發不可。既說五大出了六大，然五大不得配五佛，但此處五大配五佛，即在高祖的聲字義中云：

五大者五字五佛及海會諸尊是云；

在即身義就彼大日經之偈文云：

此經偈約五佛三摩地作如是說云；

又次於顯密之四大來比較諸顯教中以四大等為非情，密教則說此為如來三昧耶。論之，此理趣經於最顯著的諸種理論上之法是直即是菩薩三昧耶之內證也。法即人格者否佛格之成立同。蓋依展物崇拜等見之有素樸的思想，此事象當體予以人格化或神格化，然思索力之發達是論理的抽象觀念之神格化之進步，其極復理論與事象的調和常有之。依印度古代理論的抽象的觀念是如高祖之密教眼予於最高之調和，誰人都無法企圖的偉大融合。

如上述所知，我高祖之六大說是西曆紀元前第五世紀已出之希臘之哲學者エムドクレース等之所唱的地水火風之四元素，或小乘佛教俱舍論等所述，如云地水火風四界，乃至地水火風空識六界等完全有異。高祖之所謂「以世間淺名表法性深號」，這種密號名字者也。其原理完全立腳於唯心論，泝於認識之根本即超ア・プリオリオ的密。追思高祖法在世之當時，南部有六宗互相競爭勢力，而對五大六大以為止於唯萬有之元素的本質的思考之法執，尚未闡明到唯心的法性之深理故，而取其彼經諸論所顯的地火風等世間的淺名來深究世界之原理，給於詮顯五佛之法性，或為曼荼羅所表之五佛之法性是何物而發疑問，於深究六大之謂何不可不知。既然云人法一致是五佛之本誓標幟故，高祖之六大說是吾人於宗教生活的究竟理想。成得到即身成佛之真意義。若依理具這邊而言，十界凡聖皆是六大的原理故，皆五佛之三摩地，或云無不是五佛之總體大日之法性。若在顯得邊而言，知了本來具有佛之真性，體驗了普遍絕對的心性，真正顯現萬德開了佛智見故，云即疾頓悟。

先在無畏三藏與我高祖，兩祖之間之六大論說之相違如何來考察時，疏家是立無相一心阿之理來看「密」之世界，所謂立腳於一法界說來立論，如此點為異者，依就宥快師之即身義鈔第四卷有出二說。其第一說是多含大日經文之意故，兩祖互相出一片一片，疏家是本不生之故，出過語言道等來述義門轉展不生之一義。大師是言不生離言等是阿縛羅佉(𑖀𑖪𑖨𑖮𑖏)的五字門之義故視六大釋之。第二說是兩師之意視為一致。出過語言道等即視為本不生之轉字輪觀。無畏三藏亦示五大法性之旨，杲寶師是說今之菩提實義有橫豎之二義。豎者述佛智之深奧、橫即明聖凡之所依。

出十界依五輪五智之法，雖眾生自然居在此理，不知「如實」故流轉生死。大日法身是能達此源底如實知見。疏家就豎義是唯將佛智為釋做所攝。大師就橫義說十界迷悟所依，迷人即眾生之現實與理想的法身與於別示。畢竟宗教生活之理想是開了彼之法身的佛知見，法身唯密之理的體驗者也。而疏家之說亦是本不生為第一原理，高祖亦是容認此第一原理於根本並無相異。如一法界說、多法界說各見雖異，對萬法發現之根本去回顧即說本不生。即對認識多差別之世界就主張多法界說，其六識多差別之認識之根本予於追尋之即歸本不生之一元，非此不可。

高祖以後，宥快法師時才闡明而二多法界說之一邊之道理。於長覺師時才說不二，一法界說之大成。宥快師之宗義決擇的多法界說，一法界說各提出六義，卻無取捨。續宗義決擇卷十九有信日阿闍梨之自筆，曰萬有之當相森羅即保持自性，其不改的實義為多法界說；諸法之本體雖有別，其體性混然一如也，此為一法界說。此中法性阿闍梨是傳「而二」門之教義，道範阿闍梨即傳不二門，宥快是繼法性阿闍梨之「而二」門多法界說之大成。長覺阿闍梨是受道範阿闍梨之不二門一法界的大成。可是此等之「而二」云不二，無論如何都相傳於覺海大德之「而二即不二」，一即多，一法之上視見兩義，彼此分別是亦不可取捨，蓋世界是入於吾人之經驗認識內以前，是亦無一亦無多的。殊在第八識之奧底亦無彼此的差別之存在。在客觀上言一言多乃我們之六識經驗，只是悟性之辨別之謂而已。離了一切之範疇，如至等九識即一亦無，多亦無，亦不得思惟。吽字義所謂：

多而不異、不異而多、故名一如、一非一一、無數為一、如非如常、同同相似也。

一之中有無量基因種子故云多，多而相瑜伽，由種子為因而緣聚而成萬有。如斯只有無終無始之一如本不生之世界而已。無論云主觀或客觀，言色云心，都無相對的差別，這才是「密」之法身實際。

一法界說、多法界說的一般都是如此。其次賴瑜法印是主張體大之位沒有形色尊形的存在，只有唯理而已來立論，唱道加持身說，與古來之本地身說完全分離。在六大體大之位是否立種、三、尊等之有無，在此引妙瑞師《即身義帝網鈔》之文，而其說明略之：

六大法位自然有文字，有方圓等形色，有黃白等顯色，有本不生離言說等六德，尚有相好具足佛形。又有堅、濕、煖、動、無礙、了別六德。然賴瑜之六大法位，唯堅濕等無顯形文字，何況有相好佛形乎。是故依真言問答會今者，興教大師、法性大德等古義學匠為六大法位有佛形、種、三、尊皆具足六大法位，後學者東寺賴寶、杲寶、賢寶、高野、宥快等，一同成立此義，學此旨者為古義正傳云。賴瑜在真言問答會今中，文曰為覺六大體生因，一切文字四曼分齊也。野山信曰六大法位唯有三形，無尊形。小島真興、覺海尊者、興教、法性大德等古義者說法相同如前文。

我大師既言六大有𑖀𑖪𑖨𑖮𑖏六字，為五佛之三摩地，即地水等之五輪是三摩耶身，𑖀等之種字是法曼荼羅身。這三種之威儀事業是羯磨曼荼羅也。蓋即身成佛的宗教生活而言，種、三、尊亦在六大法位，根據更一層確實之理論亦如是，故無論如何都是視密之世界的窗有相違而已。

最後對於種子作一言以為結論。

凡法者即軌持、軌則為義，各各之法性的任持，而為令他了解而名。今之法，是世間所用之法律，有異意義須要知之。而文字是軌持、軌則之至極也，諸法既為軌持為體，其究竟心歸一一皆一之種子。種子是內的而圓滿內德故，由此流出諸法，生吾人的了解，故於諸法之本原而言，存有文字如自然的教學，而文有對言語聲音，聲字若為相大之位，即六大之體大也。體大即「密」，發展為諸字母而成阿字也。又成聲之本，一切聲字即是四曼之分齊，身口意三密之用大即由此展開。

悟光偈曰

是法非法無非法　有相無相皆實相
身心不二原性空　何來罪福生死法

上師開示筆錄

日期：一九九九年八月廿八日及廿九日

地點：香港道場

主題：高祖之六大說

註：為了方便沒有錄音帶的信眾閱讀，此筆錄作出部份辭更改，與原來口語有所出入，希請留意。

第一天開示

你看我的身體精神最近不錯，事實上是我與你們在一起，心歡喜！好像釣魚忘了放魚餌一樣。我是老人家，其實是很疲勞，可是看到大家，與大家聚會我的心很歡喜，所以忘記了疲勞。

現在跟大家研究，我在家裡已經準備了這講稿，可是要在這兩天把它講完是沒有辦法的，講一個月也講不完，更何況只講兩天，這是講不完的！我在這裡先讀一下本文，不明白的地方我再解釋一下。讀過本文以後，修法、研究解釋，研究後明白啦，這叫做秘密莊嚴身。我要給你們最好的東西，不好的我是不會給你們的。我千里迢迢由台灣來，我是不會帶不好的東西來給你們的。經我研究之後，我選好的、有益的、值得留念的給你們，你們學習後能夠成佛、開悟這才有意思。

別的宗教我不知道，我們真言宗不是賺錢的宗教。我們建大殿，不夠錢，你們發心一齊來做，發心不是做買賣！譬如說，「師父你要食飯，讓我供養師父食飯。」供養師父之後把法拿出去賣，你五角錢買回來，三角錢賣出去，那一定虧本的。

若有疑問或是不了解的，現在有《高祖六大說》，高祖是指弘法大師。

附錄三：高祖之六大說

本文：

一、六大說的所出諸經論之管見

在幾多佛教諸經論中，舉出六大之名稱者，初就小乘經論中之中阿含經卷三、同四十二、同四十三、同四十七、增一阿含經卷廿九，俱舍論卷一及卷二，婆娑論卷七五，法蘊卷九，集異門足論卷一五，正法念經卷三，萍沙王五願徑，正理論卷三等都有提出六大名稱。

試看俱舍論卷一，所說之六大說到底是什麼東西？來觀察時，就先說四大。

解釋：

四大，顯教說是地水火風。地水火風是能持自相及所造色，地水火風顯色持性，保持各各自相，各各未相攝，地是地的形，地是地的色；水是水的形、水的色；各自的色全沒有相攝，全部各有各之界，叫做界如。地水火風各有各的界限，分為四項，叫做四界。這個「界」以四大為四項，非常大，非常大叫做無限大，是宇宙，也是時空、也是世界，三項全都是一樣，不單是太陽系，連太陽系也包括在內，這叫做大。無限大的空間有四項東西，叫做大種。為甚麼叫做大種？種以地水火風為元素，萬物全都是由四大的因緣做出來的。由因緣做出來的東西是臨時的組織，但是它的本源是無因無果的，若是有因果那是世間法，真理是無因無果的。這觀點比顯教所講的較進一步。

「是一切餘色所依性故，其體寬宏故」，那是地大、物質大。「增盛聚中，形相大故」地有長養之德，所以非常大，大起種種大用。用，結論有三種，是體相用。譬如說鐵，真理是無形的，我們用有形來看無形的真理，假設有一塊鐵，鐵叫做禮，加了熱能再用力量把它打成三角形，一邊薄一邊厚，把它叫做刀或是斧頭。後面闊些前面薄些，這叫做相。用來砍柴或是殺人，這個利叫做用。每一東西如何用法皆有各自的體相用。好像用一塊木材，裁成圓形，木材是體，圓叫做形。我們把它命名為盤，用它來乘東西，這叫做用。木材是體，圓形的盤是相，可以用來盛東西是用，一樣東西都有體相用，人也是一樣、萬物也是一樣。

一般顯教講元素，我們以前未學到此程度的時候也是說元素。元素的性質各各不同，地是堅固性；水是濕性；火是煖性、燃燒性；風是動性；空是無礙性；識是滲透性，識又是精神系統，也是體相用的用。

六大各有形體，六大各有色彩。色彩上至天上的彩虹，下至地下跟我們練習氣功觀想的色彩一樣。由此可以明白我們是宇宙的一份子。觀察彩虹，從它的外圍往內看，有紅色、橙色、黃色、綠色、藍色、紫色，最後是白色，共七色。為甚麼是七色？應該是五色，因為紫是紅與藍的交配而成的，紅與黃交合成為橙色，所以七彩也是五色所變的。

每一樣東西都有五項：地水火風空，五大；金木水火土，五行；東西南北中央，五方；青紅黃綠白，五色。白色的內體其足五色，白色是指無色。有色的白色是乳白色，乳白色是不透明的，白色是透明的，但同時具足五色，這是道的秘密。

我們的東西，種是大用，種是大的用就大。所以依理論來看，地是地，水是水，全都各自保持自己的相。所顯造的色，色與色之間來看是界，不混亂的，紅是紅、黃是黃。形體來說，簡單地以玻璃來譬說，不單指玻璃，每一樣東西皆是一樣，一個樽或是一個杯也是一樣。說形，它具足五形。若是把玻璃打破，破碎的玻璃內有三角形、圓形、九十度角的、有半圓的、有彎彎的或是寶珠形，任何的形狀都有。破碎的玻璃之內有不同的形體在裡面，我們都沒有注意到，若是有注意到這般微細的地方，你早就見道啦！我們都是馬馬虎虎地過日子，我們只是看金木水火土，我們不明白又沒有研究，所以佛祖叫我們做凡夫！

每一樣的東西都有它的所依性，它的名為大種。它的形體、相、用都是大，所以叫大種的「大」。體大，用大即是功用大，叫做業用大。

四大種的業用或是功能，是怎麼樣呢？四大的功能，地是持，有持的功用。水是攝，能把其他的東西聚合。你把水滴在荷葉上成為水珠，是圓形的。現在你把水放在四方形的容器內，那麼水便成為四方形，放入三角形的容器便成三角形。若果你把水撥去荷葉或是草葉上，它的形相是圓的，保持它原來的狀態，它攝持它原來的形體。

火是能熟功能，萬物若是經過火叫做熟。宇宙有春夏秋冬，春夏秋冬即是發生收藏。春是發、夏是生、秋是收、冬是藏，我們把禾稻收割也是收藏。事實春天是發生，種子發春芽是發；春芽逐漸發葉，不斷地生長是生；開花結果，譬如說尚未成熟的芒果是青色的，仍然是生的，因為秋天的殺氣還未到。秋天的殺氣是火力，秋天到了，殺氣夠了、火氣夠了，芒果便成熟。成熟的味道由澀轉為甜，所以酸澀的東西經過火迫過之後會轉為甜的。把未熟青色的蕉切開數段用火來烘，本來是澀味的蕉遇熱之後也會變甜，信不信由你，我沒有騙你。

到了冬天，地球會變凹，芒果把它的功能收在種子裡面，那麼樹木便再也不給它滋養。秋天殺氣到，就好像是一把刀，把供給的來源砍掉，樹不再提供養份給果實。水果是好心的，它是君子。它生好吃的果實給我們食，吃了好吃的生果再把它的種子播種，它是以此來繁殖它的子孫。這種繁殖子孫的方式是要代價的，那就是請你食，用好的果肉來給人食，非常君子。草是很霸氣，你經過它會把種子粘在你的衣服上，你一邊走它的種子會一直滲透粘在你的肉體上。那時候你才知道，知道「在這裡把我放下就好啦，幫我在這裡播種。」你才發覺有這麼多草的種子粘在身上，然後一一把它們拔掉。它這樣子播種，對人一點好處都沒有，這不是君子。

你看宇宙之中，人也是一樣，有好的人、有歹的人，不過天與地都是非常大慈悲，好像草一樣都可以存在，日光都給它們照耀、雨水供給它們、肥料一樣的任它們取用，也不用收費，它們還要給人製造煩惱，要人除草。他日，要向大日如來告發它們，不要再創造它們。但是，世界若是沒有了青翠，那又不美麗不好看。它雖然是惡劣，但也有它的長處，所以客觀地來看，以平等對待來看世界上的一切。大日如來全部都普照，雨水全都滋潤。你若要做世界盟主，那麼要學大日如來這般客觀，好與壞都包容。所以我們不要單說好或是壞，這是執著。好與壞都包容，全都喜歡。萬物生存各有長處，四大各各皆有界限互不相侵。

剛才所說任持萬有的地，它可以持萬有，任持萬有生長。水是攝取，火是能熟，風是長養，沒有風萬物不能成長。若是你不信，可以試種一棵樹在東邊，在旁邊加建一道高牆，把這棵樹跟其他的比較，用同一樣的水份、養料，這棵樹不會成功。以前，唐高宗時代的詩人李商隱，他有一首詩「東風無力百花殘」，若是我寫給別人，我會寫東風有力。所以各人都有各別功能，水的功能是無形、無色，無形常瑜伽，相翕無礙，若是成形了便有相剋。如果我們學到空、沒有執著，便不會犯煞。凡夫俗子的肚子內都是死實實的，所以做甚麼事都先查看日子，看看有沒有犯煞。

自性，現在研究它所出的緣由，「地為顯形色處為體，隨世間想假立此名」，這名是本來無名的，我們取名，因為人慢慢地顯出了形體，形體成了字就叫做名。我叫做悟光，這是假名，本來是沒有名的，為了各人能認識我，所以我創了假名悟光。萬物的形成也是假立的，假立的東西我們都給它一個名字。並不只有形色的才有名，沒有形色的如色聲香味觸等諸法都有名，名叫做法，我們叫做字。木寫木的形，這是公約，大家便知道這是木。我們修行的人要深入去看原理、看它的出處，不是因為有這個形才叫它的名。

所有有聲音的全都有命名。譬如說，木頭由屋頂跌下來，蓬的一聲，你聽到便知是木材的聲音。聲音是告知你，給你通知「我是一塊木材，由屋頂掉下來。」所以當你聽到之後便知「啊！一塊木頭由屋頂掉下來。」這是大日如來所教的，是祂的講話。只是我們沒有研究，狗吠「汪汪」聲、貓的「咪咪」聲，都是在講話。若是一塊掉下來的銅板的聲音，你不會說是木頭，它告訴大家「我是一塊掉下來的銅板」，這樣子我們就可以分辨，不需要用手語比來比去，聽聲音便可知道。這等於說，「清楚地給你通知：我是甚麼東西、是甚麼的動作。」他是道、我是道，道對道，即心對心。所以我(師父)知道你們現在正在聽我講話，我的心、你的心，心心相印。好像掉下來的東西，它講給你知道一樣，所以我講的話你們都知道，心心相印便是這樣解釋，對不對？

道是可以創造萬物，一切看得到、可以成立都是道。還未成立、無形之前，甚麼都看不到是空。空是顯教所主張的，但是顯教要找到道就很困難。空的裡面有元素，元素集合起來便形成形體。形的當體是由無形變有形的。如說你看電腦的螢光幕，焦點若是不對，那便會看到一粒一粒。如果頻率是對的話，那便會顯出相來，如樹、鳥、草等，好實在的。宇宙的道也是一樣，看不到的東西是顯教所講的空，他們明不明白空呢？恐怕弟子不明，做師父的應該是知道的，若師父不明白，那又如何做人家的師父呢？這樣的師父全都是食飯的飯桶！他說是空，那麼你試試拍他的頭，看他痛不痛，他會生氣呢！這不是真的空，對不對？他不能掌握空！

因為未成形所以假名為空，有成形便是形，有形及無形是相同的，若然不是那又是甚麼東西？未成形以前常瑜伽無礙，各各獨立，互相無礙而獨立。有時候，想一想，也覺得怪怪的！

譬如說一間屋子，屋有鋼筋、石頭、水泥、木板，還有很多的建材，這些叫做多。原料未建成屋以前叫做「多」，做成了一間屋叫做「一」，名為屋。有一天把屋子拆掉，材料拿去用來做一個塔，命名為塔，都是用同一樣的原料。

屋的組織裡面的原料是多，多即一，一即多，相攝成一。石頭不會走入鐵內、沙不會走入鋼筋之內，各各獨立保持各自的形和性，做成了一，我們的身軀與萬物的組織一樣。組織成「一」，有一力量在其中攝取，如果沒有這力量去攝取，這「一」便會散開。譬如說水泥有攝力，我們人有精神作為攝力，若是人死了，精神就分散，所以一即多，多即一。相同的道理，所有的東西全都是由無限量的組織成為「一」，裡面還有基因，基因是為了繼承系統。以樹來說，不同類的不能接枝，人若是與其他任何的動物接枝將會成甚麼東西？要把不同的基因抽出來才可以交配，因為有系統的關係，即是基因的關係，其他的組織也是一樣。

人是人，猴是猴，不是猴進化成為人。地球不知道經過了幾多次的成滅，為甚麼以前的猴可以變成人，現在的又不可以？連血液也不可以互相輸入。如果說一億年以前的猴可以變成人，一億年之後看現在的我們也是古時代的人，為甚麼現在的猴不可以變成人呢？所以人是猴子變的是不成立的，這進化論有矛盾。

矛盾，是說有一個人賣矛，說他的矛很利，甚麼都可以穿過。第二天他又做了一個盾出來賣，他說他的盾很堅固，任何東西都不能穿破它。以前有一個跟買了矛的人說：「好！拿你的矛來試打看看。」一打他的盾，便應聲穿破，這就破題啦！這叫做矛盾，邏輯不合。佛教是講邏輯、理則。

顯教與密教，到目前為止有談論及基因的，只有我們真言宗。以前的經典也沒有提及基因，只有記憶組織，記憶組織於人死了之後變原來的原素。可是弘法大師跟你講六大的性質，並不是講這些(原素)。

我今晚所講的好比是做戲的開場白。我們有出一本書叫做《密教思想與生活》。我們裡面的原理沒有名，無名我叫它做「生其物」，會生萬物的源頭，能生萬物。我們從另一個角度來看，名也是我們的，源頭是看不到的，可以發生萬物的源頭，一般叫做道。所以我們是道變出來的，萬物也是道，你看出去全都是道，去哪裡找道？如果能了解，追尋到最後所看的全都是道，你是在道的裡面，那就即身成佛。

你沒有看到源頭，這看不到的源頭命名為「能生」，萬物是「所生」。我們轉一個名叫做「能化」，萬物是「所化」。能所是一，一即是道。如果你發心去研究這個道，那叫做發菩提心。如果了解本身，我即是道，道即是不生不滅，人死了也不是滅，是返歸源頭。

將水比作本性「能生」，冰看作是「所生」；水比作「能化」，冰為「所化」。把冰與水當作是一，這樣便沒有必要解冰為水，直接地認定冰即是水，那就即身成佛！

第二天開示

「風即風界世間，以動立風名，故如地等隨世間名之，風顯形故言亦爾，世間說黑風、團風。」前天所講地水火風空各有界限，講到風。看到世間萬有我們給以命名，風的境界亦以世間名而命名，如西風、黑風、團風、微風、強風、颱風等全都不一樣的，各有境界。

現在要講空及識界，空即是虛空，識界是我們的精神系統的範圍。我們要研究，我們人的全身、宇宙、世界、時空都是地水火風空識六種的組合。這六種叫做六大，無限多裡面包括了很多很多。譬如說地大，地大是有物質，它的性質是堅固。地內有很多的東西，有善的、有惡的、有補的、有毒的，地裡面有很多的東西，它的堅固性叫地大。我們生活[illegible]，都是由地中生出來的東西做我們的養料，之後經過了代謝，成住壞滅四種代謝的過程。青菜給你吃，吃了後吸收營養，不需要的物質排泄出來。排泄出來的再拿去施肥，變成種菜的養料，菜吸收成長，我們又拿來吃，如此變來變去經過了化學作用，我們不覺得污穢。這樣子他變我，我變他，自他算起來是完全不二，是一樣的東西。

如果空是意識界即是精神系統來說，讓我們看內文「諸有門窗及口鼻等內外竅隙名為界如」，我們的門窗是口鼻，光由門窗入來叫竅隙又名界如，竅隙叫做門窗。依風識界來說，門窗的出入表示人生活中需要吸入空氣排出廢氣，其他的出入如大小便的出入口。空氣的吸入和呼出，鼻就是門窗；小便的地方及大便的肛門是把身體內不好的排出外，這些出入的口好像是門窗一樣，口鼻也好像是門窗。

傳統叫做竅隙是明與暗的意思。明白了明與暗，離了明暗竅除不可得，再沒有這樣的東西。因為沒有窗隙，光線不能入來，沒有光只有暗；沒有門不能走出去，我們被關起來。所以屋子門窗與人的口鼻及大小便的竅隙、出處是一樣的意思。所以這空界、宇宙的空界與我們的屋一樣、動物也是一樣，大宇宙明暗的道理是與萬物一樣的。

這是論文，討論六大原理。空界是以明暗為體，若是講精神系統即是腦想東想西的精神系統，即是說有漏識界為識界。有漏是有煩惱，精神有煩惱。我們有漏精神是有煩惱的叫有漏，精神叫做意識。意識有煩惱叫做有漏識。所以有漏識為識界，為甚麼不說無漏識為識界呢？

六界是諸有情所依故，與我們眾生有關的叫做眾生，眾生不單指是人，所有有新陳代謝的全都叫做眾生。樹是眾生、草是眾生、石頭是眾生、鐵也是眾生，都是由無生出來的。鐵都是由無的空間裡面的成份提煉出來的，把沒有用的成份除去剩下來便是鐵。鐵再提煉再把其他的雜質抽出煉成為鋼，鋼也是鐵。如果把鐵塊打成三角形叫做相；三角形的一邊薄是利，利是用；鐵材是體，形狀是相，它的功能是用。這是一個譬喻，做任何的器材都是一樣。你現在做一輪單車的車輪，它本來也是鐵塊。你做成圓形就叫做輪，輪是體，圓形是相，可以轉動、可以載人是用。把鐵做成一支針，針是形相，做一個針孔可以用來引線，可以引線是用。所以眾生萬物全都有體相用。

各樣的人、物都有界限。木材與鐵是可以分開的，都是眾生，不過各有界限，各自獨立沒有混合，如果混合那是假合。譬如說一張桌子，木材是體，也有鐵釘。經過師傅加工先做成木板，最後做成一張桌子。本來是無名的，把桌子做成圓形、三角形、四方形、長形都是由師傅做出來的，為了方便大家溝通，呼這名來指這件物件，以它的功能而命名，所以叫做桌子，台灣話叫做檯，全都是假名。我本來是無名的，為了使人知道某某人是指我，所以改假名。為了大家能認識某某是指我，故改名悟光，你便叫我悟光。你叫悟光我便知道是在叫我，不然我就不知。

每樣的東西當初是沒有人知，到後來有人知道了，大家都相信它，這叫做公用（公約），公用叫做有漏識。本來是沒有的，未改名以前叫做無漏識，這時候沒有刀、檯、桌子、椅子等名稱，無名詞的時候是無漏識，因為我們不知道，所以叫做凡夫。

現在透視了，知道道理，我們知道是借用假名。我們透視了是把意識轉為智，智是無漏識。所以每項東西都是眾生所依，依甚麼？依這個假名，除了假名以外就沒有甚麼東西了。有假名才有指一樣東西，無假名便無甚麼所指了。無是歸本體，本體是綜合體，我們有透視叫做無漏。無假名，眾生無所根據。有了根據才成立假名，所以叫做「眾生所依」。

「如是六種諸界，從續心至命終心恆持生故」，我們出生至死，我們不是白癡，我們是精明的，竅隙通達的。心相續是指人的心所依持的都是假名，根據這些假名而存在。我們的心是有漏識所依，叫做凡夫心。我們為了修行，所以研究無漏識，無漏識是甚麼呢？我們現在透視它。有漏識，眾生由出生至死全是依靠無漏色，如果無漏識的諸法不是這樣子的，前面講六界地水火風在這裡就分開，物質是屬何界所攝？是觸界所攝，經接觸而知道的界。眼所見、耳所聽、鼻所聞、味所感、身所觸，歸觸界所攝。地水火風四項屬觸界所攝。第五是空，若是沒有空，東西、物質不會成長。沒有了空間，人就沒有自由，都擠得密密麻麻的。空界雖然不是物質，但它是物質要生活下去的所依。譬如說一個人的身體內也有空間，如海棉一樣存有一粒一粒的細胞，裡面還有很多血管，血液在血管內流動。一粒一粒細胞的攝性如水泥的黏力，黏著水份液體，人才可以活著，不然像海棉一樣一個一個孔。若不像海棉般有空間，血氣又不可以流通，X光也照不通。細胞是很微細的，所以X光能穿透。凡夫俗子沒有透視能力，所以看每一個人都很堅固。事實上身體好像海棉是暫時的組織，由很多元素組合而變成一個體。

接下來講識大。識界是我們的精神系統、精神原料，識大由物質發出來才有識界。昨天說一把刀的體是鐵，它的三角形是相，利是用。與人物質的體組織一樣有體相用。識界是我們心想東想西的心所攝，心是肉團心。肉團心是輸送血液的摩打，輸送血液到全身去，血液不停循環，心臟的跳動好像摩打運水一樣。現在可以用機器心安裝在身體內，幫助心臟跳動泵血。正常的人不用機器，心可以自己活動。心臟活動的時候血液在心臟出入，跳動的節奏好像我們把脈的跳動。心臟的動力是由哪裡來？是我們的膽。我們食食物，膽汁經過胃消化食物，抽出好的經過十二指腸。十二指腸有一條一條網狀的油，它的功用不只是黏著腸，還有把營養抽去送去肝臟，肝臟造血。經過心臟把血液輸送到全身去。心臟的動力是膽，膽給割去人還可以生存。膽的功能不是此，它走了去消化，割了膽之後，可以製造膽汁送到心臟去。需要用多少都是有定律的，每一點送上去便「膨」一聲。

你若是不信可以拿一個白色的碟，放凝固的豬血放在碟的中間，跟著用筷子點一些豬膽汁點在豬血塊的中間，血液會溶開衝往碟邊。本來是黑色結聚的血塊，變成黃色的水，這是血液經過膽汁而散開去，變成黃色是表示血已經死了，你們可以回家自行試試看。

我們的組織就是這樣代謝。

心臟是機器，我們想東想西的不是這個心臟。古時代沒有名可以改，認為中心就是心。其實我們的心臟怎麼會想事情呢，不會的。想甚麼，是意識。它是一種物質寄放在大腦和小腦中，由五蘊看到的東西收攝起來，色彩、聲音、形體、色聲香味觸諸法經過眼耳口鼻等的接觸，收藏在後腦，放在後腦儲存叫做潛意識。

如果有看到、聽到新的，收攝入來，因為我們沒有看過、沒有聽過，收攝入來的便不能肯定是甚麼東西。後腦收藏的第八識—阿賴耶識便會輸送記憶往大腦去。大腦是國會，各各的代表都在這裡開會。開會的時候，有說這是甲，也有說這是乙，再拿舊的出來比較，過去的潛意識好像錄影帶，一般的凡夫俗子時常翻播錄影帶。你若是沒有聽老師的指導，你只能時常把舊的拿出來，不斷地溫習，都不知道那樣是真是假，由出生至死都未能開悟。經過別人給你指導，開始認識和轉變，這時候叫做進境，轉變有智慧和透視。

後腦收攝入來的肯定之後便再藏在後腦，有新的攝入來便再提出來比較。怎麼樣搬？後腦在後，中間是大腦，由眉間進去是一個空間。雞跟人一樣，如果用一支長針從左至右穿過去，因為裡面是空的，並未有碰到腦，所以穿過去以後它還能活，人也是一樣。

小腦與大腦之間有一腦橋，腦橋是活動的。當我們想事情的時候，血會走上我們的腦去。當血走上去，腦橋會膨脹及接到大腦，血便會通過。晚上睡不著，多是因為腦血。後腦的思想時常搬到大腦去開會，沒時間性的。沒時間性的叫做妄想，妄想多人會疲勞想睡。腦內的血不走下來，腦橋膨脹不定，時接時不接，這叫做夢。夢是記憶重現、感覺誤認、時空交錯、理智喪失，這樣就是夢。如果是深沉的睡眠，腦內的血會走下來，腦橋便會分開，思想不會搬到大腦去，不會開會，人就睡得好。醒過來的時候，血又會走上去那又會想。所以睡覺時血會走下來，要醒過來血液又走上去，人的構造很完美。

血液若是降下來不升上去，人會暈，這是血壓低所以會暈。但搬得太多上去又成血壓高，這又不可以因又會暈。所以想的時間及事的時間要安排好，要好好地分開。

宗教是生活的理則學，跟你講精神系統、凡夫俗子、悟道透視，這是論文，這是論說。「依此俱舍論之六界是十八界之有漏法，不是無漏真諦之法可知。」有漏法是凡夫的法，不是無漏真諦之法。開悟成佛時候的法是無漏真諦的法。因為需要了解，但是糊里糊塗地聽人講是有漏法，聽老師給你解釋、開示，懂得如何透視精神，叫做無漏法。

譬如拿了一張港幣，是偽幣。因有漏法而不知這張是偽鈔。銀行的人、內行的人一看到便知是偽鈔。以這比喻為銀行的人，他的腦已經是無漏法，所以他了解。

我們輪迴六道是因為不明白，起了煩惱心，煩惱是甚麼？苦痛會煩惱，煩惱會生病，煩惱會死。昨晚講我們的本來，以宇宙之中的水來說，水的源頭是水蒸氣。水是有形，水蒸氣是無形，水變水蒸氣叫做死；水蒸氣組合成水又叫做生。我們以這樣來看，水叫做本性，現在結成了冰又是現象，冰溶成水又是叫做死。水凝結成冰叫做生，又叫做有漏法。無漏法是知道水即是冰，若離開水，冰哪裡來，這樣便沒有生死。由這理則看，冰溶了叫做死去，老死只是還歸它的本源。天氣轉變零下二十、三十度，水結成冰，整池的水結成冰，我們不會說水死去，冰是現象。當冰溶水，我們不會說冰死去，因為透視了無漏法。以無漏法的無漏識去透視，知道冰即水，水是冰；現象即是佛性，佛性即是現象，所以萬物全都是佛性所變的。

「入胎經中唯說六界為士夫「有情」者，為顯能成士夫本事（根本）（體事）即知。」本事是本體。了解生死的問題，不是因你做了壞事，羅王給你一件豬衫，那你就投胎去豬，這是不對的，這是勸世。每一宗教所說的地獄都不一樣，基督的地獄是如果你做了不好，死了要經過一道橋—奈何橋，那些魔鬼會把你推下水，在那裡做甚麼？給毒蛇咬，在那裡受苦。他們說人是帶原罪而來的，來到這個世界做好事補過。你在地獄那裡等上帝給你審判，何時審判？遙遙無期！這是二層因果論。

若是神教，是等羅王審判，若是做官的貪污判處做牛。這非常奇怪，以前的貪官污吏出世做牛，本來是拖車耕田，很辛苦的，可是現在的牛都有好的享受，牠們都坐車！閻羅王、天主支配你出生去做甚麼，即萬物是由閻羅王、天主所支配的。譬如南北極的海獅、海狗，究竟是不是閻羅王、天主派去呢？如是做鱷魚、做蛇、做蟲，你看那是非常恐怖！

閻羅王、天主明知他做了壞事，判他不可做人，還判他轉世去做獅子、老虎、豹等去食人。他做了動物之後，他要咬食其他的動物及人。所謂舉頭三尺有神明，那些神明看到他去咬人及動物來吃，那神明回去報告，閻羅王派小鬼去捉這獅子回去。小鬼看到獅子很惡不敢去捉牠，那只有增援，派更多的小鬼去捉。但是我們從來沒有見過獅子被鬼捉去，只有見過被槍打死或是病死的。我們就當作牠是被鬼捉去，閻羅王見到獅子被捉回來便問牠：「你為甚麼要食人？」獅子回答：「我不食人，豈不是叫我餓死！你教我可以食甚麼。」這樣子又給牠治罪，獅子聽到治罪就大吼一聲，閻羅王被牠的吼聲嚇跑，你看這故事通順嗎？

帶甚麼原罪？人本來做了好事才投胎為人，人本來是要做事的，做了不好死了被禁錮在枉死城。應該讓他做事補救，出世做好的人、做好的事業、做大官為社會服務才對啊！不但是自殺的、冤枉死的才被禁錮在枉死城，沒做甚麼事的也被關在枉死城，這是不對的。

道教做一個枉死城，做一個分身放在枉死城內，道士來作法，用降魔鐵打破枉死城，把靈魂分身搶救出來。救出來又怕被捉回去，所以做了一隻紙馬給分身騎，騎上去馬立刻走，這馬叫做放赦馬。這樣子是劫獄！監獄是政府的，他去打破政府的監獄把監犯搶走，這些和尚道士是不是應該第一個被人捉？他們每一天都衝破地獄，我想修理地獄的人都是做泥水的人，在那裡有做不完的泥水工作。你想這通不通？不通啦！這是不對的，若是現世的監獄，看你敢不敢去衝破它，不要迷信！請佛教的去度亡才是正當，不要請道教的去劫獄，無理由！

人有輪迴，如何輪迴？我們人有光，我們的原素是光。因為我見到光，所以我才知道光，故此叫做悟光。如果你有看過我寫的《生活禪》一書，裡面有寫我是流浪漢看到光。我們人死後剩下了光投胎，由三次元入四次元，那境界只看到光，《如來秘密訊息》上下冊有講。

因為有看過這些書，我們死的剎那間便知道要趨向甚麼光。觀想甚麼光，那光便會變去來，光在每七天變一次，依人所做的業不同而產生出色彩不同的光。人若做了很多善事、受人尊重，那他的光是非常善良，非常強的紫色、藍色、白色的光。相反地，做了壞事的光是黑色、灰色的。殺人或是生氣激動的時候，光是黑色的。當你睡覺的時候，休息的時候，你的腦想做不好的事情發出的光是烏暗的。

舉例投胎做賊，做賊的都怕見到官或是警察，因為會驚，怕見有錢人恐怕給認出他曾經偷過他的東西。心有恐懼，死去的光是暗的。他的光在黑暗的、貧窮的階層、橫街窄巷的地區流連。

做好的人，有錢的人、做大官的、有修養的人出入的地區出入。他死了，他的意識也是在那些非常好的地區出入。本來做善的人、有福氣的人，沒有做虧心事，他的光非常美好。本來是做好的事，他的光流連在好的地區與該區的頻率很接近。當有人在做愛，做愛的時候會發光出來，譬如說是天藍色。你本來平常有打坐唸佛，心如虛空是天藍色的光，這樣子好像磁石一樣相吸，磁場一樣，這叫做同類相翕。磁場相翕，無距離，四次元沒時空界限，所以立刻投胎，你就出生在好的環境。

若你的腦想不好的事、生氣，那光是烏暗的。生時在貧民區走動，亡故後，你的光是暗的。光在不好的地方徘徊，如貧民區，若在此區有夫婦交配，他倆發出來的光也是灰色的，這是業力的顏色。你這邊是黑暗，那邊也是黑暗色，兩邊相同、balance，便一拍即合，你就出世到不好的環境去。

我們學佛的人，每天見佛祖，心內要塑造佛祖好的形象，想些好的、慈悲的思想，那麼我們的阿賴耶的光便很帥，出世投胎的地方也是好的。我們弟子大概於過去曾經有做好事，所以今天出世這個好地方。如何看得到，如何證明呢？好像別人講經，你們努力去聽；做工辛苦省下來的錢又拿出來捐獻，大家忘記自己工作的辛苦反而起了歡喜心，可見大家全都有好的業。業力好的人，形相也好。我看大家全都是帥哥，大家有福氣，福氣好大！

第三頁自己看。第四頁，本來經內有說「六大無礙常瑜伽」，隨緣六大而生見叫做覺。不同的理趣，顯教說的是元素論，栂尾祥雲看到大日經及大日經解釋之後作出了比較，即如圖表。

真言分做𑖀𑖪𑖨𑖮𑖏五項理趣。大日經的𑖀是本不生，解釋是常恆不變德，它的功能永遠不變。功能，大家可以說功德，說功能大家可以容易明白。我們是宇宙所生出來的，所以我們如宇宙一樣有很多的功德。宇宙的功德分做五大類，大日經屬物質原因，精神原因的是金剛頂經。為了分開來理論，研究它的理趣，所以分開來解釋。

𑖀本不生，𑖀是甚麼？是常恆不變德，這是原理出生萬物的原理。這原理是不會消滅的也不會重新再生，是無始劫以來已經有的，到未來不知何時都是常恆不變的。所以原理叫做常恆不變德，這裡屬堅固性。𑖀是地大，地大裡面的功德是常恆不變德。

𑖪是代表水大，大日經內𑖪出過語言道，理趣是遠離分別德。𑖨字是火大，是溫性的。

經文】諸過得解脫，解釋為解脫煩惱德。這裡有變化，東西經過火，酸澀的會變甜，不好吃的變好吃。不好吃是煩惱，加溫後變甜，好吃所以煩惱得解脫。生的菜不好吃，煮過就好吃，青澀味去了就好吃。你看蒜頭就是這樣，生食很臭，故此叫修的人不要食蒜頭，煮熟後便可食。蒜、蔥、興渠、韮及薤為五葷，其中興渠是中國所沒有的。蔥煮熟了後會變香，但生食則是臭的。

我曾經去過緬甸，參觀過一間和尚學校，裡面有老年的、中年的、年青的、甚至小孩也有，差不多有一千多人。每天，每一個人都要出去托缽，要乞多少飯菜只需跟布施的人說，別人便會給所需的多少，乞多一點回去便比較好交待。以前是食飯的時候是十人一組，現在是一張長檯。譬如乞回了一條大魚回來便用刀切開一塊一塊，組長坐在大樹下其他的人在旁邊圍成一圈坐在地下，用手拿食物來吃。所有乞回來的食物若是多的，使用刀切開來平分給大家吃，甚麼都平分，這叫做六和僧伽。財產不可以獨自擁有要公分，別人給的錢不可以私自收藏超過三日，要交出來給常住。除了自己的衣缽之外便沒有其他了。這般說出家人是正宗的共產，共產黨的源頭是釋迦牟尼佛。一同共住、共食、同睡，自己都沒有甚麼財產，這不是共產黨又是甚麼？

回過來說蒜頭，本來蒜頭可以殺菌的。有一次釋迦牟尼佛講經的時候有人放屁，其他人都用手掩著口鼻，有一些忍不住的就笑起來。釋迦牟尼佛問：「笑甚麼？」大家都靜下來不敢說，釋迦牟尼佛說：「既然沒有甚麼事，那笑甚麼？」此時又有人放臭屁，其他的人都掩著口鼻，釋迦牟尼佛不停的追問，放臭屁的人只好站起來承認是他剛才放屁，因為今天他食了蒜頭，放出來的屁很臭。但是人不可以不放屁，平均一天二十四小時要放大小七十個屁，如果不放屁人便會生病。食了蒜頭會放臭屁，所以釋迦牟尼佛說：「由現在開始不許食蒜頭。」熟了的蒜頭是香的，事實我都不相信。

我在那間和尚學校，看他們食飯的情況，是在家人供養的。他們有兩個很大的煲放在兩個很大的灶上面。在家人給他們煮食，出家人是不用煮的。我看他們一煲煮洋蔥，不知道有幾十多斤，豬肉同洋蔥一起煮我問一天要多少斤的豬肉，他們回答說有七十多斤。另外一煲是炸魚，他們先把一條一條的大魚切開一塊一塊好像扇貝一樣，然後炸得很香脆。所有的食物全部都是平分，我再沒有追問一天要煮多少魚，要幾百斤也不知道。魚炸得很香如炸薯條，大家平分來食。所以洋蔥生食是不准的，煮過以後則可以食。我是去年去過緬甸，看到他們不可食生的蒜頭，熟的則可以食。

大日經內，𑖮遠離因緣，這是屬風，風是𑖮字。這是無因緣，不是有甚麼因緣才有風生出來，風是空氣流動，流動才生出風來，所以是因生出來。它也是無形相的，但可以感覺到涼涼的。風是如何表現呢？用幡來表現，風吹過來幡便搖來搖去，看到幡搖來搖去便叫做風。古時有兩個和尚，見到幡在搖動，一個說是幡動，另外一個說不是，是風動。惠能祖師經過說，「你們倆都不對，其實是心動。」你閉起眼睛，看不見，怎麼樣知道是幡在動呢？無形色！不過我會說風吹來是涼的，閉起了眼睛我也會知道是風。雖然是沒有形色，但有感觸「這是空氣的流動」。

魚是浸在水裡，我們是生活在空氣海中，魚離開了水不能活，我們是浸在空氣海中，所以可以活，若是離開了空氣則不可生存。空氣在我們的身體裡面的細胞之間活動，只是我們完全沒有自覺。本來是浸在空氣中，空氣是本來存在的，不是生出來的，空氣不是甚麼時候生出來的，空氣流動才有感覺它的存在。空氣與地一樣是本不生，本來就有的。因有風，物質才有活動，如幡條擺來擺去，又如開了電風扇的時候空氣流動，掛著的東西都可以動，風解釋做自然活動。

經文𑖏知空等虛空，𑖏地水火風空的空，如果沒有空，我們便會僵硬，不可以活動。虛空令我們活動無礙，我們在虛空中活動，要前要後、要大要小，種種的活動自由叫做無礙，無人阻礙，無礙涉入德，宇宙之間就是這個理。

每一項物件裡面有「能」，能所的能、功能的能，能活動出來是精神。精神叫做五智，五大內有五智，東方是大圓鏡智，佛祖的名是叫做阿閦佛。大圓鏡智是我們的精神好正常，看到的都明明朗朗，看東西如一面鏡把所有的全部都攝入鏡內。我們不要單以人的角度去看，應以宇宙的一份子去看，因為宇宙生我們，我們是小宇宙，宇宙是大宇宙。

南方是平等性智好像虛空降雨露，雨露平等淋濕滋養草木，不管好壞下雨天所有的植物都給弄濕，太陽的光是好壞都普照，地上甚麼植物都可以生長，這叫做平等性智，平等平等的功德。

西方是妙觀察智，可以分別好壞是妙觀察智。知道好吃的便食，知道不好吃的便不食。知道我們的行為，甚麼是可以做便做，不可以做的便不去做。明白甚麼是補的好食的，有毒的則不可以食。為甚麼不可殺人放火的事又去做呢？這是違背宇宙的德！這德是我們本來具足的。

一切的工作、活動、種種的行為，叫做成所作智。做歹是成所作智，做好也是成所作智，能分別是妙觀察智。

東方大鏡智的佛名阿閦佛；南方平等性智叫做寶生佛；西方妙觀察智是無量

壽佛，同樣是阿彌陀佛，阿彌陀佛也是大日如來，一樣的東西六種功能。可以工作圓滿成佛的至目前止只有釋迦牟尼佛，釋迦牟尼佛就是不空成就佛，祂的智慧叫做成所作智。四佛合而為一，即四功能合為一叫做法界體性智。法界體性智就是大日如來，也就是毘盧遮那佛、遍照佛。

講如來，是依理來說的；講佛，是依智慧、精神來說的。我們每一個人全都有這五種智慧，五種智慧修足夠了、修法的時間夠了、四度加行修了、胎藏金剛修了，我給你灌頂。灌頂就是給你五佛的寶冠，五佛寶冠代表宇宙的諸佛菩薩給你證明—你等於毘盧遮那佛。

譬如你要做警察，先要進警察學校讀書，唸完了於畢業典禮給你一頂帽子，你才可以坐在那裡辦公做警察。如果你沒有經過畢業典禮，在外邊買一頂帽來戴、坐在那裡辦公，誰會信你是警察，對不對？現在，你們開始讀書，學好之後如警察的畢業典禮一樣，我給你灌頂、給你職位，那麼你要去度人或是去做度亡等事才有名份、身份去做。你都沒有結業就從學校出來，何來警察帽子戴？如果想做警察，那就好地去讀，修到畢業。學佛的，要好好地學，不然就不要學。要學嗎？要學到即身成佛。基督教有說「天國近了」，我們給它改寫成「成佛近了」，自我暗示是勉強、努力的意思。當大家成佛的時候，在街道上所見的面面皆佛。當你成佛的時候看萬物全都是佛，因為你已經透視了道理—個個都是如來的本質，所以如來是整個。我們尚未畢業，戴了帽，畢業了就是即成佛！

你們好好去讀這一份稿，我到現在還未有講到重點，非常抱歉！很疲勞！你們自己看、自己研究便會知道。你們勤力學，有疑問就問，我有空寫多一些，都是很重要的。現在講秘密佛教的密，你們讀了便知密是甚麼東西。你知道自己的心是有漏的還是無漏的，如實知自心，知道心是甚麼東西。知吾心者即身成佛！我希望明年，個個都可以灌頂成佛，祝大家成功！重點要你們自己去看，不好意思！今晚到此為止！

參考資料

胎藏界—物—理

地大（𑖀阿）—堅　性—釋迦—成所作智
水大（𑖪縛）—濕　性—彌陀—妙觀察智
火大（𑖨羅）—煖　性—寶生—平等性智
風大（𑖮訶）—動　性—阿閦—大圓鏡智

空大（𑖏佉）—無礙性—大日—法界體性智

	六大	性德	業用	形	色	種字	
知空等虛空	空大	無礙	自在	團形	青	𑖏佉	物
遠離於因緣	風大	動	長養	半月	黑	𑖮訶	物
諸過得解脫	火大	煖	離散	三角	赤	𑖨囉	物
出過語言道	水大	濕	攝持	圓形	白	𑖪縛	物
本不生	地大	堅	不壞	方形	黃	𑖀阿	物
吾覺	識大	了知	識別	雜形	雜	𑖮𑖳𑖽吽	心

五方	五佛	五智	五部	第十識—一心識
中央	大日如來	法界體性智	佛部	第九識—菴摩羅識
東方	阿閦佛	大圓鏡智	金剛部	第八識—阿賴耶識
南方	寶生佛	平等性智	寶部	第七識—末那識
西方	阿彌陀佛	妙觀察智	蓮花部	第六識—意識
北方	釋迦牟尼佛	成所作智	羯磨部	前五識—眼耳鼻舌身

四種曼荼羅：大曼荼羅　體

三昧耶曼荼羅

相　萬物具備此三大

十界：

　　法曼荼羅

　　羯磨曼荼羅　用

　地獄、餓鬼、畜牲、修羅、人、天—六道

　聲聞、緣覺、菩薩、佛

參考資料

不二：理智不二、色心不二、依正不二、佛眾生不二

　精神物質不二、差別平等不二、有無不二等等

　普門總德—大日如來圓具萬德，周遍十方

　豎差別門—諸佛菩薩皆從大日如來出生

　橫平等門—一切森羅萬象皆是如來遍法界身

教判：（十住心論、秘密寶鑰、辯顯密二教論）

　橫—顯密（應化身說法—顯，法身說法—密）

　豎—十住心　第一異生羝羊心　凡夫，三惡道之住心

　　　　　　第二愚童持齋心　人乘之住心

　　　　　　第三嬰童無畏心　天乘之住心

第四唯蘊無我心　聲聞之住心
第五拔業因種心　緣覺之住心
第六他緣大乘心　法相之住心（唯識）
第七覺心不生心　三論之住心（三論宗）
第八一道無為心　天台之住心（天台宗）
第九極無自性心　華嚴之住心（華嚴宗）
第十秘密莊嚴心　密教之住心（真言宗）

十八界：六根—眼耳鼻舌身意；
六境—色聲香味觸法；
六識—眼識、耳識、鼻識、舌識、身識、意識。

五蘊：色受想行識

五輪：地水火風空

參考書籍：《密教思想與生活》、《即身成佛觀》、《如來秘密訊息臨終不斷經》、《上帝之選舉》

附錄四：超三劫成佛

密乘道的行者，從因至果須要一時取其平衡，即是一時破除煩惱妄心的意思，此煩惱妄心有三重的看法，故此名為三劫。初劫是人執的迷惑，心外諸法事業執為實有，萬法個體的顯現皆認為有其存在，這與空性相違，這個執心就是妄心，依妄心而有五蘊和合，因有五蘊便執人體以為實有，由此實有於是自己與他人便有極端差別，在顯教之聲聞緣覺是已經破斷了此惑執的。密乘道的行者，認此為已度過粗的妄執，於瑜伽境界中，已知實無性相，證入寂然界，與聲聞緣覺相等，只是時間與妄執的名詞上差別而已。

第二劫是法執，迷惑於五蘊等法執為實性，於生死涅槃也執為實有，故此名為法執。應如張仙秀才悟道詩云：「光明寂照遍河沙，凡聖含靈共一家；一念不生全體現，六根纔動被雲遮，斷除煩惱重增病，趣向真如亦是邪，隨順世緣無罣礙，涅槃生死等空花。」此詩則人法俱空方為究竟，顯教中的三乘人以及菩薩，能斷此執惑，了解諸法是唯心所現，一切的形式是宇宙自性功能的顯現，對於一切法認為是幻化的影像，如燈燄、旋火輪、陽燄等。密乘行者破了這種迷惑，除去微細妄執，在瑜伽境界看，一切法只是唯心所現，了悟心外並無一法可得。又覺悟自己心性沒有前際後際，便與顯教所說的菩薩乘相等。

第三劫是無明惑，於一切法執，有能執所執，而在平等法界看來，則有相違之心，這心與諸法，執有能所，住此境界雖然知道諸法是唯心所現，但不能離開這心的影像。顯教所說的一乘行者，能斷此惑證真如理，看一切已知是一實之理，而在密乘行者看，是度了此惑，已覺悟諸法都入阿字門中，證一切法平等無為，與顯教所說的一乘行者相等。

以上三劫以密乘學來看，是遮情的分齊境界，所謂劫是劫波，劫波是梵語，在顯教以時間來分其品位，所以說歷三大阿僧祇劫才成正覺。若在密乘學是以妄執分作三段說，換言之三劫即是粗惑細惑微細惑，若能於一念間超越三種妄執，則是超過三祇劫。約豎來說時間性可分前際後際。然在真言乘則從橫來說的，是粗與細的分別。於一念中可超過三大阿僧祇劫。所以從豎說則有三世，成為無量時間，從橫說則了此心無分別，橫超空間，於一念中，顯現佛部、蓮花部、金剛部。在意義上把時間縮短了。可是眾生妄執堅固，有如是微妙教法不肯相信，執著自己是眾生，以為沒有成佛的資格，自暴自棄，自己認為有罪，甘受苦惱，其實罪是心起了邪念，而身去作違背道德的行為代價命名為罪，若能改惡遷善即罪花亦會謝的。所以經云：罪福無根無自性。又云：「罪性本空由心造，心若滅時罪亦亡，心滅罪亡兩具空，是則名為真懺悔。」如是不懂佛理的人，正如井底蛙，那裡知道世界中還有大海，或根器較淺的人，亦如野牛，那裡會學獅子吼呢？這都是先入為主的過失，比如顯教中信仰某一宗教的人，有說自宗為最高學問，但佛法是適合某些根器而適合某種方法的，宛如大人之事小孩不能做一樣，大法是淺機的人不能接受，而小法不合利根修習，根本法法都是藥，小乘法於小根人為最好，大乘法於上根人為最理想，所以佛法本來沒有勝劣。但真言密教有上中下三根適應的修法，其最高妙法是下機的人亦不能領悟。此曼荼羅教有無量種字，字字包含很多意義。這一法門好像哲學科學，但不相信的人，一看到密乘的壇城，陳列出很多見所未見，聞所未聞的種種佛像，種種法器，以及曼荼羅，反而思疑，以為是神教，甚至詆譭它是邪教，其實這是宇宙真理的象徵，又看見修密法的人唸咒，便思疑他專門在驅邪趕鬼，好像道教中的符籙派一樣。所以小機的人莫不生疑生謗。若一譭謗，便是謗法，即是一闡提，會墮落地獄的，因為他的心生疑故，故此應化如來在說教中秘而不談。從此傳法的菩薩也置而不論，故咒語都不翻，其用意就在這裡。《金剛頂經》云：此毗盧遮那三摩地法，向未灌頂者不得說一字，對於各本尊儀軌真言，雖是同道中人，也不得隨便宣說，若說則於現世中會夭折招殃，並會墮落無間地獄。是以處處勸人謹承此教不得違越。所以有些三昧耶禁戒，如是禁戒在求法者一定要嚴格慎守，所以秘密教便成為專門家的學問。一般人無法得聞，因此罕見為怪是一定的理由，而想求學的人亦不容易找到深造的傳法師傅，如果找到的話，亦要有條件方肯付法，往昔想要學此曼荼羅教，即須先學性相的顯教，通達以後才可傳授大法，又要有條件，第一是看弟子的根基，是否有受何等法程度的資格，第二是否與傳法者有緣，第三是否那個弟子具足信心，肯將自己生命財產盡行供養，這不是師傅貪供養，但世上亦有冒牌的假貨用著這一種方法，貪圖名利的也有，但一遇真師即有自受法益的感驗，否即毫無系統，東拉西抓一無著落。如是上述等要通過考驗以後，才得到灌頂傳法，大概密乘的儀軌，都由師傅親口直接說出來，由受法弟子暗記背誦，然後可以自修。在古老時候這秘密道，稱為無上道，在封建時期，是帝皇家的眷屬所修，一般平民無法聽受，這種傳統風氣，直到民國締造以後，才開始流傳民間，但是其中的奧妙，還是秘而不宣。本來佛教是要使眾生同證菩提，共成佛果的，所以民間才有佛法的宣揚，可惜有心學習的人，沒有錢財，也有些人沒有機會，難以得遇明師，有寶貝秘藏而不用，豈不同於瓦礫，變成無用之物嗎?現在已經進化到太空時代，人們的頭腦亦極其發達，對於五大的法則亦多有研究，而成為物質文明，如果以秘密道合參，使之越加昇華的話，相信將來這個世界的發展，必會冠於其他星球世界，對於修道方面，也會促其早早成就，而臻於世界和平，眾生安樂是可以預卜的。

附錄五：阿彌陀秘釋

(一)阿彌陀佛者,「是自性法身觀察智體,一切眾生覺了通依也」。

(二)自證一心,觀見諸法實諦。自證諸法,遍知眾生心品,是故一心體相,悉攝二諦而無差,九界色心,同備五智而森羅。

(三)然則四曼聖眾,本住五蘊假身常恆。三密諸尊,常居九識妄心無邊。一心即諸法,佛界眾生界不二而二:諸法即一心,佛界眾生界而二不二。又是心是佛本來一體,更不可求是心作佛。迷卻智顯,即身成佛。

(四)至如己身外說佛身,穢土外示淨剎,為勸深著凡愚,利極惡眾生也。隨機說法,祕實義顯淺略。法身實說,開實智遮執情,故悟一心深源。九品心蓮,等開九識淨心,證三密現覺,五佛相好同成五根色身。誰遠望莊嚴寶剎,誰遙期微妙色相乎。迷悟在我,三業外無佛身。真妄一如,五道內得極樂。覺此理趣,即時心是名觀自在菩薩。

(五)於有為無為諸法,即覺一心平等理無障礙故,此心究竟離分別取著而證性德一心故,名為阿彌陀如來,是大意也。

教所用義。（六八）次釋名號，天竺稱阿彌陀，唐翻無量壽無量光等。凡有十三翻名，是則顯教所用義。但密宗意，一切名言無非如來密號。雖然就十三翻名釋實義。一者無量壽法身如來，居法界宮不生不滅，是故大日如來或名無量壽佛。二者無量光法身如來妙觀察智光，遍照無量眾生無量世界，常恆施利益故，大日如來或名無量光佛。三者無邊光法身如來妙觀察智，無分界無邊際故，大日如來或名無邊光佛。四者無礙光法身如來妙觀察智，於有為無為真諦俗諦，乃至實相實性一切眾生種種心相草木山河等法，俱時證知無障礙故，大日如來或名無礙光佛。五者無對光法身如來妙觀察智，待對不可說也。本自無妄想故。待對不可說真覺，離真覺妄相對觀智故，大日如來或名無對光佛。六者法身妙觀察智，熾然赫奕照眾生意識無明暗。燒煩惱塵垢如炎光故，大日如來名炎王光佛。七者法身如來妙智光滅眾生無明暗，現內證心殿始悟本不生樂故，大日如來名歡喜光佛。八者法身如來妙智，能決斷真俗二諦實義能照察有為無為諸法故，大日如來名智慧光佛。九者法身如來觀智，自受法樂，常恆不變無斷絕故，大日如來名不斷光佛。十者法身如來妙智，等覺十地尚難思議故，或名難思光佛。十一者法身如來妙智，凡夫賢聖智力不及，不可稱揚故，或名無稱光佛。十二者法身妙智，本來不染六塵故，或名清淨光佛。十三者法身妙智光明，本來常住離晝夜時方，無不照處，無不照時，超世間日月故，或名超日月光佛。

（七）是故十方三世諸佛菩薩名號，悉一大法身異名。又十方三世諸佛菩薩皆大日如來差別智印，乃至一切眾生所出言語，無非密號名字，迷之名眾生，悟之名佛智，是故唱阿彌陀三字，滅無始重罪，念阿彌陀一佛，成無終福智，如帝網一珠頓現無盡珠像，彌陀一佛，速滿無邊性德也。

（八）次釋字相字義。「阿」字一心平等本初不生義，「彌」字一心平等無我大我義。「陀」字一心諸法如如寂靜義。又「阿」字佛部義，示理智不二，一心法界體相故。「彌」字蓮花華部義，妙觀察智生法，二空實相本來不染六塵如蓮華故。「陀」字金剛部義，如來妙智自性堅固，能破一切妄想怨敵故。又「阿」字空義，一心法體本自虛妄相空無故。「彌」字假有義，一心諸法如幻假有故。「陀」字中道義，一心平等諸法，離二邊無定相可得故。又「阿」字有義，一心體相，本有不生無滅盡故。「彌」字空義，一心諸法自性不可得故。「陀」字不空義，一心諸法，本來法身功德無斷絕故。又「阿」字因義，佛界眾生，因一心覺，因一心迷故。「彌」字行義，斷人法二我，證生法二空，至佛果故。「陀」字果義，示不二一心如如理智，是則佛果故。

（九）如是差別法門即名字相。又如是字相，互無定相，如帝網珠不可取捨，一心平等不可得故，是即名義。是故離字義無字相，離字相無字義，取彼捨此，取此捨彼，妄心分別，厭娑婆欣極樂，惡穢身尊佛身，是名無明，又名妄想也。縱雖濁世末代，常觀平等法界，豈不入佛道乎。

上師開示筆錄

日期：一九九八年八月十五日至十七日
地點：香港道場
註：為了方便沒有錄音帶的信眾閱讀，此筆錄作出部份修辭更改，與原來口語有所出入，希請留意。

第一天開示

人心污穢

普通信佛的人，如日本禪宗的信徒是不可唸佛，禪宗的佛堂是不可唸阿彌陀佛，為甚麼呢？他們認為唸佛會令佛堂污穢，唸佛的人需用大水洗身三遍。阿彌陀佛是不是這般污穢呢？阿彌陀佛是清淨教主，為何説是污穢呢？並不是佛污穢是人的心污穢。

山頭主義

宗教有各別的山頭，有真言宗、禪宗、念佛宗、淨土宗等山頭。為甚麼有山頭呢？因為怕別派搶走自派的信徒，故此有教修去西方淨土的觀念，是否信這便可不用去地獄呢？修西方淨土並不是這個意思。日本的真言宗亦有山頭主義，也是怕別派搶走自家的信徒，這是不對的。

其他宗教對佛教唸佛的看法，與及佛教各別對唸佛的處理

釋迦的教義是沒有好也沒有壞，壞的釋迦牟尼佛並沒有講，他也沒有教我們唸「阿拉」(回教)。「阿拉」是教人去打仗，「阿拉」的信徒喜歡打仗，而釋迦佛並沒有講，他也沒有教你信基督教，亦沒有教你信天主教，三宗十二經內皆沒有教唸「阿門」，釋迦佛說阿彌陀佛。我若教你們唸「阿門」，你們便唸「阿門」這是「祈願樹」，若叫你唸阿彌陀佛，你亦不識唸。

天主教及基督教是沒有拈香的，他們認為拈香後五百世將沒有手，若唸阿彌陀佛則五百世將成啞巴。基督教徒是不敢來我們這裡禮拜，他們都覺得很恐怖。可是我們佛教徒若到他們處，聽到他們唸「阿門」卻覺得沒緊要。他們有「被甲護身」，我們也有。他們是比劃十字，唸句「阿門」便可得到保庇。他們相信死後蒙主寵召，但他們並不明白這道理。

佛教徒，不論是在家居士或是法師，有些對阿彌陀佛亦不大暸解，日本的禪宗教人不用唸阿彌陀佛。「日蓮正宗」也是教人不用唸佛，只需唸《妙法蓮華經》的經題即可。創此宗者名「日蓮上人」故此宗名為「日蓮正宗」，此宗只需唸「南無妙法蓮華經」而不需研究經文內容，他們認為這已很了不起。一般唸《妙法蓮華經》的都是研究此經為主，專研此經的宗派是「天台宗」，日本的「天台宗」是以比叡山為總本山，他們也是教人不用唸佛，只需唸四句偈即可，甚麼淨土宗、禪宗、密宗、律宗等皆不需信仰。釋迦佛沒在教信徒不可信其他宗派，此等情況於華嚴宗亦出現很嚴重。

日本古時對佛教四宗的批評

日本古時有批評佛教的話(日蓮宗創宗之始說這些批評他宗的話)：淨土無間地獄、禪天魔、律國賊、真言亡國。評者認為信淨土者將落無間地獄，修禪者將墮落天魔法界，律宗成為國賊，真言宗更甚把國家亡掉。為甚麼有如斯批評呢？

日本現在的年青人皆不知道，於日治時代（台灣），晚上四處捉人唸佛，一唸至天光，說如此可獲升天，對被捉唸佛的人來說便如墮無間地獄。修禪定的人如墮入天魔法界。修習律宗的僧人如同把腳梆起，甚麼事也不做專吃別人，如此國家的米糧都給他們吃光，所以貶稱律宗為國賊。

真言宗的佛像及壇場皆做得很莊嚴，從前畫一幅佛像動輒二千多元，相等於現在的幾拾萬元；修法用的唸珠有些是用水晶或金來做，唸珠的珠頭及四大天王的小珠皆是用翡翠或祖母綠來做。一般修法的器具或壇場皆是用最好的來做，致使一般貧窮的人很難修習。譬如修習護摩，內護摩是用觀想的，外護摩需用蘇油(butter)，每次便要用兩罐的蘇油，息災用的木材皆是上等之白木，於支木兩頭更刻上蓮花，增益時用金粉作加持物，你看一壇護摩需要用多少錢呢？所以評說修真言宗的人會使國家亡。真言宗的壇場實在可媲美帝王的宮殿，非一般賣冰棒的店鋪裝璜簡單。

現在社會經濟及人的腦力發達，現在已開放普遍給大家修學真言宗。

打破山頭主義

山頭主義者教人不用唸佛，律宗的信徒不可修密等等山頭主義都是沒有合作和融合。日本現時仍有山頭主義，這是壞的習慣，我們要把它打破，若然有罪便由我(上師)來承擔。你們能成佛便好了，派你去講(打破山頭主義)我亦很高興，不用驚慌，我沒有聽過恐嚇。

阿彌陀佛是甚麼？其他佛與真言宗的關連如何？

其他宗派不明白阿彌陀佛與他們的關係，唸阿彌陀佛也是我們真言宗的東西，阿彌陀佛是曼荼羅裡面的五佛，是大日如來的內體。觀音、勢至、文殊及普賢全是曼荼羅大日如來的內體。唸佛、唸咒、AMITABAYA，阿密婆達耶等發音雖然不一樣，但意義都是一樣的。所以我們沒有唸的佛，其他宗派信的佛都是由真言宗衍生出來的。

阿彌陀佛與五智

「阿」字本不生義，阿彌陀佛是人體內五智的一種—妙觀察智。

我們的頭殼時常想東想西，例如打電腦、寫字等等腦裡同時想幾種事情。這些是心的活動，此心非是肉團心，是腦筋功能活動的發用，此心是頭殼內的五智。此五智如同一個椪柑，分東南西北四瓣為四智，四瓣合為一，四加一為五。此四智是大圓鏡智、平等性智、妙觀察智和成所作智，四智的綜合為法界體性智。

代表法界體性智的佛是大日如來，我們都是大日如來衍生出來的，如同爸爸生出兒子。我們是大日如來的子孫，過去的、現在的與及未來的都是祂的子孫，祂不只是我們的教主，還是我們的祖公，你不拜你的祖公還去拜甚麼人呢？

代表東方的是大圓鏡智，如同一面鏡子，一望無際，照攝一切入心內，清清楚楚，萬物皆逃不過這面鏡子，所以叫做大圓鏡智。

代表南方的是平等性智，平等性智像雨落下來，萬物皆平等受其滋潤。好像生出四子，平等地給他們吃、穿和教養。宇宙的大日如來看眾生萬物皆是平等一樣養育，這是平等性智。

於成住壞滅的工作當中，有利益分給他人，不傷害他人，哪裡有需要便去供養，互相救濟，這種分別好壞的觀察智是很微妙的，名為妙觀察智。

你若知道而不去工作是慚愧，咱覺慚愧而去活動，活動做甚麼？以活動來養我們的生命。兄弟、朋友大家各人的工作經驗互相協助，這叫做成所作智。

以上四智的目的只是一，都是大日如來的內容，分出四項對大家解說而已。東方大圓鏡智的佛名阿閦佛；南方平等性智佛名寶生佛；西方妙觀察智是阿彌陀佛；北方成所作智是不空成就佛。分別好壞，如好的藥抑或毒藥，你有觀察的能力分好壞出來應用活動工作，我們活動時是四智同時活動，只是我們不知曉。開悟的人，一入便是入這妙觀察智。有妙觀察智的人修行，修善止惡，分別善惡，救人而不敢害人，這是一切成就開悟的人皆有的妙觀察智。妙觀察智即是阿彌陀佛，你們現在知道甚麼是名阿彌陀佛嗎？

其他佛與遍照如來的關係

阿閦佛、寶生佛、阿彌陀佛、不空成就佛，四佛合起來是毘盧遮那佛。淨土宗的人說，拜大日如來即是邪教。禪宗亦沒有說及大日如來，他們都是說釋迦牟尼佛。

釋迦牟尼佛根本是大日如來內體—北方成所作智的不空成就佛。咱們唸釋迦牟尼佛、阿彌陀佛、阿閦佛、寶生佛等全都是唸遍照如來，其他佛皆是大日如來內體生出來的，所以我們拜大日如來為教主。若是拜大日如來是邪教，那麼他們拜的亦是邪教。無論拜甚麼佛都是拜大日如來，所有佛歸納為一即大日如來，唸大日如來即所有佛皆唸了，拜大日如來即拜所有一切佛。

妙觀察智是成佛應知的內容。觀察要有智慧，妙觀察智是阿彌陀佛。阿彌陀佛有四親近：金剛法、金剛利、金剛因、金剛語，金剛法是第一親近，亦是阿彌陀佛。

見性成佛是識大的活動

坐禪至本性空，這境界即是遍照如來。淨土的人或坐禪的人，於坐禪期間見到佛或其他現象，皆是心的活動—五智的活動，即是大日如來的內體的活動。宇宙內，植物、動物、礦物等皆是大日如來身體的內容，你們看大日如來的身軀有多大呢！我們身處太陽系中，宇宙內有無數個太陽系，有無限大的空間。宇是空間，宙是時間，加起來是世界，界亦是空間。

空的世界裡的物質皆是大日如來產生出來的，我們眼見的森羅萬象皆是大日如來變化出來的。眼看得到的是物質，地水火風空五項皆是物質(物理)，物質又名胎藏界。胎藏界的功能名「如來」，五大合起來的作用是「識」，識是大日如來表現出來的功能，理加智兩功能合起來是理智不二法門。物質的功能名「如來」，精神作用名「佛」。

地水火風空是物質因，識大是精神因，識大是透過物質五大而發用的。物質因、精神作用皆是金胎曼荼羅的內容，分開講解是二，合為一即金胎不二，是大日如來的創造，我們修法是要回到大日如來的軌道，這便是「見性成佛」。成佛並不困難，成佛與否的問題，其實本來是成佛，但大家卻不知道。

佛說、如來說及世尊說的分析

譬如在《金剛經》內有「佛說」這是指精神；有「如來說」這是指物理，經內「如來說」：非世界是名世界，就是說物理。「世尊說」，世尊即釋迦牟尼佛，釋迦牟尼佛亦是大日如來變化出來的，我們亦是一樣由大日如來變化出來的。釋迦佛於聞悟後教化眾生，經書上的「世尊」即是釋迦牟尼佛。世尊於講道理時會用「如來說」，講解有關精神方面使用「佛說」，大家若看《金剛經》便知道，若不跟大家說，你們便不清楚瞭解，在這簡單向大家說明。

愛護同胞與如何能成阿彌陀佛

大日如來的身軀很大，大日如來是多，並不是某一個單位或是某一個地方，「大日如來」這名字只是一個象徵，象徵宇宙的真理，我們信這個道理。這「道」是道徑，是我們修行返璞歸真，返回大日如來肚內的道。

整個宇宙是很大的，我們現在是生活於大日如來的肚內，所以我們行住坐臥時刻心念孝順老祖宗—大日如來。萬物：植物、礦物、動物皆是大日如來變化出來的，皆是我們的兄弟，我們要照顧兄弟。同一母親所生是同胞，萬物皆是大日如來生出來的，亦是同胞，我們要愛護同胞。無論是黃種人、白種人、黑種人皆是同胞；狗、鳥、貓皆是同胞；椅子、桌子皆是同胞；花草樹木皆是同胞；地球上包含有的動物、植物、礦物皆是同胞，你若知道這道理，那你便不會寂寞，覺得很熱鬧。你若有這腦筋去看，你便是阿彌陀佛，你們成為阿彌陀佛又有何難呢？

眾生與阿彌陀佛

阿彌陀佛所處是極樂世界，不是想一想就是極樂世界。不是分淨土和穢土，不是淨不是穢，無淨無穢便是淨，無相對論。不是有佛便有眾生，若全是佛便沒有眾生了。如用妙觀察智看眾生皆是佛，那便是成為阿彌陀佛，便是如此簡單，那世界亦和平，大家說對嗎？

我看大家都是阿彌陀佛，心淨便是阿彌陀佛，內體皆是淨土，何需向外找西方極樂世界，這裡便是極樂世界。睡覺時，有沒有發覺自己像是跟另一人談話，一直談話至天光。天光了，吃飽了又談至晚上，與你傾談者即是阿彌陀佛，我們要感謝此「人」，這個阿彌陀佛我們不要放棄。

如你見到一個人，覺得他不好，那你把他看是阿彌陀佛吧！若你看他不好，等如開罪了天，若開罪了天我們如何祈禱呢？沒有地方可給你祈禱了！從前開罪天說：無所道耶！看每一個人是阿彌陀佛，你本身便是阿彌陀佛，若無此心，你如何感覺對方是阿彌陀佛呢？沒有感覺便如同木頭、磚頭，那不是人類，人類是有心的，心便是阿彌陀佛。你這個阿彌陀佛是我這個阿彌陀佛看出來的，阿彌陀佛與我們一起生活，若你説壞話，阿彌陀佛便會摔你的咀巴。假如你懺悔，便對佛説聲「對不起」，若你犯了罪在佛前説「對不起」即是懺悔，修行便是這般簡單，成佛亦很快。

以上是《阿彌陀秘釋》第一：阿彌陀佛者，「是自性法身觀察智體，一切眾生覺了通依也」之解説。

第二天開示

《阿彌陀秘釋》是對阿彌陀的秘密解釋。接下來解説第二點：自證一心，觀見諸法實諦。自證諸法，遍知眾生心品，是故一心體相，悉攝二諦而無差，九界色心，同備五智而森羅。

自證一心

我們修行當中自證一心，普通的人並不明白「一心」是甚麼，而現在卻造了「自證一心」的俗語。自證一心是人修行之後，瞭解一切諸法是自己一心的。譬如説，做好事的人上天堂，做壞事的下地獄，如你問哪一個法師，他有否去過天堂呢？無一個法師說曾經去過。西方極樂世界名曰天堂，現在沒有一個法師說有去過。有人問我（上師）：「師父，你有去過嗎？」我有去過。別人說我在說妄語，事實並不是妄語，我真正有去過，其他的人有去沒有回，只有我有去有回，我現在跟你說，你也不會相信，但是你們要相信啊！

自證一心，萬法唯識，三界唯心，這天堂、地獄、西方極樂世界皆全是一心。所以天堂、地獄、三界都是心的內體。假如我們偷了別人的物件，怕警察來捉，晚上睡不著，睡不安穩，很是煩惱，很艱苦，這是甚麼，這便是地獄。

假如你在路上，遇到一個受傷不能走路的人，你招計程車把他送到醫院去。傷者的腳敷藥後已不再痛，可是這傷者並沒有錢支付診金，你一樣代他付，付了錢後亦沒有擔心此人何時把錢還給你，你回家後有否為他沒有錢還給你而煩惱呢？我相信大家都不會有這煩惱，你是好快樂，你發覺自己做了一件好的事情，這種心理就是天堂，與地獄相反，一睡便至天明，那就是天堂。天堂、地獄都是一心之內體。沒事情的晚上，睡覺也不會做夢，一睡便至天明，這是甚麼所在？這個所在是西方極樂世界。

如果你有錢，請朋友到外地遊玩，譬如你朋友沒有到過台灣，那十二月你請他來本山，那朋友會問本山是否真的好？去了本山後回來，朋友的心更加歡喜，比去大陸的黃山好，晚上睡覺做夢亦會做好夢，本山真的比黃山好，這便是極樂世界。所以快樂是心，煩惱亦是心，所以學佛的人是學習把心開放，把快樂創造出來，無煩惱、無艱苦，無煩惱的時候會否有困難呢？無困難！我們要把心胸擴闊去幫助別人，對人歡喜，創造歡喜，所以天堂地獄皆自心造，是最簡單的事情，這就是自證一心。

觀見諸法實諦

自證一心之後，佛法跟自證一心有沒有差距呢？沒有差別，是相同的，這叫做「觀見諸法實諦」。看見別人艱苦、快樂皆是諸法實相。宇宙的一切，眼所看到的多是艱苦的，艱苦的事情每天皆可遇到，為甚麼我們的眼睛不能創造快樂呢？遇到別人有艱難，我亦同樣感艱苦。從前有一俗語：「見苦不救，心常不安」，大家都會有這「見苦不救，心常不安」的經驗，由出世至今大家都有遇到這「見苦不救，心常不安」的經驗，有這經驗的人，為甚麼當時沒有救助對方呢？當時沒有救助是因為沒有學佛，是自私。自私的人是「見苦不救，但心不會不安」，我想這種人是很少的。

自證諸法

我們看見的物件是為法相，法相寄在潛意識為諸法。很困難、很艱苦的這種法相寄在我們的潛意識中為諸法，我相信是很困苦的，對這種經驗，你體會了後，作出動作去行動，這是「自證諸法，遍知眾生心品，是故一心體相」，這是修入空有二諦的人。你看到是有，你所看到的寄在潛意識中稱為空。這空有本來是相對的，這相對的物件存在心內是擦不掉的。過去的事你以為心內空空的，其實不是。這靈台好像攝影機一樣，好像在心內刻上文字，如刀刻在心內留下深刻的印象。換一角度來譬喻，一個照相機，按下快門便把影像攝入底片，這叫「執」。留下來的底片存在心內，一片一片由我們懂事開始攝入心內，過去的經驗雖然經過修行、修法，仍有部份留在心內，因為沒有擦掉。凡夫俗子時常把底片拿出來影響磁場，這不斷發放出來的磁場叫做妄想。

照相機照攝在底片上的東西是無形的。照攝後，過去的底片再放出來，看到當時沒有發心去救人，現在重看回想起便會流淚：這人這般可憐，但我沒有去救他，他便死了。如果當時我救了他，把他送到醫院去，可能他不會死，但當時現場我並沒有救他，他向我招手呼救，我依然沒有救他，因為當時我並沒有回頭看，也聽不到他的呼救，所以沒有救到這人。當天睡覺時也會想起此事，那時便像放電影般放出來，想起過去沒有救這人，現場的人死了，你不禁流下眼淚來。假如當時你發現，把人送到醫院去，醫院的費用需二十元，但你身上只有十元是準備用來吃飯的，但你都拿出來，另外欠的十元，你把外衣脫下作抵押，然後回家再拿十元來。被救的人甦醒過來，向你道謝，雖然只是一句多謝的話，你卻要回家借錢與及當天沒有飯吃，不過你回家後亦會覺得很快樂。餓了一餐，又要為錢而煩惱，但救濟人之後你沒有煩惱很是快樂。

以上所說救人的故事，人的一生中可能會遇到或許不會，但遲早於這世界中大家定會遇上。也許不一定是我們去救別人，假使是我們不幸需要被救，那麼你是不是要感謝別人呢？一定會，人一生之中不知道於甚麼時候會碰上困難，連生命是何時結束也不知道。不但是這樣，我們修佛法的人，唸咒迴向，迴向給整個宇宙，迴向給宇宙內的人類、動物等等，宇宙內所有的護法皆知道。假如我們之中有不幸發生車禍，這時候護法一定會去救助這人。

這是學佛的慈悲，大慈大悲，眾生是自己的心而生出這種功德。你看那些殺人放火的人，最終都被捉到繩之於法，他們的下場皆很慘。做好的人，如台灣「2.28」事件，有很多人犧牲了，但現在已得到平反，這是好的因有好的果報。

所以我們不只要了解自己的心還要了解眾生的心，因為眾生的心與自己的心是一樣的，是不二。心不一樣是因為有修養的人作善，沒有修養的人作惡，聖人說：「善有善報、惡有惡報」這是否真的呢？是真的！種甚麼因得甚麼果，種豆出豆，種豆不會生出蕃薯來，不可能的，沒有這道理。甚麼種子便長出甚麼果來，種善的種子便長出善的果報，這不是憑空講講而已，是有邏輯的，這是定律，任何人皆要相信這定律。有生便有死，有死便有生，生死生死是社會成住壞滅的四相，是不變的定律。譬如過去我是七十歲，七十一歲，八十歲八十一、八十二，一直過去，我不會再次七十歲，這道理是不會反反覆覆的。

我們要摸自己的心，先想自己再想別人。若晚上睡覺時，手放在胸膛，這是「伸手捫心」，跟這種人交朋友不錯；若雙手睡時向上舉，此為「伸手摸天」，亦可跟這種人交往；若睡姿如一「大」字，這種人便需要改善，這種人不只吃掉親戚朋友，連朋友的戚友都吃掉。本來人是很殘忍的，若晚上睡覺時把手放在胸膛，自然這人的個性便得到改善，信不信由你。知道眾生的心與我無差別，所有一切皆是真諦假諦，真真假假沒有差別。(二諦是真及假)

九界色心，同備五智而森羅

我們的心、眾生的心都是一樣有九種心識，共有五智。九種識心、五種智是用來了解森羅萬象。九界是：地獄、餓鬼、畜生、修羅、人、天、聲聞、緣覺、菩薩，以上是九種凡夫識心，佛是入聖心。五智是大圓鏡智、平等性智、妙觀察智、成所作智、法界體性智，這五智已經向大家解說過，不贅。我們凡夫因為沒有成佛所以凡夫沒有五智只有五蘊，有五智便是佛、聖人。五蘊是色、聲、香、味、觸，聽到的是聲音，看到的是色彩，食到的是香味，接觸身體的是感覺，五蘊開悟後轉為五智。降魔杵的五鈷和鈴，五鈷即金剛杵。金剛杵上有五杵，下亦有五杵。上面的五杵是代表五智，下邊是代表五蘊，整體是一。上面的五智因學佛的人沒有開悟所以是下邊的五蘊，因此學佛修行是把五蘊轉成五智，變成五智即是佛。整支五鈷代表我們的心，修五蘊為五智，五蘊未完全變為五智，因為執著，勿執！甚麼是執著？

譬如你食豆腐時，不要想成是食肉，心在想肉時卻在食豆腐，豆腐也變成肉，食肉時想是肉那仍是食肉，若食豆腐時，心沒有想是食豆腐或是食肉，甚麼也沒有想，別人問你：你正在食甚麼呢？你也不知道，這就是「著」。又有執著的人說吃素，若吃素的人太過執著便成為自私呢！怎樣自私呢？

我給你們講一個婆婆吃素的故事：有一位婆婆，她聽別人說年紀大了要吃素，吃素以後可以去阿彌陀佛國，去阿彌陀佛國很好呀！不用輪迴。這樣她便沒有食肉、魚等葷類食物。有一天她跟孫子一同食飯，她是吃素的，其孫子是吃葷的。她盛飯給其孫子，她的孫子夾菜給她，她看到孫兒用夾葷的筷子來夾菜給她，她便很不高興並且用她的筷子拍打孫兒的筷子，同時咒罵其孫子「死囝」。本來孫兒是夾菜給他的祖母，這祖母要「用夾肉的筷子來夾菜給她」的孫兒去死好呢？還是要「吃素可以去西方極樂世界」好呢？這個小孩兒是她的孫兒，她既然認為西方極樂世界是這般好，為何她不帶他一起去呢？小孩兒也不懂甚麼是西方，要去你自己去西方吧！這不是自私心又是甚麼呢？這個吃葷的小孩兒事實是好意夾菜給祖母，反而受罵說他不對，這祖母不是自私嗎？對不對？這小孩兒如食肉、食魚等便不能去西方，那你食素又有何用呢？這叫做執著。

中國人吃素，為甚麼長江決堤，發生這般大災難死了這麼多人，食素的應該受到保庇才是，對不對？無食素的國家如英國、意大利、美國、日本等國家都沒有食素，長江決堤，而其他國家不是好好嗎？他們也有其他宗教：天主教、基督教、回教，他們都沒有吃素，應該災難發生在他們身上才對，為甚麼反過來是食素的有災難呢？真古怪！所以今天我去了問黃大仙，這麼奇怪！

以上是說心，這是第二條的解釋，接下來說第三條。

四曼聖眾

我們接著了解四種曼荼羅，甚麼是四種曼荼羅呢？每一項皆有四種曼荼羅。曼荼羅是機關學，曼荼羅如了解工廠的機關一樣，不了解便不會明白。一個人的身軀亦有四種曼荼羅，一棵樹、一束草皆有四種曼荼羅，四種曼荼羅是那四種呢？在座有學佛、真言、皈依的、修阿闍梨的有誰能講出四種曼荼羅的請舉手。（台下回應：

法曼荼羅、大曼荼羅、三昧耶曼荼羅、羯磨曼荼羅）

甚麼是大曼荼羅？大曼荼羅是我們身軀物質組織成份，大曼荼羅亦可說是胎藏，地水火風空五種，創造物質是地。

法曼荼羅是我們的名字，本來是無名假定命為名，本來是沒有名，這名便是法曼荼羅，名字的字即標示，即是法曼荼羅。

三昧耶曼荼羅是標誌，每一個人的面孔皆不同。見到桃樹，桃樹生出的樣子你一看便知是桃樹。見到地瓜（蕃薯）便知是地瓜，地瓜有它自己的樣相這便是標誌。森羅萬象各各項物皆有本身的標誌，若沒有標誌則天下大亂，補藥又吃，毒藥又吃，如沒有標誌去分別便會胡亂拿了毒藥來吃。不一樣的東西就是標誌，這標誌是要向大日如來申請的，平常的商標是要向當地政府申請即可。

接下來是羯磨曼荼羅，羯磨是作業、活動，各各的活動不同，絕對不同。三昧耶不同，全部不同，甚麼都不同。兩個雙生子，孖胎也是絕對無相樣，看似一樣，絕對不一樣，如果是一樣那麼創造便沒有特色。我爸爸即你爸爸，你爸爸是我爸爸，我媽媽是你媽媽，你媽媽是我媽媽，那就天下大亂。所以一定有不一樣的標誌，名字不同，行動不同，若是一樣便沒有比較，大家一樣便天下大亂。

創造的工程是非常之複雜，你有沒有去看過呢？你有沒有看過創造人及萬物的工廠呢？如果沒有可申請去看看。他們也有照辦公時間上班的：有食三餐、有休息睡覺的時間。譬如做一隻狗、或者貓、或者是一隻小鳥，全部不一樣，一類一類做出來都沒有一樣的，做每一類皆有定律。鸚鵡有鸚鵡的標誌，它彎下的嘴是與別不同的。如果今天創造得不好便作出補救，補救後做得更完美，但有時是可以補救，有時卻不可以補救。這創造的工程是有專利的，假如做得不好你不可以抗議及要求他們做好一些，我人皆是他們創造或改造的。

製造的過程如同我們了解玩具工廠製造洋娃娃一樣，先把身體四周圍先從底面縫合起來，預留一小洞，然後反轉過來正面，把五臟六腑由此預留小洞裝進體內(其他五臟六腑則是由其他工廠生產後運入這工廠內)，這個洞到底是留在甚麼地方呢？

是留在我們下體陰部與肛門之間的地方。五臟六腑裝進去之後便不能用衣車來縫合，要用人手一針一針地縫合，你看那些初出生的嬰兒，近肛門處便有手縫的一針一針的摺紋痕跡，為何你做人家的母親也沒有注意到呀？這個人還未算是做好，出品前還要用儀器噴上紋路。假若當初做胚胎時是好好的，但剛巧碰上打扳示意下班去食飯，這時段的品質管理便會不好，做一隻小狗的紋路時，頭做得好，身卻做得不好，因為趕下班去食飯這產品便算數推出去。所以在上班時間生產的都較好，那些小狗大家都喜歡，在食飯及休息前的便不好，但這小狗是沒有罪呀！紋路不對，這是很悲哀的！這些品質不好的產品一樣推出廠，這些出品沒有人要便成為流浪狗。做人也是一樣，剛造時的五臟六腑都是黏黏的，仍有黏性尚未做好便推出廠，這生出來便成連體嬰，一生出來便要送到醫院去做手術！出生成為這些小孩是很悲哀的！大家都是上班時間做的。所以這四種曼荼羅無論甚麼皆有。

本住五蘊假身常恒。三密諸尊，常居九識妄心無邊

神經、感情是五蘊，所以五蘊五智皆是一樣宿存於我們的心內。身口意三密是產生種種的心所法，宿在九識的內體，九識是九種識心。所有的物質皆有精神，如人的頭髮、指甲是有神經的，但肝臟卻沒有神經不會感覺痛，所以肝有病時也不知道，至它影響其他的臟腑時，需要去檢查才發現肝已發生很嚴重的問題，例如肝癌。

九識是包含在五識的內體，修佛的人是轉九識為五智。九識、三密、五蘊是在心的內體。

修心，其實所看到的諸法都是修心的內體。心是腦筋、大腦白皮層的活動、十四億腦細胞的活動。普通人說，一切諸法是修一心，修心修腦的記憶，藏識記憶是無限腦神經內的白皮層，所以一心是諸法，諸法是一心。眾生也是一樣(諸法)，成佛、菩薩、羅漢皆是一樣，生佛不二，佛與眾生不二，佛與眾生一樣，不二。諸法即一心，一心即諸法；佛界、眾生界雖然是兩樣，其實是一樣的。看佛及人是不二的心，現在你見到一個成佛的人，他的外表依然是人，人與佛沒有兩樣，佛亦是人，是不二。看一切眾生及佛不二，這佛、五大是森羅萬象物質的活動。

一棵樹也是眾生。若說這棵樹對人沒有幫助而把它斫掉，是不可以斫掉的！除非要開道路時有阻礙，若不是，那便不要斫樹。樹不似人有痛的神經，它不會覺得痛及癢，它的生活開花結果，其實這些也是神經。我們呼吸把毒氣呼出，樹把這些氣吸收再放出氧化供給我們，互相補不足，所以駕車要小心，不要撞倒樹，撞倒樹一如殺生呢！假如撞倒樹，跟它道歉，你有沒有跟樹道歉呢？無？你跟一棵被撞倒的樹道歉，別人看到會笑你神經，其實是這人無正經，你是正經的，說你是神經的人才是神經，大家不要弄錯啊！

今晚與大家討論的，你知了心、佛、眾生不二便成佛一半了，繼續修行另一半完全至十分才夠。你向樹道歉，不明白的人笑你是發瘋，這是無言的感恩呢！我們呼吸，呼出毒氣樹吸收後又再提供無限的氧氣給我們，你沒有對樹感謝，要來便來，要去便去。成道的人懂得這道理的人於人間活動，別人看見會笑你的神經不好。譬如說你見到師父辛苦，扶他到大樹下乘涼，至分別時你向師父頂禮說感謝，別人見到會說你是神經的。有修養的人才懂得付出感謝，對樹木也懂得感謝更何況不識對人呢？如果撞倒人要向他道歉。

對種田的人，我們感謝他們種米使我們有飯吃，如捉魚的人使我們有魚吃，各行各業有不同的作業，我們要懂得去感謝他們，感謝眾生，我們本身也是眾生之內，這樣便成佛。我是眾生也是佛，那麼眾生與佛是否有差距呢？你明白對外一切感謝，譬如說你從水龍頭裝一杯水來喝，亦要向它說是感謝，一切一切都感謝，因為一切都是別人做的，提供給我們的。你看我可憐，以為你不自私有錢請我食飯，但是若別人不賣米給你那又如何呢？有錢又有何用。如果生病了，那些錢已經食飯用掉，那亦是沒有用。所以成佛很簡單，無論對甚麼東西、物事我們的心有這感謝的心，那你的心已經是最莊嚴。心莊嚴，只有你自己知道而別人並不知道，沒有人知道就是秘密，「十住心」裡面最高的—成佛的心就是「秘密莊嚴心」。你懂得感謝，發現這世界多美麗，對天地、對諸法感謝、對人、對眾生感謝，秘密莊嚴心便完成，那你便是即身成佛。

今晚在座各位大德對這種開示而行「感謝行」、修「感謝行」，這是秘密莊嚴心的秘訣，那你便是即身成佛，對這開示馬上發誓修行即身成佛。我(上師)看大家都是佛祖，如果你不是佛祖，我現在隨便說說，你也聽不明白，如果你們有聽得明白，我也很感謝你們！謝謝各位！

第三天開示

我們有一個善的心，也有一個惡的心。昨日說到第三點，現在繼續講第四條。

第四條

講阿彌陀的意義，譬如我們自己的身以外說有佛身，我們這裡是污穢的穢土，外面是淨土，執著深的人凡夫、愚夫，設這方便教利樂眾生，為度眾生而隨機說法，把這秘密實義用顯淺來講是顯教，對法身事實實說，開這實智破執著，使我們能悟一心深源，說九品心蓮，平等開九識淨心，證三密現覺，五佛相好同成五根色身—凡夫身。來說深源開這方便，看這莊嚴寶剎，說這妙色身相。所講的已經很多，但未悟是咱自己。我們的身口意三密以外都無佛身，佛身是我們身軀的身口意，這是真正的佛祖、佛身。真與假皆相同一如，如在五道中得極樂而證果。覺此理趣，即是心的理解和分析，命名為觀自在菩薩。我們佛教，普通迷的凡夫看佛是另外世界的物件，事實上是看得太遠了。這佛相一定要莊嚴，跟人的相不同，外行的人不知相與無相的所在(意義)。現在普通信仰的人說要大日如來，要愛染明王，要如意輪菩薩，這全是象徵的人，根本沒有這些人，是我們的心污穢而用佛像來象徵。佛相是我們—人，我們的心反射來象徵人，不是變成愛染明王或是變成如意輪菩薩，我們看這理趣，我們本身是毘毗盧遮那佛、大日如來。

直接來說，你的心不夠好，所以才設這些佛相，事實上不是，這裡面有很多意義。外面的人不知道，天主教、基督教、回教皆全不知道。基督教、天主教說我們拜偶像，事實上我們的人沒有拜偶像。假若事業不順利，到大日如來面前問杯（鈸杯（，若是三個聖杯便是好，沒有三個聖杯便是歹（不好）。事實大日如來的相決定不是大日如來，亦都是大日如來。不是大日如來就是外來的神附著這佛像，有些佛像是有外力依附著，以這佛像的身成為外力的家，像是派出所一樣。這裡面並沒有警員，沒有一定的人（某一種人），有好的警員也有壞的警員，我給你（佛像）開光的時候，就是把依附這身軀（佛像）的外力，用降三世的手印趕走它，不讓它匿藏於內。

譬如說有人捉蛇，蛇死了便依附佛身上。那你便成為拜蛇，蛇可以騙人，蛇就是邪。邪教、邪神是不正經的神依附著，你去拜祂、求祂、拜託祂（求祂替你辦事），其實這（邪神）是看不到的，萬物的靈長去拜蛇？天主教、基督教認為這是不對的。天主教、基督教、回教他們沒有說佛像內面是有邪神依附著，他們認為是木頭，我們萬物之靈長去拜木頭，或是去拜青銅，或是畫像。他們取笑我們，我們也笑他們不明白。

世間上有兩種人是最高超，這兩種人是最厲害，就是雕刻家，若沒有他在雕刻木頭，你便不會去拜，因為有他對木頭鑿下鑿下，你頂禮拜時便「閣」「閣」聲，連額頭也踵起來。另一種是畫師，他在白紙上畫再加些色彩上去，便成為佛祖，你又拜得「閣」「閣」聲。

基督教有一牧師笑人迷信，說木頭像尊佛你就去拜，若是創造別樣的你就不去拜。很大的木頭，斫下來再鋸一下，做佛像的師傅拿去做一尊佛，你就去拜，連額頭也踵起來。木頭可以做橋、做柱子、做屋頂、做樑，同樣一棵樹，有些做了你便去拜，若是做橋則給人在上面踏，你又不去拜橋的木板？其實相同的木材有些被斫下來做廁所板，廁所板你又不去拜？相同的木材被選雕刻做成佛祖的是這木頭的好運，被挑出做廁所板是它的不好運，平等、平等，這是人的迷。相同的物件為甚麼有些去拜有些不拜，這是基督教為難我們所說的誹謗。你若跟他爭論會否輸給他呢？不會爭輸！你想有甚麼方法可以去破解呢？

我們可以去反駁：假如你太太，你太太也是人都是地水火風空識，佛祖也是地水火風空識，佛祖你去拜為甚麼人你不去拜？當然平等之中有差別，雖然是平等站立但亦有不同的高度。雖然相同是人，有人讀書，考試及格，做大官，有人不愛讀書，字也不識寫，其他人便欺負這人，這是人的執著。我們可以反駁基督教「木頭做成佛祖你就去拜，做廁所板你不去拜」，你給他反駁：『你太太的面你就去親，她的屁股你卻不親，不是同一個人嗎？你可向基督教反駁的說，你親太太的面為甚麼不親她的屁股？其實我們是取好的拜，壞的不拜，這是相同的道理』，這樣你便可駁倒他們。

萬物皆是平等，只是作法不平等。譬如說選舉，每人有一票選舉權，選不到的便做百姓，被選中的做議員，立法局議員有人崇拜，選不到的便沒有人崇拜，所以立足點是平等，但表面無平等，這是平等之中有差別的意義。

另外一點，你有修行，你的精神有昇華。去救人、修以無我的精神去做事情，為社會做事，這就是精神偉大，這就是看成對佛祖的尊重。沒有修養的人拿著刀亂舞亂斫，這種人不要崇拜他，這種人拿去做廁所板。所以我們人同是六大變做的，要做一個有資格給人崇拜的。若不是，拿刀亂斫人的便被拿去做廁所板，這是我們個人修養的問題。

若我們有修養，自然得到快樂，你要知道這理趣，你捫心，你的行為對不對，你就是觀音菩薩。觀音菩薩的主人是甚麼人？祂的主人是阿彌陀佛。阿彌陀佛變成是抹布，這是沒有修養。你腸肚內是阿彌陀佛，你也是阿彌陀佛，修養不好的便不成為阿彌陀佛、不成為觀音菩薩，成為抹布。你若是無修養的人便變成為禮數。與別人相遇，碰面稱呼阿彌陀佛，這便是禮數、禮敬，譬如見到一個小孩去上學，你跟他打招呼說：「阿彌陀佛，你去讀書呀？」有人說人一出世便是阿彌陀佛，長大後結婚生子，做壞事時便成為抹布。所以說到阿彌陀佛，大家平等皆是阿彌陀佛，我要做阿彌陀佛，不要做「有米就食」。

第五條

於有為無為諸法，即覺一心平等理無障礙故，這種心境離分別取著，證得性德一心故，名阿彌陀如來。

有為法就是所看得到的動作、聽得到的聲音，萬物的有為法是心知的事物，過去的事，心內留有印象這是看不到的，這是無為法。有為法是六大，無為法也是六大，理趣平等。活著時看是阿彌陀佛，死去也是阿彌陀佛。在生時做賊，潛意識是貪，死去也有貪的存在。在生是賊死去也是做賊，所以沒有差別，全是在心。

所以要修養我們的心。離開有為法、無為法，離開分別取著，完全離開。譬如去做善事，想著我去做善、去布施、我去救人是去做善，做善而心內並無相關的執著，你並沒有特別說做善，別人做惡你亦沒有排斥他，只是這人自己沒有修養，你自己看到心並沒有障礙。所以善的另一面是惡，這是相對論，你的心想做善，另一面便是惡。平常說這是個苦的世界，你希望到極樂世界去，極樂是至極的樂，有極樂便有極苦。

譬如說你擔著一擔東西去爬山坡，汗流浹背很是艱苦，最後至目的地，把肩上的擔卸下來，你感覺非常快樂。有這種艱苦便有這種快樂，有快樂便有苦頭，這是相對的。修行的人不思善不思惡，沒有想極樂也沒有想極苦，這是中道，中道才成佛。你想有極樂便有極苦，修行便落差了。佛教是說中道，沒有說極好，若有極好便有極壞，有極樂便有極苦，無樂無苦是真正的樂。所以你的心不要看極樂，你若要修甚麼極樂的身軀，反面便是極苦。在這裡現在跟你解釋極樂，若是極苦走出來你便會罵佛祖，那麼佛祖便慘了。

跟你說有極樂的世界是向咱凡夫說，因我們不明白。譬如說小孩正在哭，你哄他這個餅好好吃，只要他不再哭便好了。小孩愛哭，你拿樹葉作黃金去哄他，但小孩並不認識甚麼是黃金，小孩子很乖不再哭，不再哭便好了，這叫做「黃葉止兒啼」。普通的人全是顯教不明白講極樂的背後有極苦，是相對的，密教意義全信這種（無苦無樂）極樂。

善的事應該去做，若你的心內說「我做了善事，我有功德」那功德的背後是罪業。所以心不要執著，不要執著好與壞，好不用說壞也不用說，做人按著中道去做。人家說你有功德，你回說沒有。無苦無樂這是真正的極樂，普通皆全是相對論，是不對的。所以我們若離開偏見，心究竟離這分別，分別講這是好，用這好的，這是壞的我不用這個壞的，那是說這種性德是我們的一心，這做人便成為菩薩了。

世界各國說好與壞是以當地公約而論。我們所在的法律不可行，別國則可行。我國可行別國卻不可行。地球其實像一小粒而已，各人的角度看各事實而定約束的公約，公約即是法律，法律是每一國每一國不同。本來法律是道德走出來的，聰明的人為了自己的利益而立法，是對他們本身有利的，對他們有利別人死了也不重要。他們認為自己是好人，事實上是大罪惡，立法局的議員還是不要做的好。從前有句古語說「做一代官、做九代牛」。

阿拉伯娶老婆，男眾可娶七個老婆不要緊，我們這裡是一夫一婦，加多一個便是重婚，政府不管你，你自己也怕違反。若是你要沒有罪，那你去阿拉伯的國家好了，在那裡是沒有犯罪的。我們這裡是高等社會，一夫一婦，若是違背，這樣便是暗暗，暗暗是罪惡是烏暗，我們是在大光明之處所，為甚麼要烏暗，「賣笅筍」─不要較為好。

第六條

剛才說過六大是大日如來，大日如來的內體有五智，五智是分開來說的，其實是一智內有四種功能：大圓鏡智、平等性智、妙觀察智、成所作智，四種組合成為第五種法界體性智。根本是一，角度不同所以名字不同。

阿彌陀是天竺話，叫做阿彌陀，我們唐朝由西方傳入佛教，翻譯做無量壽無量光，這完全是大日如來變出來的。這阿彌陀總共翻譯有十三個名字，「阿彌陀」是現在我們所知的名字，說到這名字的時候，我們便知所指的是阿彌陀。十三個名字顯教的教義都差不多，就是阿彌陀即是無量光無量壽。以我們密宗的意思，一切名言全是如來密號。亦可以說阿彌陀，若我們有妙觀察智，所以我們亦是阿彌陀。你是阿彌陀、他是阿彌陀、這全是阿彌陀，個個都是阿彌陀，我不也是阿彌陀嗎？這裡是阿彌陀的世界，阿彌陀世界等於我們所看到的家中的小孩、所有的事物皆是阿彌陀，這阿彌陀的世界為何還有冤家？為何仍有吵架？大家都是最慈悲，個個都是阿彌陀為甚麼還要計較，這是因為我們不明白道理才有這些情況。

（第一個譯名：無量壽佛）

無量光無量壽是甚麼意思，為甚麼名無量光無量壽？你明白這法界宮不生不滅的所在意義你就是大日如來或名無量壽佛。大日如來的六大是不會失掉的。譬如說冷度高，水凝固變成為冰，熱天冰溶化為水，冰是水，水是冰，靜止的水被太陽蒸發充滿空間，但你看不見水，水到底有沒有失掉呢？沒有，只是分開沒有凝結，完全充滿於空間，太陽的熱並沒有使水份失掉，完全仍在空間中，這叫做不生不滅，充滿虛空，這虛空叫做法界宮。法界是生萬物叫做法界宮。

譬如說樹木燒了成為氣，其六大仍然充滿空間，毒藥被燒成為蒸氣充滿於空間，亦沒有失掉。好與壞皆混在一起，無好亦無壞。若是空氣中有毒，那麼有壞的樹木吸了便會中毒，當然不會中毒。像大海水，若把毒藥倒入去，像這樣有毒的海水你拿來喝，你是不會死的。若是沒有倒入大海，沒有變成大海水，這水你卻拿來喝，那你會被毒死啊！

你看這法界宮的功能似海水的功能那麼大。在這法界宮中，甚麼絕高大的樹，絕大的山，以法界宮來看只是一點點小物件，我們看這山很高，法界宮看起來只是一個土丘。不是說甚麼大甚麼小，在這裡是比喻無量光無量壽是居法界宮不生不滅的這種體性。所以說大日如來即是無量壽佛，無量壽是壽命無限際並沒有去來。這是第一意義，十三個翻譯名字的意義之一。

（第二個譯名：無量光佛）

無量光法身如來妙觀察智光，這就是遍照這裡眾生無量世界常恆利益故，叫做大日如來或者無量光佛。依這裡說萬物全受其保庇，一切雨露、一切滋養品皆是以宇宙妙觀察智本體內體普給於眾生。

（第三個譯名：無邊光佛）

無邊光法身如來妙觀察智，無分界無邊際故，大日如來或名無邊光佛。

（第四個譯名：無礙光佛）

無礙光法身如來妙觀察智，於有為無為真諦俗諦，乃至實相實性一切眾生種種心相草木山河等法，俱時證知無障礙故。

有為無為是我們出世凡夫不明白這道理，明白這道理的人叫真諦。不明白道理世間假有叫俗諦。不是真諦與俗諦是兩件事，明白實相的是一項事。明白者說是真諦，不明確者說是俗諦。譬如說去一間賣金店，買金鏈，或是鯉魚，明白的人說這些是金，「見金不見器」，內行的人說這是幾多成金，這是999金，這便是真呢，這是真諦，便議價以金來買，這是真諦。

我們凡夫看到金做成的鯉魚，啊！這鯉魚造得特別好特別好看，因為好看而議價買之，是以藝術品來買，他只是看到藝術品，他並沒有看到金，只是看到創作品，內行人看到金，外行人看到物體，看到形相好這便是俗諦。好像你家門口一草一木全是真諦，外行人看到那些草亂七八糟，便把草拔掉，真諦便變成俗諦，這是對人世間智慧來說的。

對這種自內證了解的來說，證知真與假並沒有兩樣，因為看此物的這種人是無障礙的，他看到金便明白，他沒有看這是金亦沒有看這是藝術品，但也看到金亦看到藝術品，這是真俗無障礙，有這種智慧叫做妙觀察智，命名大日如來或者名無礙光佛，這是依理來翻譯的。

（第五個譯名：無對光佛）

當日上師的手稿影印遺缺沒有解釋第五及第六個譯名。

無對光法身如來妙觀察智，待對不可說也。本自無妄想故。待對不可說真覺，離真妄相對觀智故，大日如來名無對光佛。

（第六個譯名：炎王光佛）

法身妙觀察智，熾熱赫赫奕照眾生意識無明暗。燒煩惱塵垢如炎光故，大日如來名炎王光佛。

（第七個譯名：歡喜光佛）

沒有對心的無明黑暗這種分別來看我們的心自內證，心殿的活動，這裡說心，心就是大腦下皮層的活動，這是叫做心，是大日如來自樂之所在，這是無盡莊嚴的法界宮，普通說是心殿，明白的人現證知道是心殿，大日如來在這裡修行活動，你看到用精神去感道，交感著。

這樣說：我現在修甚麼事？好壞都是我腦筋、這心的作祟。創作這好與壞，這種妙觀察的智慧，知這分別的妙觀察智慧，萬法是由我這心分別出來的，這時就悟到「本不生樂」。本不生是自己，無始無終，腦不管是甚麼時候都在活動。出世的小孩到老，未死以前個個人都有此腦智的活動。沒有學佛的人沒有這種思議而悟到這「本不生樂」，便沒有成就。有研究才有成就，當你悟到這「本不生樂」你就是阿彌陀佛，命名大日如來或者叫做歡喜光佛，這是佛名。

（第八個譯名：智慧光佛）

法身如來妙智，這妙智能決斷真俗二諦實義，能照察有為無為諸法故，我們內面的腦筋，叫做阿彌陀佛，就是決斷好壞的智慧，決斷那是真諦，這是假諦，這真諦假諦的真義全知曉，照察有為無為的諸法，所以是成佛的人才能證得，這種成佛的人名大日如來或名智慧光佛，這是第八個翻譯的意義。

（第九個譯名：不斷光佛）

法身如來觀智有這自受法樂故，如人感覺冷熱，渴水時感覺熱水、冷水、感覺水很清新解渴，這種感覺只有自己知別人不知，不知這好與壞，只有你自己知，這就是「自受法樂」。只有自己知道諸法真快樂、常恆不變，無斷絕故。常恆不變、永遠不變、無斷絕，以這悟自受法樂境界，由開始悟伸展無量時間全有這種境界。

以普通研究講「這麼快樂」，研究出來後，今天明白但明天便忘記了，苦痛便走出來，這不是悟，不是「覺悟」。所以法身如來自受法樂是永遠不變的，成佛時以這自受法樂通有這種歡喜心，真快樂的這種心境是完全沒有斷絕的，所以名大日如來，因為不斷絕的原因，叫做不斷光佛，這是大日如來、阿彌陀佛、不斷光佛。

（第十個譯名：難思光佛）

法身如來妙智，等覺十地尚難思議故，無辦法思議，名做難思光佛，為難以思議光佛。

（第十一個譯名：無稱光佛）

法身如來妙智是凡夫與聖賢智力未能及之所在。普通謂聖賢，差不多是指孔子、孟子，這些叫做聖賢並不名為菩薩亦不名為佛。普通話道的說是聖賢，所以你悟道的人不同於聖賢悟「道」，他們是無辦法悟這法身如來妙智，所以這些人沒有辦法給與稱揚及給予樂、稱讚與供養，沒有辦法稱揚的，這名無稱光佛，無辦法給予稱讚光佛。

（第十二個譯名：清淨光佛）

法身妙智本來不染六塵故，法身妙智本體來都無染著六塵，是清淨無為，不是凡夫所能知曉只有聖賢才知曉。沒有染著六塵，這六塵的意思是執著。這執著叫做執，對法的執著叫做法執。每個人的執都沒有相同，若是沒有執這樣也沒有執那樣，這叫做法身妙智如來，亦名清淨光佛。

（第十三個譯名：超日月光佛）

法身妙智光明，本來常住離晝夜時分，是永遠在我們腦筋內面，無晝夜、無時間、無時分的分別，像太陽常恒照耀沒有不照的時候，這是超世間的日月，世間日月有光暗，月有暗時日會日蝕，是不一定常住的，如太陽照地球這一面時是明，另一面便是晚上是暗。以這妙觀察智的功能普照，無日月分別，這名超日月光佛。

以上是第六條十三個翻譯的名。

第七條

十方三世諸佛菩薩的名號，全是一大法身的異名，成佛的時候所有千千萬萬的佛歸一佛。譬如說一湖水有千千萬萬的冰塊，冰塊內又清又明沒有污穢，冰溶了，沒有固體，沒有執著，變成江，變成水，千千萬萬的冰塊都是湖水。甚麼人成佛全是變成一佛，變成甚麼佛？變做毘盧遮那佛亦名大日如來。名字有十三個號碼、德號，叫做阿彌陀如來，阿彌陀如來向大日如來心一樣，不同的名字都是指這「大日如來」。

現在去修，修阿彌陀佛，修了之後感到清淨了，那馬上變做佛。千千萬萬的佛菩薩都成佛去，完全皆是大日如來。大日如來是我們，我們也是大日如來的化身，因為不明白這道理，相信俗諦，不明白真諦。

我們皆是污染的心，沒有創造清淨，那麼便永遠輪迴。我們若是能清淨，修到寂靜，這種清淨的精神叫做涅槃體，並不是死去才叫做涅槃，你修行之後到的境界叫做涅槃體，要修多久呢？有些人説要修四代，顯教説要修三大阿僧祇劫，阿僧祇劫的「阿」字是本不生，常恆不變，所以三大阿僧祇劫也是剎那。所以我們真言密教有特殊的方法給你去修，修下去即刻甚麼污穢都沒有，沒有染著，心內的太陽光明便照耀出來，只要能保持，就是涅槃禮，未死已成為大日如來。我們外表看是人，實在內涵已經成佛，所以密教有特殊的方法給你去修，剎那間便可進入。以前曾跟你們說過，或者你們當中的阿闍梨亦有修過，道場觀內有講教導你觀想。

胎藏是六大變的，（上師畫五輪塔的圖像給大家看）五大內的畫面沒有識大的標誌，事實萬項都是這六大。這玻璃你若是打破它，這五大皆有，這五個形皆有。你打破一塊階磚亦有五大的形。以人來說（□正方形，地大）這是肚臍以下，（○圓形，水大）這是腹肚的地方，（▲三角形，火大）這是手及膊，（半月形，風大）這是面，（團形，空大）這是頭顱頂尖，整體是人，是五大，內面是精神，是識大因。識大的表現是束在神經內，若是捏你，你知道，碰到你，你都知。識大就是心，無限大是大，識大是心，你想甚麼、決定、頭蓋腦內甚麼都是識大的作用。無這識大便變作死人，每一項物件全都有這形（五輪塔的形），這是宇宙的組織。

所以說十方三世諸佛全是菩薩的名號，都有聲音發出來，這就是說法，是昨晚所講的四種曼荼羅之中的法曼荼羅，這就是聲音。我們每一件物件，細或者很大的物件，小與大皆是一樣，因為都俱足六大，所以每一項物件都是大日如來一大法身分出來各項的異名，所以說十方三世諸佛菩薩、人、地獄、餓鬼、畜生全是大日如來的差別智印，乃至一切眾生所有語言無非也是密號名字，也是大日如來變化出來，無一樣相同的名號，所以全是大日如來密號的名字。

迷的人名叫眾生，悟的人是有佛智叫做佛。知道的人、開悟的人、知悉的人是有佛智叫做佛。所以唸阿彌陀佛，滅無始重罪，無始無終的罪。唸這阿彌陀一佛成為最後無始無終的福智，這福智是無始無終的智，這智的普及是非常大。

在室內吊一粒一粒的燈球，玻璃的光互相交來交去，這光是虛空天庭宮殿的光，宮殿內有瓔珞羅網有寶珠一粒一粒，寶珠的光照來照去互相交照，一光變無量光，無量光亦是一光，室內的光成為大大的光，你不知道如何分別這是甚麼光，因為是以帝網的珠光互相輝映，天帝的珠互相輝映。彌陀一佛如帝網的一粒珠發光與普通的上萬粒的光一齊相映交錯出來。所以彌陀速成圓滿無邊性德，所以功德是很大。

普通的人不明白說「唸大日如來就可以了，不用唸阿彌陀佛」，唸大日如來一如唸阿彌陀佛都是相同的、同款的。顯教的人說「我唸阿彌陀佛，我不唸大日如來，或是唸觀音不用唸地藏菩薩」根本全不是這樣，祂們皆不是歷史人物，千千萬萬的佛全歸一佛，千千萬萬菩薩皆歸一佛！像是帝網互相交葛，所以性德無邊。

第八條

對字相的解釋

(一) 本初不生、平等無我、如如寂靜義

「阿」字，阿彌陀佛的「阿」字，我寫了一個「阿」字放在壇上，這是表示一心平等本初不生義。一心是說宇宙的心，我們的心如帝網珠的光重重互相交映，佛菩薩的光全照射入來，我們的光也照耀出去，所有的光，佛的光、我們的光完全互相相攝，全皆是平等平等。無生無滅，無生不是生出來，無滅不是重生生出來的，沒有生出來亦不會失掉叫做不生不滅，本來沒有加亦沒有減，「不增不減，不垢不淨」《心經》內有說，這是本初義。

「彌」字，阿彌陀的「彌」字，這是一心平等無大我義。唸阿彌陀這個「彌」字是表示我們的心，心有念波及光的功能，唸阿彌陀這阿彌陀三個字就是大自如來。所以光及念波是平等平等無我，是大我，不是整個太陽系，是無限宇宙內面的本性，這點我們是成立的，這就是我們密號名字叫做大我。

「陀」字，阿彌陀的「陀」字，這是一心諸法如如寂靜義，我們人在水裡活動，

如一個人在一湖水內游泳，別人看見說水有流失，但事實水並沒有流失，水在宇宙內無流出亦沒有流入，這是如如寂靜，亦是如如不動的意思。

(二)三部的解釋

「阿」字是佛部的意思，表示理智不二，一心法界體相故。一心就是法界，我們眼睛所看到的所謂世間，萬物都是一大法界的體性。生出來的萬物叫做法相，叫做體相。理智不二是有精神亦有物質，林林總總都沒有分別。

阿彌陀佛的「彌」字是蓮花部義。我們把宇宙分為三個部份：(一)佛是如來部；(二)蓮花部；(三)金剛部。「彌」字是蓮花部的意思，所以阿彌陀代表西方曼荼羅，祂化身出來變作觀音，觀音亦是阿彌陀，不明白為甚麼說觀音是阿彌陀？觀音不是歷史人物。阿彌陀也是我們、也是你、也是大眾，全部都是阿彌陀。這是蓮花部義亦可是說法部、清淨部。有這妙觀察智的勝法，以這智慧，妙觀靜觀，以這妙觀靜觀去靜觀萬物諸法的生滅。生滅的理德—萬物一定經過四相：成、住、壞、滅，妙觀察的智慧去察照成住壞滅的過程，萬物全不可超越這四相。

以妙觀察智我們去了解，對這勝法的了解，對這虛空實相本來不染著六塵如清淨的蓮花，清淨無染著。蓮花在泥中生長出來，出於淤泥，這蓮花完全沒有接到污穢，清淨全無色，清淨是體，性體不需人來染著，所以本生是有染，蓮花不是外來染的。那麼如何分別紅黑青白呢？有紅蓮花、有青蓮花、有黃色，這些黃色紅色是甚麼人染色的呢？真古怪！又說是清淨不染，卻有黃青白的色彩？蓮花自性本來就是染，所以說「蓮花本染不為垢所染」，這是《理趣經》內的一句。蓮花本染，它染很多，它染的色彩都不一樣，染黃色或是甚麼顏色，各種顏色都是莊嚴，莊嚴法相。

我們有善的心也有惡的心，善的心惡的心都是依我們地球的公約來說。我們說這是惡，阿拉伯的國家說是善；他們說是惡我們這裡可說是善，各位各位都有各別的理趣。

地球上萬物的變化，像一個芒果，剛初生出來是青色的，味道是澀的尚未可以食，這是自然的律。剛生出來是青的，一看到是青的便知道不可能吃，不敢吃才不會令它夭折。殺氣到的時候（春夏秋冬，發生收藏，春發夏生秋收冬藏），性是收入種子內體，時間夠使變成黃色，人看到，啊！這可以吃了。覺得好吃，便為它繁殖子孫，讓你食是為了幫它繁殖。若是不好吃，甚麼人幫它播種呢！

如果食了沒有滋味，無人種植，它的種子也不能生出來。這是宇宙，大日如來創造的特色，自然便有青色有紅色，所以色彩的變化是天地自然的，這是本性染，「蓮花本染不為垢所染」，本染是無塵埃，外界染著它的污穢都是塵埃。蓮花從泥中出來都是沒有塵埃，本有黃紅青白，如人的本性同樣有善的心也有惡的心，做甚麼種種的事，這心裡的種子全都有，如果心沒有這種子便不會想做事情。顯教說心是空白的，你想做惡便去做惡，你想做善便去做善，心是沒有一定性，這是顯教說的話。這樣講法那麼人便變成豬，亦可變成牛！人是人，人有人種，牛有牛種，豬有豬種，是不會變質的，它們的基因都不同，所以宇宙自然，譬如蓮花本染不為垢所染。所以孔子、孟子說「人之初性本善」這是學回來的，人之初性本善，習相遠性相近，黃金無論如何變都仍是黃金，銀給染色，銀就是銀，這是本染。所以人的善惡形成公約，我們做甚麼事情，心裡的種子全部都有，當發生效力時叫做光，法身本性的源頭是德，這叫做功德。如來是理體，佛是智體，佛與如來是不二，如來是佛，佛是如來，心、佛、眾生不二。所以心內面好壞的種子皆常俱足，做好做壞，應該做不應該做，用我們的公約來判，我們的公約若是改了，壞也可以成善，公約說是壞便是壞。

剛才是解說「蓮花本染不為垢所染」。阿彌陀的「陀」字，這是屬於金剛部，如來妙智自性堅固，能破一切妄想怨敵。應該是我們的公約控制我們，我們自己來作決定。自己可以控制「不可殺人」便不殺人，是可自己控制的。我們的心本性是堅固的，不會壞的亦不會被火燒掉，幾千萬年宇宙地球存在，我們這本性亦都存在。這堅固體像是金剛般堅固、堅定。

(三)空、假有、中道義

再回過來解釋「阿」字是空義，本來未生形成之前是空的，死了以後回歸於空。我們的這心、這法體本來像虛空常恆一樣，並不是一項物是體大的精神作用而已，這是金剛義亦是空義。「彌」字是假有義，不是實有，諸法全都是假有。若是沒有假那不會壞，小孫不會長大，老人不會老，老了不會死，那麼天下的日子便很難過。所以一心平等諸法如幻假有。幻境義如照相後由錄影機放映出來，明明白白全有體，事實沒有，只是眼看到的影像，根本是假象，像人死了執著，世間物件皆一樣，都是假有。

「陀」字義是中道義，一心平等諸法故，諸法全是本性法身出來的，法身出來的基因，基因的種子，由種子催動力量發生，發生出來的龍眼是龍眼、芒果是芒果、梨是梨，全部都不會弄錯。所以這些有或無，變或不變都是假的，是自然的步調，宇宙的律，律就是正常的過程，正常的過程是諸法內體的過程，是律，諸法內的過程叫做「法律」，世間的法律是假借這而命名的。我們的法可以改變（修繕），這宇宙法律不可以修繕（改變），這是中道義，一心平等諸法故。

(四) 有、空、不生義

「阿」字是有義，解釋有義，有義是有為，空義是無。有的意義是一心體相故。你說無，那身體是有啊！法無，但看到後有印象，這是本不生不滅的法律。阿彌陀的「彌」字解釋空義，因一心諸法自性不可得故。不是說沒有，突然間開悟的人看到說「啊！這是本性」，但凡夫沒有看得到，充滿虛空，你拿也拿不到，掌握也掌握不住，所以結果是不可得。

「陀」字也是不空義，不空就是有，一心多諸法，一切的東西各項的相皆平等皆是有。如你看到人，小孩，屋（家）這是有，看到的皆全是完美，這是不空義。本來法身功德無斷絕故，本來法身內體的功德永遠不變沒有斷絕，這就是不空義。

(五)因、行、果義

又「阿」字解釋因義，因義是因得義，佛界眾生因為一心覺及與及沒有覺的關係，因一心迷故，所以萬物皆顛倒。

這「彌」字是行斷人法二我，(法與我)斷人我、法我。修行的人唸《金剛經》內有說「無人相、無眾生相、無我相」，這些名稱都是在四相之內，所以修行的人斷離四相斷百非，斷人相、我相、眾生相、壽者相，這四相全是我們的執著。所以人法二我義應該無二我，全是大日如來內體發生出來的二我，全是一個我。眾生覺沒有你我，有你我分別就成為眾生。你說的話我聽了覺不順耳便生是非，這是非即百非。《金剛經》教我們看空，無四相絕百非，那麼便自在了。「應無所住而生其心」無所住心就是無所住著的心。

若果你的腳在這裡踼了一下，踼卻說成是被推，那麼記著「別人在這裡推了我一下」，這就是有人相、我相，成為是非這是眾生相，這是著眾生相，修行的人便沒有了入處，應該全沒有人相我相。應該說你的錢是我的錢，我的錢你看了不喜愛。

「彌」字行義斷人法二我，證生法二空，至佛果故。達到「離四相斷百非」這裡便是佛果所在。

阿彌陀的「陀」字果義，指示一切不二一心如如理智，本來如此有理有智。我們凡夫的社會說有靈魂、這身軀是臭皮囊，臭皮囊死了不緊要我們的靈魂昇華就好了。這是有相與及有法，這便分成兩項事，這是錯誤的觀念。物質，我們真言佛教沒有說可以分為兩項。物質有五大，識大藏在裡面才可以發用。有識大物質才能活。有物質生識大變為六大，五大是說理，腦筋、心的活動是識大，理與智是一，理智不二故，不是理是理智是智。這是我佛教與其他教的不同是沒有靈魂論的。

我們的靈魂是五蘊，我們由出世一歲、二歲地長大，漸漸從外攝收入心內體的諸法，變成人的精神。小孩長大懂得玩玩具、去學校學習、在家父母教他種種的威儀，在社會本來不識的事情便去請教法師，知道是甚麼以後又向別人說，這是藏於精神的智慧學問。出世以後漸漸攝入（諸法）來並將它們結聚混合在一起，你以為這是靈魂嗎？根本是五蘊，若你有深的般若去了解：「觀自在菩薩，行深般若波羅密多時，照見五蘊皆空，度一切苦厄」。我們是錯誤認我們屋的主人五蘊是靈魂，其實是後天攝入來的，認賊作子！根本以外的宗教皆是說靈魂論。

若沒有靈魂，那輪迴是甚麼一回事呢？輪迴是你在生時做得不對，心在執，死了便起煩惱。譬如睡時又想，遇到悲哀的又流眼淚，好的事情心又歡喜，想到歡喜的事便哈哈大笑，別人看到也笑你不知笑甚麼。偶然想到悲傷的事情眼淚滴滴流，流至最後大聲喊起來。其實內面（心）沒有甚麼，有時又說是衝犯了鬼神，根本不是，全是你的心作怪。所以我們修行平時不要作夢，若半醒若半睡，有睡無睡，想甚麼事你都知道。你死了以後如在做夢般，在生時夢到悲哀恐怖，死了如做夢，做夢亦會苦這叫做地獄，明白地獄是由這樣來的嗎？不是政府設有刑具的地獄。

昨晚有說過九識，有說過九識加一是十識，前五識眼耳鼻色聲是警察，好與壞皆捉去，捉去起訴，捉去第六識。第六識如警察局，警察局不管好與壞全都起訴。起訴是第七識，是判官，判好判壞給你判名叫執法。若是判好你便不會犯罪，判好判壞你是不知道的。判了對或不對你都不可以反對，不管對或不對你若是不服你才再上訴。所以判官是第七識—傳送識，你不服你反駁上訴，你上訴有道理就無罪。看到有罪無罪你知道，這是我們的執法，看到無罪判有罪、有罪判無罪，這是第七識在判的，第七識是判官。

中國有地獄變相圖是在牆壁上畫十八地獄，事實是沒有地獄、地府。總而言之對與不對你自己知道，你若是不知道，死時潛意識跑出來，若潛意識有不好你就苦啦！這（潛意識）是沒有辦法擦拭掉的，這樣感受的苦叫做無間地獄。你若是墮入無間地獄，那你便沒有出頭的機會。所以壞事不要做，無論如何也洗擦不掉的，這是很危險的事情！做了救人的事、歡喜的事情，睡覺時很歡喜很爽快，這是天堂的境界。夢是假的，現在也是做夢，死去也是做夢。

有人說活是死去的活人，死去是死去的活人，現在活的人是活死去的人即是「活死人」。所以做甚麼事情都洗不去的，苦痛、心歡喜甚麼都永遠存在，好壞的記憶就像是一種文章，你記錄下來放在倉庫中，這倉庫是第八阿賴耶識。這第八識的記錄是不能毀壞的但可以提出來。不要做壞事，只要你做好事睡覺時也做好夢。現在的活動是好的死了以後的夢也是好的，執著過去好與壞的果報便出來。

第九條

以上是阿彌陀佛種種差別相的名字，其實是變來變去無一定的相。阿彌陀佛的普照德性如寶珠，帝釋天、帝網的寶珠互相照來照去，這種功德，這取捨的功德是對好的事、壞的事作出判斷，揀好的去做壞的不做，這是觀察智，觀察智即是阿彌陀佛，變回來是觀音菩薩，總結來說是大日如來。唸大日如來、唸阿彌陀佛、唸觀音菩薩全是一樣，你唸的菩薩是聾人，聾人是聽不到的，是你自己叫喚起你自己心內的阿彌陀佛，阿彌陀是在心內的。唸阿彌陀是觀心，妙觀察好與壞的判斷，以為阿彌陀是外面的人那你就錯誤啦！阿彌陀佛與我們的心一樣，唸阿彌陀佛也好，唸遍照如來也好，唸大日如來也好、觀音菩薩也好，唸甚麼名字的菩薩全部都不緊要，全是一樣─阿彌陀佛。阿彌陀佛應該唸做：音

「a」「mi」「tuo」佛，「阿」字本不生。阿彌陀佛秘密的解釋至此為止，有人說阿彌陀如來是大日如來生的，大日如來生四個仔：名阿閦佛、寶生佛、阿彌陀佛、不空成就佛。不是這樣，是大日如來變相的名，只有一，理與智是一、眾生與佛也是一，是不二，叫做不二法門，不二法門是真言密教，以後有更深的解釋、更深密的秘訣。

我明天要返回台灣，我出來的空檔颱風便來，我回去颱風就不來。颱風要來，電視內天氣預報有畫颱風的路線，我把入台灣的颱風路線照我的意思改。以前的颱風是女性的名字，像是舞女般一轉便成為旋風。我要祂改，我不簽證給她們，改為老人家，還要是男的，但我還是不簽證，沒有簽證而進來是犯罪！我不回去不成呢！颱風要是從台灣的海峽吹進來對香港也有影響。我把颱風劃到東面的太平洋去，太平洋這麼大的地方像個舞池給它們跳舞。

附錄六：悟光上師法語

※鞠躬是乞福的資糧。

※微笑是虔誠的禮拜。

※誠實服務是人格昇華的創造。

※心中無煩即消災。

※胸中無物會使汝達道。

※愁眉苦臉是災厄的前奏。

※惡口會招致殺身之禍。

※說人是非心中有鬼。

※未言先笑必定陰險。

※滿口善言必須自省。

※誇耀才能學問可量。

※輕視對方無物可得。

※導人向善身教為先。

※侮辱師匠學法無益。

※寬恕之心德必高。

※三業不慎禍將臨頭。

※心存大道草木笑迎。

※養生之道身勞心不勞。

※煩惱是貪慾的產品。

※喪志會埋送前途光明。

※大人物不向名利屈膝。

※壽者之腹是橫臥的。

※大善若水是千古名言。

※宦海需要光明燈塔。

※錦衣是在寒窗下織成。

※生活之繩規即冥想是非。

※竹乃空心白腹堪為我師焉。

※物之心空者舉世最為堅韌。

※詩的生活世界，是人類精神昇華結果。

※福是施捨德是容納。

※詩不在文，是在美夢陶醉的預期與精神生活之改變，靈魂之鑄造。

※能將腹中諸法供養法佛無餘，獲福最大。

※禮拜要理性化，讀經要思惟化，

念佛要迴向化。

※學佛要生活化，研理要透視化，

佈教要大眾化。

※生活要簡單化，時間要經濟化，

行動要效率化。

※常始執己見者即被淘汰而陷於孤

獨的生活。

※賞美是貪心的表露。

※大貪為聖，小貪為賊。

※見到醜陋是自心的影現。

※怨嘆是嫉妒的心聲。

※讚嘆是人格的昇華。

※自己的學問是自己的經驗。

※讀人家的書是欣賞人家的學問。

※胸襟不廣不能容納眾德。

※能偷人心理弱點，才有生動的文章。

※不敗的偉人是徹底自省的人。

※不樂其座的人終會失敗。

※打敗自私的人會得到眾望。

※見利忘義是自殺行為。

※偽善是最大惡業的罪刑。

※「聖」是大眾所賜的禮物。

※了悟萬物一體天下一家即有領導

之權。

※免費豐餐是中毒的前奏。

※成敗決於人際之好壞。

※光明的直線不能曲入暗室。

※老天無知而有眼。

※**修行並不止於壇內**，宇宙即是道場，社會即是道場，即是修行的場所，壇內為思惟如何到外面工作，把所悟用之於社會。

※**社會**乃大日如來法身的變化，人人即身皆是如來體性，故四海之

內皆兄弟，應互相照顧，在社會工作活動即修行，即供養諸如來。若忘了本源大公而自私，即自製苦具。

※**佛陀謂**修行即六度萬行，六度即是成佛的橋樑。本來都是佛體，

能打破自私，返本還源謂之成佛。「佛陀要人在社會上作有益活動，做人的本份，人做得起，才能做佛。」

※**布施度貪心**，貪心為一切罪惡煩惱之源，能犧牲自己，救護他人，

勞動、說法等都是布施。常布施即無小偷之災。光說道理給人聽，叫人行善布施而自不實踐，一毛不拔是偽善。

※**該做不做**即犯如來本性三昧耶戒，不該做而做即犯如來大慈悲三昧

耶戒。

※**非必講經給人聽**才叫法施，若能把肚中善惡執著諸法全部布施出去給如來，翻空阿賴耶識，返本還源即是法施，心空則福集。

※**空名牟尼寶珠**，含藏萬寶，萬物

從空中生出，故說摩尼寶珠能生寶貝。

※**幸福**在苦難中煉出。

※**戒是護生法**，不做惡事等於沒法律，不犯故。為約束人的行為，令大眾安樂故有公約，社會公約

沒有自由，不侵犯他人的自由，才有真正的自由，尊重公約，彼此受益。

※**自我**是囚禁的動物。

※「**地獄**」乃生命本有之魔性衝動所支配的痛苦狀態。

※「**餓鬼**」乃生命本有之欲性所支配的痛苦狀態。

※「**畜生**」乃生命本有之怯弱所支配，驚怕他物的狀態。

※「**修羅**」乃生命本有之好鬥性所支配的驕傲狀態。

※「人」乃生命本有之不善不惡的平靜狀態。

※「天」乃生命本有感覺物欲望滿足狀態。

※「聲聞」乃生命本有向善求真理之心的狀態。

※「**緣覺**」乃生命本有之自覺宇宙真理的狀態。

※「**菩薩**」乃生命本有之利人的喜悅狀態。

※「**佛**」乃生命與大我生命合一狀態。

※**「夢裡明明有六趣」**，覺後空空無大千，有其境無其所，皆是如來本有功德，曼荼羅中之諸尊也。

※**願將熱紅的太陽**，不待黃昏，獻投於毘盧的覆鼎中，永遠照耀著

無限的桑林，使悲哀悽零的音聲化為溫暖喜悅的樂章。

※**以幻跡言**，無論功名富貴，即肢體亦屬委形；以真境言，父母兄弟一氣，即萬物皆我一體。人能看得破，認得真，才可以任天下

之負擔，亦可脱世間之韁鎖。

※**鞠躬**、微笑、誠實服務，斯乃成功三大要件。

※**如蓮國**、如佛、如菩薩，如是住此，紺視眾生。

※**如大師之教**，如理修行，如是成

就，如是服務社會，如是成佛去也。

※**魔病**、生疑心，為最大障礙。

※**大公無私**，善良厚道，謙虛助人者，就會得到崇高的友誼。

※**急公尚義**，樂善好施，慈悲救人

者，必定獲得無量的福報。

※**知生心**不善即是善，曰明。

※**不知生**心之善惡即是無明。

※**知生心**是善念即令其生長曰行禪，不善即令其消滅曰修。

※**忍辱**是苦具，心放不下故須忍，

忍過即無事，能忍一時之氣可免百日之災，修到一切都無所謂，如祖疼孫，拔了鬍子反讚好，謂之無生法忍。

※**勞動**即是精進，天道如水，不需要即不流到該處。去活動，天公

即賜，不可不賺不花，亂賺亂花，有就布施服務，鞠躬微笑誠實服務即得人疼，能消災得福。

※**禪定**非死坐，但養個神消除疲勞恢復元氣，在妄想中思維過失，想想該做何事？人要運用智慧想

工作，怎反死坐讓人養。有道理的事可以想，不知是無記，知是妄覺，腹飢而思覓食，怕死而護生，冷時思添衣，風雨求屋舍，生活上的種種何一非煩惱？貪心生則生煩惱。禪曰靜慮，其境界因人而異，各種職務煩惱不同，坐時妄想可斷，動時不可能，禪是了解真理後看得破，提得起，放得下。透視到無分別的空性後，要學佛菩薩的德性出來活動，謂之學佛。修禪人自享禪定，八風吹不動，外面都死光大亂也無所謂，不起關心，如此毫無慈悲豈能謂修行學佛？禪是自心主觀境界而已，非把心如石頭，天下若無風花月柳不成造化，人若無感情不成慈悲，不成人類。禪的真意乃放眼世界，一切都是同胞，都要供養。故佛教就是「諸惡莫作，眾善奉行」。

太空流浪人是作者之外號，不知其何許人也。其人心神浪蕩，絕無定力，似雲流浪太空，故曰太空流浪人。有人問他幾歲？答：一歲！問云：雙鬢如霜，豈只一歲。答：與彌陀同歲！問云：你在空間往來，有沒有什麼發現？答：無之！只見一片光明而已。問他名字？答：無名！不得已故假名悟光。

悟光上師開示錄

作者
大 僧 正
哲學博士 釋悟光上師

編輯
玄覺

美術統籌及設計
莫道文

出版者
資本文化有限公司
地址：香港中環康樂廣場1號怡和大廈24樓2418室
電話：(852) 28507799
電郵：info@capital-culture.com
網址：www.capital-culture.com

承印者
資本財經印刷有限公司

出版日期
二〇一七年五月第一次印刷

ISBN 978-988-14723-9-7
Published in Hong Kong